まえがき

子どもたちは，自分の思いを広げて描いたりつくったりする。造形表現の材料や場所を選択し，その特徴を生かしながら，自分の表現の方法や内容を見つける。このような自己表現によって，一人一人のよさや可能性が発揮される。また，鑑賞活動を通して，古今東西の美術文化を理解し，友だちの造形表現のすばらしさを知る。図画工作科や美術科の授業において，創意工夫や思考する力，感性，読解力や発表力をはじめ，人が生きていく上で大切な基礎学力が培われる。

本書は，図画工作科・美術科の教師を目指す学生や現場教師が学ぶための図書，すなわち，大学の図画工作科教育法や美術科教育法などのテキストとして企画・編集された。学習指導要領などに見られる教育動向をふまえながら，子どもの造形表現や鑑賞についての理解を深め，授業実践や教材開発に取り組むことができる内容にしようとした。ただし，本書の内容がそのまま全てにあてはまるとは限らない。子どもは一人一人個性をもっている。学校や地域の特性もある。それぞれの個性や地域の特性，美術の多様性を生かした魅力的な表現や鑑賞の活動が行われることに，図画工作科・美術科の面白さや課題がある。

全国の大学で図画工作科・美術科に関する教員養成や教師教育を経験している研究者が協力し，大学での講義や演習，教育現場における授業でも活用できることを心掛けた。各執筆者は，大学で学生指導を行うとともに，教育や美術の理論構築，制作活動，教育現場での実践などにも取り組んできた。そのような理論と実践，研究と教育の両面からのアプローチを感じ取っていただければ幸いである。多くの学生をはじめ教育現場の先生方にも活用していただき，本書の内容がもとになって，造形表現や鑑賞の活動がより充実していくことを期待したい。

2019 年 3 月

図画工作科・美術科教育法研究会

目　次

1章　図画工作科・美術科教育の目的

2章　図画工作科・美術科教育の学習指導

3章 図画工作科・美術科の実践内容

図画工作科・美術科教育法

1章 図画工作科・美術科教育の目的

1-1 図画工作科・美術科のねらい

1. 個性や創造力を伸ばす

図画工作科・美術科では，心に感じたものを率直に色や形として表現することをめざしている。子どもは，一人一人よさや可能性をもっており，それぞれの個性や創造性を生かした造形活動が大切であることは，今日では広く理解されている。このような創造主義の考え方は，フランツ・チゼック（1865-1946），ハーバート・リード（1893-1968），ヴィクター・ローウェンフェルド（1903-1960）をはじめとした世界の造形教育者によって育まれてきた。

オーストリアのチゼックは，子どもの造形教育の先駆者とされている。子どもの表現のすばらしさを発見し，「子どもたち自身によって成長させ，発展させ，成熟させよ」という言葉を残し，子ども独自の表現の世界を認めた。美術批評家でもあったイギリスのリードは，芸術が全ての教科の基礎であり，平和で民主的な社会をつくるために個性的な表現が発揮されるべきであるとした。リードはユングの示した 8 種類の心理的な分類に造形表現を対応させることによって，自己表現や個性の重要性を示唆している。また，ローウェンフェルドは，描画の発達段階論を通して子どもの描画の特性について述べるとともに，視覚型と非視覚型（触覚型）という造形表現の多様性を指摘した。

日本では，大正時代に山本鼎（かなえ）（1882-1946）が自由画教育運動を提唱し，手本による臨画教育から脱却しようとした。そして，戦後の創造美育協会によって，欧米の創造主義の考えをもとにしながら，子どもの創造力を励まし伸ばすことが強調された。現在でも，子どもの思いを生かすことが「造形遊び」の基盤になっており，平成 29 年告示小学校学習指導要領図画工作科の〔共通事項〕の中にも「自分の感覚や行為を通して」「自分のイメージをもつこと」という言葉も位置付けられている。造形活動では主題，材料，用具，表現方法などを選択・判断・決定する。自分は何をどのように表そうとしているのか，そのためにはいかなる材料や用具が適切かを選択し決定する。こうした試行錯誤をしながら自分探しをする経験は，「生きる力」を育むことになるはずである。

2. 美術文化を学び，豊かな感性を培う

美術作品や文化遺産はもちろん，身の回りには様々な造形・美術がある。風景などの自然や生活の中の日用品もそれらに含まれる。図画工作科・美術科で古今東西の様々な美術文化についての知識や技能を身に付けることは，いうまでもない。けれども，学習指導要領の文面の中で，「感じ取る」や「感性」という言葉が使われてきたように，根幹にあるのは，美しいものに気付き感動すること，美しいものを見て美しいと感じる心である。

近年，表現活動に加えて鑑賞活動が着目されている。美術作品などの鑑賞によって美術文化を学ぶとともに，自分らしい見方・感じ方・表現の仕方をすることが求められるようになった。平成 29 年告示小学校学習指導要領図画工作科の目標の中に，作品などに対する「自分の

見方や感じ方を深める」，平成 29 年告示中学校学習指導要領美術科にも美術や美術文化に対する「見方や感じ方を深めること」とある。

鑑賞重視の背景には，PISA（国際学力調査）の結果から，鑑賞活動を通して思考力・判断力・表現力を高めようという意図がある。図画工作科・美術科では，視覚情報の読み取りやその活用，美術文化についての理解や対話が必要になっている。また，海外からの影響として，1980 年代以降のアメリカの美術教育の動向である DBAE（Discipline-Based Art Education：学問に基づく美術教育）がある。DBAE では，美術制作・美術批評・美術史・美学の 4 領域を設定し，美術作品を知的理解することが行われてきた。このような動向を受けて，現在の日本では，子どもの一人一人の造形的な思いを大切にする教育観を引き継ぎながらも，鑑賞活動を通して美術文化への理解や言語活動を位置付けようとしている。

ところで，美術文化を学ぶ際に，その美術の内容が問われる。社会の変化に対応して，美術の多様化が生じており，現代美術では，今までになかったような斬新な表現の仕方が行われている。そして，情報化に伴ってカメラやコンピュータなどを活用した映像メディア，漫画やアニメーションといった視覚文化も，美術の内容になっている。もう一方で，自然のよさや実体験に基づく造形活動，日本の伝統文化に関する内容が改めて着目される側面がある。図画工作科・美術科で学習する内容は，既に定まったものではなく，社会の変化や子どもたちの実態を基にして確かめることが必要になっている。そこに，教材開発や教材づくりの意味がある。

3. 美術を通して学び合う・協力し合う

子どもの造形活動を見ていると，材料・用具・表現方法などについて，様々なことに気付いたり工夫をしているのがわかる。そうした気付きや工夫を自分だけでやっているわけではなく，子どもたち相互で，まねる・学びとる・教え合うなどしている場面をよく見かける。教師は多数の子どもたちを同時に教えているので，いつもそばにいて支援できるとは限らない。例えば，版画の刷りのときに，インク・トレー・ローラー・版画和紙・バレン・新聞紙が机上にあったので，刷った経験がある子どもが準備をして，刷る手順や方法を初めての子どもに教えていた。また，電動糸のこぎりを使うときに，最初は教師による支援が求められるが，次の時間にはグループで教え合ったり・助け合ったりしているのを見た。このような図画工作科・美術科の授業における相互交流や学び合いの経験は，様々な教育活動や将来の生活の中で役立つはずである。

従来まで，美術作品をつくることは，一人で行う個人的な活動のように思われてきたが，近年は，美術の社会的な役割が着目されている。いろいろな人々が集まって造形活動しながら交流するワークショップや，みんなで力を合わせて制作するコラボレーションが，地域の交流やつながりを促すものとして評価されてきた。さらに，このような美術の社会的な役割は，国際紛争や民族問題まで広げて考えることができる。子どもの身の回りには，いじめや暴力があり，世界的にも戦争や紛争が続いている。問題の根底には，身の回りの人々への思いやりの心や，他の人々のよさを相互理解することが欠けている状況がある。表現や鑑賞によって心を通じ合うこと，異なる民族・国・地域の美術文化のすばらしさを理解し合うことは，図画工作科・美術科における今日的な課題になっている。（長良若葉）

1-2 造形表現と子どもの育ち

1.「子どもの育ち」の捉え方

教育基本法は，「義務教育として行われる普通教育は，各個人の有する能力を伸ばしつつ社会において自立的に生きる基礎を培い，また，国家及び社会の形成者として必要とされる基本的な資質を養うことを目的として行われるものとする」と定める（第5条第2項）。

さて，みなさんは，これまで「培う」という言葉を使用したことがあるだろうか。国語辞典を開くと，「培う」とは「土を根にかけて草木を育てる。広く，力や性質などを養い育てる」とある[1)]。種は土に根付き，芽を出し，苗が栄養や水分を得ながら日光を浴びる中で，自ずと大きな草木へと成長していく。しかし，種はコンクリートの上で放置されたりすると，芽を出すことなく朽ちてしまう。では，苗を急いで大きくしようとすればどうなるだろうか。「助長」という故事成語がある。宋の人に苗の成長を少しでも早めようと引っ張った者がおり，逆に苗を枯らしてしまったという孟子のたとえ話による。

草木の成長を子どもの育ちのアナロジーと捉えてみよう。子どもは自分で育つ力をもっている。しかしながら，その力は適切な環境の中で発揮されるものである。我が国の教育の根幹を成す法律において，「培う」という言葉が使われている意味を考えてみよう。

2.「表現」とは何か

字源を調べると，「表」は衣と毛とから成り，「下着の上に着てひらひらする『うわぎ』，ひいて『おもて』『あらわす』意を表わす」とある[2)]。「現」は玉と見から成り，「玉の光沢があらわれ出る，ひいて，まのあたりにある意を表わす」とある[3)]。つまり「表現」には，その主体だけではなく，おもてに出てきたものを目の当たりにする者（表現を受け止める者）の存在も想定している意味合いをもつ側面がある。人間にとって「表現」とは，極めて社会的な活動なのである。

では，造形活動において，子どもの表現を受け止める者とは誰であろうか。活動内では教師やクラスメート，校内では他の職員や子ども，生活全体を考えると保護者や地域の方などが含まれよう。子どもは，自身を取り巻く様々な存在との関係性の中で表現を育んでいる。特に活動内では教師の影響力は強く，教師の受け止め方ひとつで，子どもの表現の在り様が大きく変化する可能性があることに十分留意しておきたい。

3. 子どものイメージの独自性

発達論で著名な心理学者のレフ・ヴィゴツキー（1896-1934）は，子どもの創造的な想像活動は大人とは異なることを指摘する[4)]。なぜならば，創造的な想像（イメージ）は発達段階に応じて固有な形で働くからである。人間は生涯にわたって心身が発達し，その道筋にはおおよその共通性がある。各発達段階の特徴を学ぶことは，子どもの表現世界の独自性を理解する上でも必要である。その一方で，一人一人の子どもが，造形活動の中で具体的にどのようなイメージを働かせているかを捉えていくこともまた重要である。

4. 表現活動の中で働いている多様なイメージ

図1　動物を描く子ども

図2　色を並べる子ども

図1と2は，ある保育所の4歳児が並んだ状態で，自ら混色してつくった絵の具を使用して描画をしている場面である。図1の子どもは，灰色と薄紫の2色を使用して，中央に大きく動物の顔（ねずみであるという）を描き，その周りにも動物の顔を描いている。図2の子どもは具体的な形を描かず，画用紙の上に混色した絵の具を次々と並べている（モノクロ写真にすると読み取りづらいが，実に多くの色が並んでいる）。

同じ場所で同じ活動をしているのにもかかわらず，2人のイメージが全く異なっていることは明白である。図1の子どもは，混色してできた色に基づいて，描く対象物をイメージしていることがうかがえる。描きたい形を，大きく伸び伸びと描いている。一方で，図2の子どものイメージは，様々な色を並べていく行為自体にあるのだろう。色同士が交じり合わないように，ほぼ隙間なく丁寧に色が並べられている。共通しているのは，この子どもたちが全身で絵の具に関わり，その変化に興味をもち，色を扱う楽しさを味わっていることである。活動のねらいは，まさにそこにある。

5. 生きる基礎を培う造形表現

上記の事例を発達段階で読み解くと，例えば図1の絵は，対象物の大きさの関係性には留意せず，自分が特に表したかったものを最も大きく描く「集中構図」と呼ばれる図式期の描画表現の1つである。また，図2の活動は，色への興味が一段と増してくる4歳頃の子どもの特徴を示すものである。事例の活動は，こうした発達段階も踏まえながら設定されたものなのだろう。ただ，その中で多様なイメージが現れているのは，普段から教師が一人一人の子どもの表現を大切に受け止めていることの証左でもある。

我が国の美術教育にも多大な影響を与えた芸術批評家のハーバード・リードは，「イメージがもたらす知覚，ならびに感情をもたらす諸感覚—これらは，私たちが世界観や世界における行動を形成する上で基本的な素材です。教育の目的は，そうした学習と成熟の過程において，子どもを援助することです」と述べている[5)]。子どもが生きる基礎を培う上で造形表現は不可欠であり，それを支える教師もまた重要な役割を果たすものである。（武田信吾）

引用文献

1）西尾実他編『岩波国語辞典 第四版』岩波書店，1989，p.743.

2，3）小川環樹ほか編『角川新字源』角川書店，1994，p.901，p.657.

4）レフ・ヴィゴツキー，『子どもの想像力と創造』新読書社，2009，p.52.

5）ハーバード・リード，宮脇 理他訳『芸術による教育』フィルムアート社，2010，p.79.

1-3 心の安らぎや癒し

1. 楽しさ

学校教育における様々な教科や活動の中で，図画工作や美術，工芸，デザインを学ぶことの意味や役割とは何だろうか。教科の特徴としてあげられるのは，子ども自身の考えや思いの表象化を見ることができるところではないだろうか。描いた絵やつくった立体作品からその子らしさを見つけることは，発見であり楽しさであるといえる。

平成 29 年告示小学校学習指導要領において教科の目標（3）の中の「楽しく豊かな生活を創造しようとする態度を養い」とある「楽しく豊かな」とは，物質的な豊かさだけではなく，心が豊かになること，自分が生み出す楽しさのことである。創造しようとする態度は，自分自身が楽しさを実感しなければ生まれない。例えば「鑑賞活動」などといえば堅苦しいが，絵を見せ合いっこする「楽しさ」は，自分の絵と友だちの絵の同じところと違うところを見つけることにある。描いたり，つくったり，見たりすることで，自分や友だちを知る楽しさを味わうことができる。学校生活の中で，図画工作科という授業の中でその子らしさをお互いを知ることができるのはないだろうか。

2. 自己表現

自己表現は，自分自身の内なる感情，思考を様々な形で外に表す行為である。それは平成 29 年告示小学校学習指導要領において，教科の目標 (2) の中の「造形的なよさや美しさ，表したいこと，表し方などについて考え，豊かに発想や構想をしたり，身近にある作品などから自分の見方や感じ方を広げたりすることができるようにする」と示していることと呼応する。図画工作科では，「A 表現」，「B 鑑賞」の活動を通して，創造的に発想や構想したり，自分の見方や感じ方を深めることができるように，授業を展開していく。ただし自己表現というと，描く，つくるという表現の領域だけと考えてしまいがちだが，鑑賞によって過去の芸術作品や友だちの作品を見ることで，他者との違いを発見し自分の見方や感じ方を深め，理解することが，新たな自己表現につながるといえる。感じて表し，できた作品を鑑賞し，また感じて，と循環をくりかえしながら表現が多彩，多様になっていくことが望ましい。自己表現はその人自身であるから，すべての自己表現は等しく肯定されるものでなければならない。

3. アートセラピー

アートセラピー（芸術療法）とは，絵や立体などの創作，造形活動を用いて行う心理療法やリハビリテーションのことをいう。セラピーを受ける対象者を依頼者（クライエント）と呼び，セラピーを行う者を援助者と呼ぶ。アートセラピーは，依頼者の芸術表現を通して自分自身の心の内を明らかにしていくものである。依頼者は，自分の思考や感情を表すため，言葉の代わりに芸術表現を用いる。芸術表現に取り入れられる活動は，絵画，造形，陶芸，手芸，音楽，ダンス，詩歌，演劇，箱庭，写真，書道などがある。日本では，芸術活動は学校教育の一環で行われているため，依頼者はアートセラピーに抵抗なく取り組むことができている。アートセラピーの利点として以下の点があげられる。① 話すより抵抗感がない，② 依頼者の言葉だけではない，内面を知ることができる，③ 退行の促進により気付きを発見する，④ グループの信頼関係に役立つ。

図　みんなでひとつの世界をつくる

アートセラピーの造形的アプローチは，描画と造形の２つの側面から行うことができる。描画は絵という表面に現れたものを通して無意識が透けて見えるとする方法で，樹木描法やなぐり描きのような課題画法と思いのまま描く自由画法がある。造形では投影法と構成法の２つがある。前者は，すでにあるものから何かを見いだす箱庭療法やコラージュ療法などである。後者は何もないところからつくり始める粘土や工作などがある。特に知られているのは，河合隼雄が取り入れた箱庭療法である。箱庭療法は，箱，砂，人や動物などのフィギュア，木や車などのミニチュアを組み合わせて，箱の中の空間を構成するものである。箱庭をつくることで，依頼者の自己治癒能力を目覚めさせ，箱の中に無意識の世界が投影されると考えられている。コラージュ療法は，フランス語の糊付けを意味するコラージュ技法を使った療法である。雑誌や広告などの絵や写真を切り抜いて紙に貼り付ける技法は，絵を描くような技術的問題がなく取り組みやすい。

伊藤留美（2014）は，アートセラピーと美術教育の関係を述べる中で，アートセラピーの目的は人格統合を手助けすることにあり，全人性を伴う活動である芸術表現は，本来子どもがもっている力を意識的に生かすことができ，心の成長を手助けすることができるとしている。その意味で，美術教育と心理臨床の共通点は，評価，指導法などの面で補完できる領域であると示唆している。

4. 心理分析

子どもの絵を見てその子の心理状態を分析するという行為は，本当にその子の表現を理解することになるのであろうか。日本で絵による心理分析が盛んになったのは，創造美育運動を進めていたグループによる「Painting and Personality」の抄訳が出版されて以降である。中心人物であった久保貞次郎や浅利篤らによって子どもの絵の心理分析に関する論文や著書が発表され話題になった。しかし，幼児期の子どもの絵は比較的推測しやすいが，年齢が高くなるにつれて，描かれる内容や形・色彩も多岐にわたり，子ども自身の素直な心が表現されにくくなる傾向がある。

そもそも，子どもの絵はその日，その瞬間で変化していくものである。子どもの気持ち，心についても同様のことがいえる。子どもの心を深く理解するには，絵や造形がどのように変わっていったかを時間とともに丁寧に観察していくことに尽きるのではないか。また造形的視点だけでなく，子どもの生活全般にわたって多面的かつ継続的に捉えることが重要である。（江村和彦）

1-4 美術の社会的な役割

1. 美術がもつ社会的役割の 3 つの側面

美術の社会的役割はいくつかの様相をもつ。本章ではその中から特に 3 つの側面を取り上げる。

1 点目は，時代や地域の文化を象徴する役割である。私たちは，過去に制作され現代に遺された作品から，その時代の生活様式や慣習，宗教，政治そして技術水準の高さや，地域固有の美意識などを知ることができる。作品は時代により，洞窟(どうくつ)に描かれた壁画であったり，宗教的な祈りの対象であったり，権威の象徴であったり，新たな表現方法の追求であったりするが，時代を経て遺り続けた作品は，制作された時代の文化が凝縮され，たとえ数千年前の作品であっても，現代に通底する何らかの本質的な魅力を備えている。例えば，レオナルド・ダ・ヴィンチ（1452-1519）はルネッサンス期において自然科学と科学技術，そして人間の知性と感性の高まりを結実させたような作品群を遺した。それらはまさに，人類の宝ともいえる。現代の私たちは，人類が築いてきた永い美術の歴史の延長線上に生きており，現在生みだされる美術作品が時代の検証を経て未来に受け継がれ，同じくこの時代を象徴する作品として遺されていくことも意味する。美術作品がその時代や地域の文化を象徴する存在であること，そして時代を超えて未来の人々に受け継がれていくことが，美術がもつ社会的機能の 1 点目である。

2 点目は，生活を便利，かつ豊かにする美術の役割である。これは，主にデザイン分野が関わる。私たちの身の回りの人工物は，ほぼすべてが誰かによってデザインされたものである。ポスターや広告をはじめ，身近な鉛筆やノートなどの文房具，服や靴などの衣服，車，電車，飛行機などの乗り物，食器，家具，建築，さらには，電子機器やウェブサイト，都市設計など，デザインは私たちの生活に密着したところに生かされている。これらのデザインは「使い手」を中心としており，より安全・快適で機能的な，そして美的な生活が送れることが目指され制作・製造されている。このように，生活に美を取り入れることは，古くはイギリスのウィリアム・モリス（1834-1896）による「アーツ・アンド・クラフツ運動」（1880 ～ 90 年代）や日本における柳宗悦（1889-1961）による「民芸運動」（1920 年代）にもみられる。また，近年ではユニバーサル・デザインやインクルーシブ・デザインのように，多様な背景をもつ人々が使いやすさを実感できるデザインも試みられている。

さらに，2000 年代以降の動向として，デザインは単に機能と美を融合させるだけではなく，その作成プロセスを含めた思考スキルとしても注目されている。デザイン思考（Design Thinking）と呼ばれる思考プロセスでは，思考過程が段階的・循環的に示され，研究者や機関によってプロセスの示され方は様々ではあるが，概ね① 共感，② 問題の定義，③ アイデア出し，④ プロトタイプの試作，⑤ テストの 5 段階で示される。例えば，スタンフォード大学（アメリカ）に開設された d.school の「デザイン思考」では，高齢者の生活を快適にすることを目的とし，学生は高齢者の生活を観察したり，話を聞く中で課題を共感的に理解し，問題を定義する。そして，複数の専門性をもつメンバーが協働的にアイデアを出し合い，手早くプロトタイプを作成し，可視的にアイデアを提案する。そして，プロトタイプの評価に高齢者も加わり，効果を検証するという流れで進む。このように，私たちの生活の問題を発見し，解決する思考方法を提案することも広く美術が担う役割の一つである。

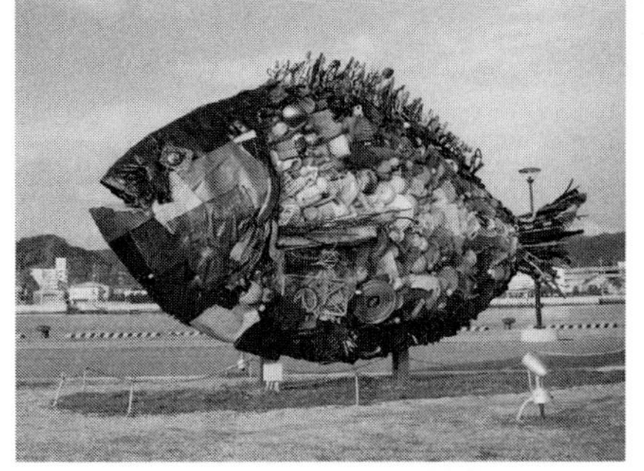

図１　淀川テクニック「宇野のチヌ」
出典：福武總一郎，北川フラム『直島から瀬戸内国際芸術祭へ』現代企画室，2016，p.107.

3点目の役割は，美術の批評的役割である。私たちが住む社会には，様々な問題が山積している。人種，宗教，貧困，紛争，環境などの問題から，目に見えない地域社会が抱える問題や日常生活に潜む問題まで，解決すべき問題は様々である。これら，社会が抱える問題を批判的に捉え，作品を通して顕在化させることも美術が果たし得る役割の一つである。例えば，美術家のトニー・クラッグ（1949-）やアートユニットの淀川テクニックは，放置されたごみを材料として作品を制作することにより，環境問題や人々のモラルの低下などの社会のネガティブな部分を，美しい作品を通して露呈している（図1）。また，柳幸典（1959-）のワールド・フラッグ・アント・ファーム・シリーズでは，砂でつくられた国旗を管でつなぎ，そこに蟻を放つことで各国旗の中に巣穴が作られた作品である。このことにより，国家とは何か，境界線とは何か，平和とは何かという問いを私たちに投げかけている（図2）。これらの作品は，美術を通した問題提起ともいえる。

図２　柳幸典「アジア―パシフィック・アント・ファーム」
出典：広島市現代美術館『柳幸典―あきつしま』広島市現代美術館，2001，p.55.

以上，美術がもつ社会的役割の3つの側面を示したが，前記の通り，美術の役割は色や形で私たちを楽しませるだけではなく，広く社会と関わりをもつものとして捉える必要がある。

2. 学習指導要領における「社会に開かれた教育課程」

平成29年告示学習指導要領では，「よりよい学校教育を通じてよりよい社会を創る」という目標を学校と社会が共有し，「社会に開かれた教育課程」として学習指導要領が学校，家庭，地域の関係者によって幅広く共有され，活用される「学びの地図」としての役割を果たすことが目指されている。

さらにこのことに関連して，学習指導要領（平成29年告示）解説 図画工作編・美術編では，「改訂の要点」として「生活や社会の中の形や色などと豊かに関わる資質・能力の育成を一層重視すること」（小学校）や「生活や社会の中の美術や美術文化と豊かに関わる資質・能力を育成すること」（中学校）が示された。今後，子どもたちが何のために図画工作や美術を学び，学んだことがどのように生活に生かされ，どのような点で図画工作や美術が社会とつながることができるのかを実感・体験させながら指導を行うことが私たちの課題であるといえる。（池田吏志）

1-5 個から社会へ

1. 個から社会へ

美術教育では,個人の創造性や個性を涵養(かんよう)することがその重要な目的として掲げられる。子どもたちが,その内面に備えた創造性によってなす表現は,彼らの個性の表出とされ,個性的であることはそれ自体価値あることとして捉えられる。このことは,今日の美術教育が,近代美術によって形成された美術理解をその根幹にもつためである。近代美術は,近代における個人の成立と,それを前提とした個による表現の尊重によって成立してきた。

一方で,いたずらに個性を尊重することは,ともすれば子どもたちの表現,行為をそのままで尊いものとしてしまい,教育的に介入する余地をなくしてしまうかもしれない。つまり,すべての人は生まれながらにしてある程度個性的なのであり,余計な教育的介入はその個性を減退させこそすれ,涵養することはないという主張が成り立ち得るのである。

すべからく人は個性的であり,それゆえに尊い。そうであるとしても,個性と美術教育の関わりは次のように捉えることができる。つまり美術教育の目的は,そのような個性をもった人々が,自らのものも含め,互いの個性を尊重しつつ,協同し,より豊かな社会,新たな価値を実現していくすべを学ぶことにある,と。

2. 関係性の美学

1998年,当時ボルドー美術館のキュレーター(学芸員)であったニコラ・ブリオー(1965~)によって『関係性の美学』が刊行される。本書においてブリオーは,ニューヨークのギャラリーでタイ風焼きそば「パッタイ」を配布するパフォーマンス《パッタイ》を行ったリクリット・ティラヴァニ(1961~)など,90年代のアートシーンにおける,芸術行為によるコミュニケーションや他者との関わりに注目し,芸術の意義をそのような関係性創出に置く傾向をもった美術家たちを「リレーショナル・アート」の作家として取り上げる。「リレーショナル・アート」という芸術概念は,美術作品の価値を,完成されたものとしての作品そのものに見るのではなく,その作品の制作過程や,展示したのちに観客との間に引き起こされる,協同と参加といったプロセスの中で関係性を創出することに見出す実践と,議論の地平を開いた。

図 無題1990(パッタイ)
出典:リー・ミンウェイ展カタログ編集者片岡真美他『リー・ミンウェイとその関係』森美術館,2014, p.179.

3. アート・プロジェクトやワークショップにおける協同

近年日本でも,アート・プロジェクトが積極的に開催されている。そうした活動では,ワークショップなどの観客の参加が,作品の一部となるようなアートの展開がしばしば見られる。これらの「参加型アート」の作品は「リレーショナル・アート」の延長にあると捉えることができる。

一方で，そうした「参加型アート」が一般化していく中で，本来美術作品として備えるべき批評性や芸術的な質を有することなく，「ただ参加する」ということのみを目的や価値としてしまったものも珍しくない。また，学校現場においても，プロジェクトやワークショップと称した類似の活動がしばしば見られるようになった昨今であるからこそ，私たちは，再びそのような活動がもつ意味や，教育的意図について再考する必要があるのではないだろうか。

4. 芸術と協同

「リレーショナル・アート」という概念は，それまで芸術として取り上げられなかった行為やモノを芸術として評価し，そのステージに上げることを可能とし，芸術の領域を拡張することに貢献した。しかし，改めていうまでもなく，そもそも，美術や造形活動は，必ず何らかの人々の協同や，参加を求めるものであり，社会の中にしか存在し得ず，何らかの形で社会と関わるものである。ブリオーの議論や彼が参照した美術家たちの活動は，芸術のそのような性質を顕在化したものであるが，それまでの芸術作品や子どもたちがつくる造形作品にそのような要素がないということではない。

例えば，図画工作や美術の時間に，子どもたちが造形活動を行っている場面を想像してみよう。そこで子どもたちは，教師によって刺激され，その制作を開始する。また，その制作のきっかけとなる発想や構想は，個人のうちから出てくるわけであるが，それも実は，日々の生活の中で彼らが感じ，考えたことの結晶であり，彼らの置かれた社会や環境と不可分のものである。そして，その制作の過程では，発想や構想を教師に伝え，技術的な指導を含めたアドバイスを受ける。あるいは，子どもたち同士でアイデアの交換がなされるかもしれないし，もっと直接的に，互いの造形を手伝ったり，あるいは協同制作を行ったりすることも考えられる。もちろん，そのような制作のプロセスが全く一人で行われたとしても，展示などの何らかの形で作品を発表するということは，それ自体が社会と関わることである。そこで行われる感想の交換と批評は，まさしく社会的な営みである。このように，美術をすることそのものは，多様に他者と関わる契機を本来的に有する。そこで子どもたちは，常に自らの個性を社会と調和させ，折り合いをつけていくことを求められる。

ハーバート・リードは，第2次世界大戦後の美術教育を方向付けた著書『芸術による教育』の中で，教育の本質的意義を，個性を発達させると同時に，個人がその所属している社会と調和していくことにあるとして，美術教育をそのための有効な手段であるとしている。戦後美術教育は，その出発点からして既に，感性的で個人的なものと客観的で社会的なものを，美術という本来的に，協同的な行為によって調和させるというモチーフを掲げていた。

「リレーショナル・アート」という概念が私たちの美術への意識を広げたことは，新たな美術展開を美術教育に導入するということと同時に，美術教育がこれまでも大切にしてきた，子どもたちが創造行為の中でなす様々な協同や，その作品が引き起こす関与に改めて焦点化して，彼らの活動を認め直すために有効だといえるだろう。（大島賢一）

1-6 地域の特色を生かす

1. 地域の特色を知り，授業設計をする

図画工作科・美術科では，地域の自然・文化・人材・施設などを活用し，子どもたちの創作体験を豊かにすることが望まれる。そのために，教師が地域の詳細を知る必要がある。地域に足を運んで見学する，いろいろな人に話を聞くといったフィールドワークを通して，身近な地域についての情報を集める。そして，図画工作科・美術科における活用の方法を考える。教師は学校と地域をつなぐコーディネーターやデザイナーである。教材研究を進める中で，地域の自然や文化のすばらしさ，ものづくりにおける工夫，人々と交流することの大切さを理解する。

2. 地域の人材を活用し，美術家や職人と交流する

図１　画家からテンペラ技法を学ぶ

地域を見渡すと，絵画・彫刻・デザイン・工芸の各分野の美術家やものづくりの職人がいるはずである。美術家や職人は，地域に役立ちたい，子どもたちに自らの経験を伝えたいという気持ちから，学校に協力的であることが多い。子どもたちがアトリエや工房を訪問して制作場面を見学できれば，絶好の鑑賞の機会になる。絵の具・木・石・土などの材料に働きかけて制作しているときの表情や動作，形や色の変化，音や匂いを間近で感じ取ることで，子どもの造形への興味は高まる。美術家・職人・学芸員などの学校での出前授業でも，彼らの美術への思いや経験が子どもたちに伝わる。

高齢者や保護者の中にも，生活経験から藁（わら）ぞうり・竹トンボ・竹馬・水鉄砲・風車などの伝統的な工作や遊びを指導できる人がいる。高齢者から学んだり，親子で一緒に活動する。実地見学，出前授業，行事の実施には，事前の準備から当日の運営まで，様々な取り組みが求められる。けれども，子ども・教職員・保護者・地域の人々などと協力することによって，地域の相互交流や活性化につながるはずである。

3. 地域の伝統工芸への理解を深める

地域では，伝統的な建物，お祭り，民話などの文化が残っている。それらは風土・生活感とつながり，特色のある絵画や版画のモチーフになる。使い古されたものであっても，子どもたちには新鮮さをもって受け止められることがある。また，木彫，木工，陶芸，染色，金工，提灯や和紙づくりといった伝統工芸や地場産業が継承されている地域では，それらの材料，つくる過程，技法，用と美の調和について取り上げることで，その地域ならでは

の表現や鑑賞になる。長年にわたる地域のものづくりの文化を体験的に知ることによって，人々の知恵やふるさとのよさが伝わる。地域の伝統や文化のよさを丁寧に伝えることで，地域文化の新たな担い手の育成が期待できる。

例えば，岐阜県の飛騨地方の高山市では，山々の緑に包まれ，木を使ったものづくりが盛んである。雪景色，田畑での仕事，祭り，生きものなど，風土と結び付いたモチーフもある。高山には木彫，木版画，家具づくりなどの伝統工芸があり，それに関連した教材が学校においても実践されてきた。イチイの一刀彫の伝統に基づき，子どもたちは，自然の木を彫る・削る・組み合わせることによって作品を生み出した。多治見市や土岐市などの東濃地方では，地元の粘土を使った陶芸の地場産業が営まれてきた。粘土には可塑性があり，子どもたちの発想を造形的に表現するのに適している。各学校には大型の陶芸かまが設置され，地域の陶芸家も指導にあたっている。そして，美濃和紙の産地として古くから知られる美濃市でも，和紙の職人が子どもたちに紙漉きを支援する。子どもたちは和紙を使ったあかりをつくり，古い町並みに展示するあかりアート展に出品・参加している。

4. 地域の自然を体感し，自然に親しむ

身近な自然の材料や場所をもとにして，五感を通して自然を感じ取る。例えば，造形遊びやアースワーク的な活動として，その場所にある枝・葉・草・石・土・砂などを並べる，積み重ねる，組み合わせるなど，材料に手やからだを通して働きかける経験をする。山の茂みでの基地づくり，手づくりイカダでの川下りをする活動では，つくる過程でのこぎりや金づちなどの用具の使い方や，友だちと共同で創意工夫し合うことを学ぶ。また，竹や土を使うものづくりの場合には，既に加工された材料を与えるだけでなく，地域の自然の中にある竹や土を探して，造形材料として工夫する。子ども自身が材料やつくり方を見つけだす過程にも，学びが存在している。

子どもたちは，加工された竹や木は目にしていても，実際に生えている様子，原木の大きさや感触はほとんど知らない。手触りを体感し，材料を見つけることから始めることに意味がある。粘土も加工され袋詰めされたものをさけて，あえて身近な川や田にある土を使う試みをする。自然体験や粘土づくりによって，ドロドロ，ネチネチ，ツルツルといった土の感触を知ることも，五感を通して自然を感じ取る学びにつながる。

地域の自然といっても，市街地では大都会と変わらないような環境かもしれない。けれども，学校や家の周辺のわずかな自然を見つけ出して，その自然のもつ生命力を感じ取ることができればよい。地域の自然を見つめる目的から，自然物や身近な風景を描く活動も取り入れるようにしたい。（長良若葉）

図２　陶芸家に電動ロクロによる成形を教わる

1-7 生涯学習における美術館での鑑賞活動の可能性

1. 日本における生涯学習

日本における生涯学習は，1981（昭和 56）年に，当時の文部省中央教育審議会における生涯学習の必要性ついての答申で，社会変化への対応力の育成や国民の生きがいの充実への対応が必要とされていることが述べられている。また，生涯学習の意味について「今日，変化の激しい社会にあって，人々は，自己の充実・啓発や生活の向上のため，適切かつ豊かな学習の機会を求めている。これらの学習は，各人が自発的意思に基づいて行うことを基本とするものであり，必要に応じ，自己に適した手段・方法は，これを自ら選んで，生涯を通じて行うものである。その意味では，これを生涯学習と呼ぶのがふさわしい」[1)] としている。このように，生涯学習は，子どもの時期から青年期，壮年期，高齢期へと全ての世代において，自己の充実のために，自主的に学ぶことを重視し，そのための様々な教育施設の充実が示された。このような生涯学習のニーズに対して，美術館はその新しい学習機会の場としての役割を担うようになったのである。

2. 生涯学習における美術館での鑑賞活動の可能性（全ての世代に生かされる美術鑑賞）

上で述べたように，美術館が生涯学習の役割を担うようになったが，実際に美術館が生涯学習の場として，どのような学びを提供できるのか，一枚の絵を幼児，中学生，高齢者といった異なった世代が鑑賞した実践例に基づいて，生涯学習への可能性について考えたい。

図　自画像
出典：小磯良平『花美術館 第16号』花美術館，2010，p.16.

【鑑賞した作品】

作品名：自画像　作者名：小磯良平
所蔵：神戸市立小磯記念美術館　制作年：1926 年
油彩・キャンバス　80.2cm× 50.5cm

小磯良平（1903-1988）が 23 歳で，東京美術学校（現在の東京芸術大学）に在籍していた時の作品である。この作品を描いた年に，小磯は，「帝国美術院展覧会」で特選を受賞し，画家としての将来に希望と自信をもった時期であると思われる。

幼児たちの鑑賞例

美術館という場所に初めて来て，少し緊張しながら館内を巡り，「自画像」の前でじっと作品を見て，「うわー。このお兄さん，美術館にこんなにたくさんの子どもが来ているから，びっくりしているよー」と言った。この幼児は，絵に描かれている小磯の自画像の目線と，それを見ている自分の目線が合うことに気付き，強い視線の意味を自分なりに探った結果，上のような発言を導き出したと思われる。この発言から，この幼児が自分と絵の中の人物を同じ現世に存在する人格として捉え，作品中の人物と向き合っていることがわかる。実際には，この絵は，子どもを見て驚いているという意味はないが，ここでの鑑賞は，作品の正しい知識を学ぶことが目的ではなく，この幼児なりの，主体的な鑑賞を通して，美術作品との向き合い方を充実させているのである。

中学生の鑑賞例

この絵の前に来てすぐに，中学生たちは，「あー，こんなに前ボタンを外して胸がはだけていたら，先生に怒られる！」「なんだよ！こっち見るなよ！って言っている」「前髪にメッシュを入れていて，目線が怖い」といった，反抗期の中学生生活の中でよく聞かれる言葉を発した。それは，画壇にデビューした若き小磯の意気込みや野心的な感情を直感的に読み取っているのがわかる。この発言の後，中学生たちは，この絵についての情報を聞き，自分たちがこの作品から感じたことが的確であったことへの自信を得ていた。

高齢者の鑑賞例

高齢者の美術グループによる美術鑑賞体験の際に，この絵を見て，「うーん。目の力が強いね」「アゴを少し引いて，何か緊張感がある」「やったろう！って言っているみたい」といった発言をした。この発言の後に，この作品を描いた時期の小磯について知ると，自分たちが23歳当時の話になった。男性は「会社に就職して，すごくプレッシャーがあったけれど，期待や希望をもっていた」「人生の中で，一番エネルギーが満ち溢れていて怖いものしらずだった」，女性は「結婚して，初めてのことばかりで嬉しいやら怖いやらの連続だった」といったことを話しながら，作品を眺めていた。高齢者が，それぞれの人生経験と作品を重ねて作品を見ていることがわかる。また鑑賞後に次のような感想を寄せてくれた。「今まで，美術鑑賞は，その作品を正しく理解しなければならないと思い込んでいた。でも今日の体験で，作品は，見た人がそれぞれ見方や，価値や世界観をつくってよいことを知った。美術作品は見る人によって，生き物のようにいろんな世界を鑑賞者に広げてくれることに感動した」。

小磯良平の「自画像」の作品を幼児，中学生，高齢者といった異なる世代の来館者が行った対話型美術鑑賞の実践例をみてきた。これらの異なる世代が行った美術鑑賞から，世代ごとに多様な視点から鑑賞していることがわかる。例えば，幼児は心理的にも未発達なため，心の中の出来事と外界の出来事が分化されておらず，絵に描かれている人物の存在と自分たちがいる現実の世界が同じ世界に存在するものとして感じている。そのため，絵に描かれた人物と自分たちが目線を合わせて関わり合うことを楽しんでいる姿がうかがえる。また，中学生は描かれている人物が比較的自分たちの年齢に近いことから，その姿形に自分たちが日常生活で感じている感情をすり合わせて描かれた人物の心情を読み取ろうとしている。高齢者は，自分たちよりもはるかに若いと思われる若者のエネルギーあふれる容姿に，自分たちが若かった時に抱いた不安や希望といった感情を思い出すとともに，絵に描かれている若者を見守るような視線で絵を鑑賞している姿がうかがえる。

このように，鑑賞者は絵を鑑賞しながら，自己の生活背景や経験をもとにして絵と向き合っており，作品の見方，感じ方，考え方の発展の仕方や，作品への意味付けや価値観のもち方が世代により異なっていることがわかる。そして鑑賞者は絵について語っているが，その言葉には鑑賞者自身の思いや経験が語られているのである。このように鑑賞者が作品と向き合う際の特徴をファシリテーター（対話型美術鑑賞を促進する役割を担う人）は十分に理解しておくことが，鑑賞者の言葉をより引き出し，鑑賞を深めることへとつながる。

今後，美術館が様々な世代や背景をもつ来館者の美術鑑賞に対応するためには，ファシリテーターの質を高めるとともに，より多くのファシリテーターを育成し，多様なニーズをもつ来館者の美術鑑賞活動の充実を図る取り組みが必要であろう。（勅使河原君江）

引用文献

1）文部省中央教育審議会「生涯学習について（答申）　第26回答申」1981.

1-8 自然との融合

1. 自然素材と造形活動

自然素材は，地球からの恩恵であり，太古の昔より衣食住の全てにおいて，人々が命をつなぐ上で必要不可欠なものであった。「かたちをつくり出す」と書く「造形」は，ただ単に物を形づくる行為ではなく，素材のもつ特性や可能性を引き出し，人が生きていく上で必然性のある形をつくり上げる行為に他ならない。

子どもが造形活動において，関心や意欲をもって表現するためには，まず，材料が重要な要素となる。特に，造形活動に自然素材を導入することは，自然と接する機会が減少している現代の社会において，子どもの感性を導き出し，子どもの心を育む物的環境の基本ともいえる。

そして，子どもが素材に出会い，様々な発見や喜びを通した実体験が，造形の学習そのものをさらに充実した主体的活動へと発展させ，昇華させていくのである。

2. 自然素材との対話

身の回りにあふれる物質の中でも，自然素材は，唯一無二の素材感を備えている。有機的な形，多様な色彩，魅力的な感触や手触りなど，どれを取っても同じものはなく，さらに素材によっては，季節感も味わうことができる最良の教材である（図1～7）。

主な自然素材は，土，粘土，砂，砂利，石などの鉱物や，木，木の根，木の枝，木の葉，木の実，木の樹皮，草，花，種子，野菜，竹，蔓（つた）などの植物があげられる。そして，昆虫や生き物などの抜け殻，貝殻，流木，そのほか雪，氷，水なども思い浮かべることができる。

間接的に日々変化する気象状況や刻々と変化する光，風，空気なども，造形遊びを展開する上で，大切な環境的要素となっているのである。

教材は安易に提供するのではなく，造形素材を求めて子どもたちと校庭や野外に出かけ，自然の中から気に入った素材を探す活動なども，世界に一つだけの宝物を探し出すような楽しい遊びでもあり，子どもにとっても大変興味深いものである（図8）。素材の香りを吸い込み，手にとり感触や重みを確認する時間も大切であり，その素材で何をどのようにつくり，生かすことができるか，材料から活動をイメージし，素材に自ら働きかけることにも大きな意味や価値がある。テーマを決めて取り組むことはもちろんのこと，思いつくままに試みる自由な造形遊びから，素材の特性や特徴を学び取る大切な時間にしたい。

図1　心まで解放される泥遊び

図2　真剣に石を並べる

図3　砂場での模様遊び

3. 五感を通して

人間は，「五感」と呼ばれる，視覚（眼で物を見る）・聴覚（耳で音を聞く）・触覚（手や指などの皮膚で触る）・味覚（舌で味わう）・嗅覚（鼻で匂いや香りを嗅ぐ）の優れた感覚機能をもっている。

外部からの情報は，五感を通して積極的にからだに取り入れられ，これらの情報は，過去の経験と関連付けられ，整理されて蓄積される。この知覚化されたデータを基に新たな思考や行動につなげ，人は経験値を上げることで成長してきた。人間と動物の違いは，単なる音である声を言葉として理解し，言葉や文字という記号を使って相互にコミュニケーションできることであり，知覚された能力を最大限に発揮し，新たなかたちや道具をつくり出すことで，進化し続けることができたのである。

五感を通した環境との直接的な出会いによって，子どもは，その子なりの見方，感じ方を獲得する。また，自然に対して開かれた心をもち，からだを連動させた活動を行うことで，身体機能を発達させることができるのである。自然を理解し，ともに生きる意味を知ることこそが，今を生きることへの証しでもある。

4. 環境との関わり

多くの人工物に囲まれる現代社会の中で，身近な自然材料そのものの特性に触れて楽しむ造形活動は，地域の自然環境を再認識し，生活環境への理解を深めるためにも重要である。地域の成り立ちや文化や伝統，さらに地形や周囲の植生などに関心をもちながら，木や石や天然の染料となる草木などを採取し，その土地ならではの素材との関係性をもつことは，自己の存在を確認し，見つめ直すことにもつながる（図9）。子どもたちは様々な自然素材の造形活動を通して，環境への理解や関心を深め，心身ともにバランスのとれた豊かな人間性を獲得するのである。（佐善 圭）

図４　草花でかたちをつくる

図５　落ち葉に触れて楽しむ

図６　まつぼっくりのツリー

図７　雪の日の造形遊び

図８　海辺で光る貝を採る

図９　天然の染料で染める

1-9 視覚情報の活用

1. 形や色のリテラシー

図画工作科・美術科の学習環境には，題材となる造形に関わる学びのプロセスにおいて，視覚情報（視覚から獲得し得る情報）を主として，学習者が，「形作られたものを読み取り，反芻（はんすう）し，自らに意味付けていこうとする鑑賞行為」と，「自己を取り巻く環境から何かを感じ，構想・構成していく自己表現」との経験的な相関性が認められる（図1）。

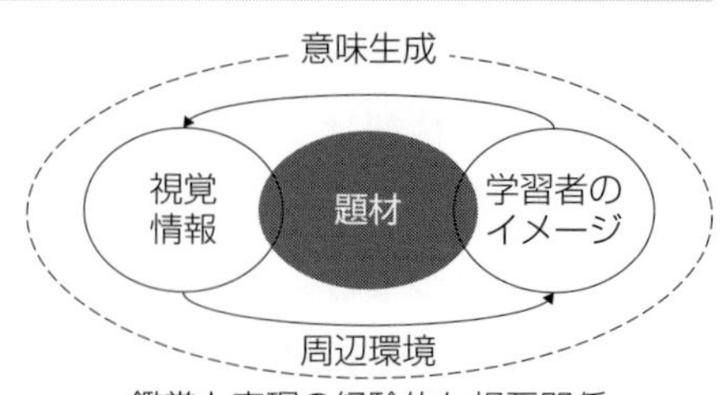

鑑賞と表現の経験的な相互関係
図１　造形行為を通した学び

例えば，「お気に入りの枯葉」という題材であれば，子どもたちは，秋空の下，枯葉のある場所を探索するだろう。こうした場面には，彼らが自らの主題をもって造形行為に至る,「題材（枯葉）が示す造形的な特徴に気付くプロセス」が導かれている。子どもたちは，お気に入りの枯葉に触れて，じっと手に取った葉っぱを見つめ，虫が開けた穴を覗き込んだり，空に向かって葉をかざしてみたり，友だちと話し合いながら，周辺の環境と合わせて自然の彩りの変化を楽しんだり，葉脈やゴツゴツとした輪郭を何かに例えて指でなぞってみたりするかもしれない。またその時，強く握るとすぐに壊れてしまうような自然物の脆（もろ）い質感に気付くかもしれない。

図２　枯葉のティアラづくり
造形遊びの技法から発展させて，物語の登場人物を想像し，装身具を創作する。

図画工作科であれば，こうした活動を，自然物を用いた造形遊びなどによって素材そのものの面白さに向かわせ，その場に構成される形や色，モチーフのリズムなどから，より発展した描画表現や工作活動に結ぶことも考えられる（図2）。

美術科であれば専門性を踏まえて，枯葉や自然物の表現をテーマとする作品鑑賞などから心象風景の理解につなげたり，「葉」の一瞬の動きや風景を自分の気持ちに重ねてインスタレーション（作品を展示する場所や空間の変化そのものを体験する芸術表現）に表したりするなど，子どもたちの発達段階や，興味・関心にあわせた鑑賞や表現の展開を期待できる。そこには，学習者個々人が生きる場所や経験から得た「形や色に基づく造形感覚としてのリテラシー」が認められる。そして，このリテラシー（造形感覚に基づく見方）を踏まえた学習行為には，先に述べた鑑賞と表現の経験的な相互関係において，学習者が対象とする造形に主体的に関わり，“みること”と，その場に“想起する感覚的なイメージ”から，実感ある世界に向かう創作行為が広がっている。子どもたちは，このような学習活動から，自分なりのイメージと主題をもって，日常にある造形のよさや面白さを見出していく。またそうした体験を，子どもたちの身近にある生き生きとした瞬間に意味付け，良識や美意識を涵養していく造形行為に，教科としての図工・美術において，人間形成を目的とする視覚情報を活用した経験的な学修の可能性が拓かれている。

2. 映像の活用

現代においては，多様なコミュニケーションを可能にするデジタルメディアや，マスカルチャーなどの視覚文化の発展に伴い，視覚情報が日常に溢(あふ)れ，その印象がより複雑に展開されている。中でも，映像を主としたメディア群は，写真（静止画像），アニメーションやフィルム（コンピュータによる加工・編集技術を用いた動画像・立体映像），WEB上でのメディアコンテンツの広がりなど，映像を媒介するイメージの相関性において「映像を見る」見方を再編していく方向性の下に，これまでとは異なるコミュニケーションや経験のプロセスを示している。例えば，スキャンされた名画をコンピュータの機能で拡大してみると，その映像からは，印刷物では読み取れないような詳細な視覚情報が得られるだけではなく，映像（イメージ）をシミュレートしていく者が，色や空間構成などが移り変わる印象から，作品そのもののよさや美しさに迫る経緯を体感することができる。それは単に，ICT（情報通信技術）が示すような，視覚情報を獲得するツールとしての利便性や流通のあり方を追求する行為とは異なる。そこには，視覚情報としてのイメージ（映像やこれに基づく心象）が造形的なモチーフとなり，即時的に仮想と現実に相互作用的に関わり合い，新たな意味を見出していく経験のプロセスが認められる。図工・美術では，こうした映像のありようを，現代の子どもたちの映像に対する興味や現実的な感覚，先端芸術としてのメディアによるデザインなども含み込み，図工から美術への発展的な学習を見通した活用の可能性として捉えていくことが重視される。特に美術科では，絵画・彫刻・デザイン・工芸に加えて，映像メディア表現は教育内容の一領域として示され，積極的な活用が求められている。これからの美術教育には，従来からの，よさや美しさに基づく造形的な感性や，これに関わる創作行為を経験的な学びへ結び，事象を見る行為と，そこから生み出されていく多様な想いを，新たな価値の創造に向けて問い直していく，映像（イメージ）によって導かれる関わり方（メディア＝媒体）を活用した教育内容の充実が望まれている。

3. 美的な鑑賞力と表現力

人が生きる上でかかせない美や芸術の存在を形象として求める知の営みの中では，美を本質として，一人ひとりが，そして誰もが美しいと感じる瞬間に出会い，共感することが，全人的な教育の基盤となる。現代において，映像を通して導かれる造形的なイメージは，上述したメディア群の広がりの中で，多様なコミュニケーションと結び付いている。そこでは，映像から得る印象が意味をもって連なり，再編されていく瞬間に，自らと自らの周辺世界との関わりを多面的に振り返らせ，改めて，人が生きる場に関わるよさや美しさへの気付きを導く可能性が示されている。図工・美術の教科としての存在意義は，そのような気付きの場に共有される造形感覚や美意識を手立てとして，有機的に人として生きる瞬間と重なり合い，社会や世界とつながっていく学びにあるといえる。図工・美術に関わる教師や学習者には，改めて現代における視覚情報のありようを見据え，「みる行為を通して美しさを察し，ものの本質に迫っていく力」と，「美しい瞬間を生み出し，自らを表現していく力」の相互性から，創作者の日常に連なって感性や情操を育み，より創造的で豊かな学びを生成する美的な鑑賞力と表現力が求められている。（赤木恭子）

2章 図画工作科・美術科教育の学習指導

2-1 近年の学習指導要領の動向

1. 詰め込みやゆとりからの克服

学習指導要領は，社会や子どもたちの変化を踏まえ，概ね10年に一度改訂されてきた。1958（昭和33）年から文部省告示とされ，この学習指導要領では，各教科のもつ系統性が重視され，基礎学力の充実が図られた。1968（昭和43）年の改訂は，国民生活の向上や社会の進展などを踏まえ，教育内容も授業時数も量的にピークを迎えた。これに対して，知識の伝達に偏り「詰め込み教育」になっているとの批判がなされ，1983（昭和58）年の改訂では，「ゆとりと充実」が提唱され各教科とも教育内容の精選が行われ，知・徳・体の調和を図ることを目指した。その後，1984（昭和59）年から1987（昭和62）年にかけて臨時教育審議会が設置され，「個性重視の原則」，「生涯学習体系への移行」，「変化への対応」の3つの視点から改訂の方向性が提言された。1989（平成元）年の学習指導要領の改訂では，この趣旨を踏まえ，思考力・判断力・表現力等の育成や自ら学ぶ意欲や主体的に学ぶ態度などを重視した「新しい学力観」が提唱された。1998（平成10）年の改訂では，変化の激しい社会を生き抜く子どもたちには，「生きる力」を育（はぐく）むことが重要であるとし，そのために，教育内容の厳選と授業時数の削減，総合的な学習の時間の創設などが行われた。2008（平成20）年に行われた前回の改訂は，「生きる力」が一層重視され，それをバランスよく育んでいく観点から改善が図られた。「ゆとり」か「詰め込み」かの二項対立ではなく，「基礎的な知識及び技能」，「これらを活用して課題を解決するために必要な思考力，判断力，表現力その他の能力」及び「主体的に学習に取り組む態度」の学力の三要素をバランスよく育み，「確かな学力」を育成することが重視された。また，言語活動の充実を各教科を貫く改善の視点とし，1983（昭和58）年の改訂以降初めて総授業時数が増加された。

2. 学力低下への懸念

子どもたちの学力の低下については，学習内容の削減が始まった1983（昭和58）年改訂の学習指導要領が実施された頃から懸念されてきたが，特に大きく取り上げられたのは，1998（平成10）年の学習指導要領改訂の時期からである。1996（平成8）年7月に中央教育審議会が1次答申を出し，そこでは，これからの教育の在り方として，「ゆとり」の中で，子どもたちに「生きる力」を育むということが大切であるとの方針が示された。そこでは，「ゆとり」によって，子どもたちは，自分を見つめ，自分で考えることや，また，様々な生活体験や社会体験を豊かに積み重ねることがねらいとされた。それに伴い，学習内容や授業時数が削減され，2002（平成14）年からは学校週5日制も実施されたが，「ゆとり」教育が「ゆるみ」教育といわれ，批判の的となった。その後，「ゆとり」世代といわれるようになったのも，この時の学習指導要領による教育を受けた世代である。

学力低下への懸念が広がった要因の一つとして，経済協力開発機構（OECD）が実施し

図　造形遊びの風景

ている学習到達度調査（PISA）の調査結果がある。これは，義務教育修了段階の15歳児の子どもがもっている知識や技能を，実生活の様々な場面で直面する課題にどの程度活用できるかを評価するもので，読解力，数学的リテラシー，科学的リテラシーの3分野について，2000（平成12）年以降，3年ごとに調査が実施されている。1998（平成10）年改訂の学習指導要領は，2002（平成14）年から実施されたが，2006（平成18）年実施のPISA調査の結果では，前回の2003（平成15）年の調査と比較すると，OECD加盟国中，科学リテラシーは2位から3位，読解力は12位で前回と変わらず，数学リテラシーは4位から6位になっていた。これらの順位の低下が，学力低下の声を一層大きくする結果となった。このように，2006（平成18）年のPISA調査では国際的な順位が下がり，国内では学力低下の声が強まった。しかし，国際的にみると1億3千万人近い人口をもつ国で，これだけ学力が高い国は他になく，日本の教育に対しては，海外からは一定の評価は得られていた。

3. 学力低下への対応

学力低下への懸念に対する文部科学省の対応としては，2003（平成15）年に学習指導要領の一部改正を行い，学習指導要領は，すべての子どもたちに対して指導すべき内容を示したもの（学習指導要領の「基準性」）であり，各学校は，子どもたちの実態に応じ，学習指導要領が示していない内容を加えて指導することができることを明確にした。また，2007（平成19）年から，全国の小学校6年生，中学校3年生を対象に，全国学力・学習状況調査を実施した。この調査により，教育に関する継続的な検証改善サイクルを確立することで学校現場の指導改善を促し，学力の底上げを図った。加えて，2008（平成20）年改訂の学習指導要領では，学習内容や授業時数を増やすとともに，言語活動を充実させて思考力・判断力・表現力等を育成するなど，量的・質的な改善を行った。学校現場においても，子どもの興味・関心を大切にした身近な題材を取り上げて学習への主体性を引き出したり，クラス全体やグループなどで対話しながら多様な見方や考え方などに気付かせたりするための工夫など，様々な実践が積み重ねられ，授業改善が図られてきた。

これらの取組が成果を上げ，2012（平成24）年実施のPISA調査では，OECD加盟国中，科学リテラシー及び読解力は1位，数学リテラシーは2位になっていた。また，2015（平成27）年に実施したPISAにおいては，科学的リテラシー，読解力，数学的リテラシーの各分野において，国際的にみると引き続き平均得点が高い上位グループに位置しており，調査の中心分野であった科学的リテラシーの能力について，平均得点は各能力ともに国際的に上位となっている。また，全国学力・学習状況調査においても，主として「活用」に関する問題（いわゆるB問題）に課題が多くみられたが，各教育委員会や学校現場は，その対応に取り組み，意識改革や授業改善を進めていった。その結果，下位の都道府県の学力が向上し，上位との差が縮まり，学力の底上げが進んでいる。（村上尚徳）

2-2 平成 29 年告示学習指導要領の方向

1. 資質・能力の 3 つの柱

平成 29 年告示学習指導要領は，子どもたちが大人になり活躍する 2030 年頃から先の社会を考えて改訂された。その社会では，情報化やグローバル化などが一層進展し，職業や社会の構造が大きく変化していくことが予測される。子どもたちが，予測できない変化に主体的に向き合って関わり，自らの可能性を発揮し，よりよい社会と幸福な人生の創り手となることが求められる。このような状況を踏まえ，“よりよい学校教育を通じてよりよい社会を創る”という目標を学校と社会が共有し，連携・協働しながら，子どもたちが未来を切り拓いていく「社会に開かれた教育課程」の実現が重要であるとされた。そのためには，すべての教科等に共通する資質・能力と，それを高めていくために重要となる要素とは何かを明らかにすることが求められる。この資質・能力の要素についての議論にあたっては，学校教育法第 30 条第 2 項が定める学校教育において重視すべき，「知識・技能」「思考力・判断力・表現力等」「主体的に学習に取り組む態度」などの学力の 3 要素を出発点としながら議論が重ねられ，資質・能力の 3 つの柱として次のように整理された。

① **知識・技能（何を理解しているか，何ができるか）**：各教科などにおいて習得する知識や技能であるが，個別の事実的な知識のみを指すものではなく，それらが相互に関連付けられ，さらに社会の中で生きて働く知識となるものを含むものである。

② **思考力・判断力・表現力等（理解していること・できることをどう使うか）**：将来の予測が困難な社会の中でも，未来を切り拓いていくために必要な思考力・判断力・表現力等である。

③ **学びに向かう力・人間性等（どのように社会・世界と関わり，よりよい人生を送るか）**：①及び②の資質・能力を，どのような方向性で働かせていくかを決定付ける重要な要素であり，情意や態度等に関わるものも含まれる。

この資質・能力の 3 つの柱は，各教科などにおいて育む資質・能力であるとともに，教科等を越えたすべての学習の基盤として育まれ活用される資質・能力であり，また，現代的な諸課題に対応して求められる資質・能力のすべてに共通する要素でもある。平成 29 年告示学習指導要領は，教科などの目標や内容について，この 3 つの柱に基づいて再整理が図られた。資質・能力の 3 つの柱は相互に関係し合いながら育成されるものであり，資質・能力の育成は知識の質や量に支えられていることにも留意が必要である。資質・能力の育成のためには知識の質や量も重要であり，子どもたちの発達に応じて，これら 3 つをそれぞれバランスよく膨らませながら，学習指導を進めていくことが求められる。

2. アクティブ・ラーニング

子どもたちが，これからの時代に求められる資質・能力を身に付け，生涯にわたって能動的に学び続けることができるようにするためには，子どもたちが「どのように学ぶか」という学びの質を重視した改善を図っていくことが求められる。そのためには，「主体的・

対話的で深い学び」の視点から授業改善を図っていくことが重要である。これが「アクティブ・ラーニング」の視点から授業改善である。

平成 29 年告示学習指導要領においては，学習の内容だけでなく学習方法も重視し，子どもたちの学びの過程を質的に高めていくことが求められる。「何ができるようになるか」を明らかにしながら，「何を学ぶか」という学習内容と，「どのように学ぶか」という学びの過程が重要である。学びの過程において子どもたちに，多様な人との対話を通じて考えを広げたり，未来を切り拓くために必要な資質・能力や生涯にわたって能動的に学び続けたりすることができる力を育成することが重要である。

図　図画工作の授業風景
写真提供：尾張旭市旭小学校

平成 29 年の改訂において提示された「アクティブ・ラーニング」については，子どもたちの「主体的・対話的で深い学び」を実現するために共有すべき授業改善の視点として，その位置付けが明確にされた。「主体的・対話的で深い学び」の実現とは，特定の指導方法のことでも，教育や授業における教師の意図をもった指導を否定することでもない。大切なことは，「学び」の本質を捉えながら，教師が教えることはしっかりと教え，子どもたちに求められる資質・能力を育むために必要な学びの在り方を絶え間なく考え，授業の工夫・改善を重ねていくことである。また，「主体的な学び」「対話的な学び」「深い学び」の 3 つの視点は，それぞれ相互に影響し合い，子どもの学びの過程としては一体として実現されるものであるが，一方でこれらは，学びの本質として重要な点を異なる側面から捉えたものであり，授業改善の視点としては個別な視点として捉えることも必要である。「アクティブ・ラーニング」の視点からの授業改善は，これまでの授業や指導の内容を否定するものではなく，現在既に行われている学習活動を，「主体的・対話的で深い学び」の視点から改善を図り，質を高めていくことが大切である。また，「アクティブ・ラーニング」については，指導法が「型」になり，狭い意味での授業の方法や技術の開発になっているのではないかという懸念もある。重要なことは，指導においてこれまで行ってきている学習活動を，子どもたちにとっての学びの過程として捉え直し，子どもの実態や指導の内容に応じ，3 つの視点を考慮しながら創意工夫をしていくことである。

図画工作科の授業においても，まず，子どもに学習に対する興味や意欲をもたせ，主体的な学びになることが大切である。その上で，発想や構想の場面でお互いのアイデアを紹介し合ったり，制作の途中で他者の作品の工夫などを学び合ったり，鑑賞の活動で感じたことや考えたことを述べ合ったりするなど，他者と考えを交流する中で思いや考えを巡らせ，自分一人では気付かないことや思いつかないことなどを考え，新たな意味や価値をつくりだす深い学びにつなげていくことが重要である。また，図画工作科における「対話的な学び」は，言葉によるものだけでなく，課題意識をもって作品や制作過程をみながら，他者の考えを知ることなども含めて，広く捉えることが大切である。(村上尚徳)

2-3 図画工作科の目標

1. 教科目標の構造

平成29年告示小学校学習指導要領では，知・徳・体にわたる「生きる力」を子どもたちに育むため，「何のために学ぶのか」という学習の意義を共有しながら，授業の創意工夫や教科書などの教材の改善を引き出していけるよう，すべての教科が，冒頭の柱書きと，(1) 知識・技能，(2) 思考力・判断力・表現力等，(3) 学びに向かう力・人間性等の3つの柱で整理された。これを踏まえて，小学校図画工作科の教科目標は，次のように示された。

> 表現及び鑑賞の活動を通して，造形的な見方・考え方を働かせ，生活や社会の中の形や色などと豊かに関わる資質・能力を次のとおり育成することを目指す。
> (1) 対象や事象を捉える造形的な視点について自分の感覚や行為を通して理解するとともに，材料や用具を使い，表し方などを工夫して，創造的につくったり表したりすることができるようにする。
> (2) 造形的なよさや美しさ，表したいこと，表し方などについて考え，創造的に発想や構想をしたり，作品などに対する自分の見方や感じ方を深めたりすることができるようにする。
> (3) つくりだす喜びを味わうとともに，感性を育み，楽しく豊かな生活を創造しようとする態度を養い，豊かな情操を培う。

出典：文部科学省『小学校学習指導要領（平成29年告示）』2017.

教科の目標では，図画工作科は何を学ぶ教科なのかということを明確にし，具体的に育成する資質・能力を3つの柱に位置付け，以下のような考え方で整理された。

(1) については，造形的な視点について感覚や行為を通して理解する知識と，表現における創造的につくったり表したりする技能に関するもの **(知識・技能)**。

(2) については，表現における発想や構想と，鑑賞における見方や感じ方などに関するもの **(思考力・判断力・表現力等)**。

(3) については，つくりだす喜び，感性，楽しく豊かな生活を創造しようとする態度，豊かな情操などに関するもの **(学びに向かう力・人間性等)**。

教科の目標では，これらの (1)，(2)，(3) を相互に関連させながら育成することが大切である。

2. 教科目標の柱書き

「表現及び鑑賞の活動を通して」は，図画工作科が表現や鑑賞の活動を行うことによって教科の目標を実現するという教科の性格を表している。「造形的な見方・考え方」とは，感性や想像力を働かせ，対象や事象を，形や色などの造形的な視点で捉え，自分のイメージをもちながら意味や価値をつくりだすことである。どのような視点で物事を捉え，どのような考え方で思考していくのかという物事を捉える視点や考え方を，図画工作科の特質に応じて示している。「生活や社会の中の形や色などと豊かに関わる資質・能力」とは，子どもがつくりだす造形や作品，家庭・地域・社会で出会う形・色・作品・造形・美術などと豊かに関わる資質・能力を示している。学校や生活の様々な場面で，形や色などと豊かに関わることで，楽しく豊かな生活を創造していくことなどにつながっていくことになる。

3. 教科目標の（1）（2）（3）について

図　子どもの作品例

(1) は,「知識・技能」に関する目標を示している。「対象や事象を捉える造形的な視点について自分の感覚や行為を通して理解する」は，「知識」について示している。ここでは，形や色などの感じや造形的な特徴などの造形的な視点を，自分の感覚や行為を通して理解することが重要であり，学習過程の中で活用され，更新されるものである。「材料や用具を使い，表し方などを工夫して，創造的につくったり表したりすることができるようにする」は，「技能」について示している。技能は，主体的に活用する中で身に付くものであり，発想や構想とともに働いて初めて創造的な表現が可能になる。

(2) は,「思考力・判断力・表現力等」に関する目標を示している。ここでは, 主に「A 表現」を通して育成する発想や構想に関する資質・能力と,「B 鑑賞」を通して育成する鑑賞に関する資質・能力から構成されている。「造形的なよさや美しさ，表したいこと，表し方などについて考え」は, 発想や構想と鑑賞の双方に重なる資質・能力が示されている。「創造的に発想や構想をしたり,」は，発想や構想に関する資質・能力であり，自分にとって新しいものや価値あるものを生み出すことである。「作品などに対する自分の見方や感じ方を深めたりすることができるようにする」は，鑑賞に関する資質・能力であり，よさや美しさなどを感じ取ったり考えたりし，自分の見方や感じ方を深めることである。

(3) は，「学びに向かう力・人間性等」に関する目標を示している。教科の目標 (1) 及び (2) に関する資質・能力を, どのような方向性で働かせていくかを方向付ける役割を担っている。「つくりだす喜びを味わう」とは, 設計図に沿ってものをつくるような喜びではなく，子どもが自分で考え，生みだす喜びである。「感性を育み」の感性は，様々な対象や事象を心に感じ取る働きであるとともに，知性と一体化して創造性を育む重要なものである。感じるという受動的な面に加えて，感じ取ろうとする能動的な気持ちや態度を育てていくことが大切である。「楽しく豊かな生活を創造しようとする態度を養い」とは，一人一人の子どもが，形や色などに能動的に関わり，心から楽しいといった心情を抱いたり，充実感を得たりするような, 心豊かな生活を自らつくりだそうとする態度を養うことである。「豊かな情操を培う」は，図画工作科の目指す姿を示している。情操とは，美しいものや優れたものに接して感動する，情感豊かな心のことである。図画工作科によって培われる情操は, よさや美しさなどのよりよい価値に向かう傾向をもつ意思や心情と深く関わっている。それは持続的に働くものであり，教育によって高めることで，豊かな人間性等を育むことになる。また生活や社会に主体的に関わる態度を育成するとともに，伝統を継承し，文化や芸術を創造しようとする豊かな心を育成することにつながるものでもある。（村上尚徳）

2-4 学習指導要領（図画工作科）の構成や概要

1. 内容構成と改善のポイント

図画工作科の内容は，「A 表現」，「B 鑑賞」及び〔共通事項〕で構成されている。

「A 表現」は，(1) と (2) の 2 つの項目を設け，(1) は，子どもが，自分の感覚や，感じたこと，考えたことなどを基に，発想や構想をするなどの「思考力・判断力・表現力等」に関する項目が，(2) は，材料や用具を創意工夫するなどの「技能」に関する項目が示されている。さらに，(1) と (2) の項目には，それぞれアとイの 2 つの事項が示され，どちらの項目も，アは，造形遊びに関する事項，イは，絵や立体，工作に関する事項となっている。

「B 鑑賞」(1) は，子どもが自分の感覚や体験などを基に，自分の見方や感じ方を深めるなどの「思考力・判断力・表現力等」が示されている。

また，〔共通事項〕(1) は，「知識」と「思考力・判断力・表現力等」の観点から整理され，「ア 自分の感覚や行為を基に，形や色などの造形的な特徴を理解すること」が「知識」として位置付けられ，「イ 形や色などの造形的な特徴を基に，自分のイメージをもつこと」が「思考力・判断力・表現力等」として位置付けられた。

2. 内容の概要

図画工作科の内容の概要は，以下の通りである。

領域等	項　目	事　項
A 表現	(1)　発想や構想に関する項目 ※「思考力・判断力・表現力等」	ア　造形遊びをする活動に関する事項
		イ　絵や立体，工作に表す活動に関する事項
	(2)　技能に関する項目 ※「技能」	ア　造形遊びをする活動に関する事項
		イ　絵や立体，工作に表す活動に関する事項
B 鑑賞	(1)　鑑賞に関する項目 ※「思考力・判断力・表現力等」	ア　鑑賞する活動に関する事項
共通事項	(1)　A 表現，B 鑑賞の指導を通して指導 ※「知識」 ※「思考力・判断力・表現力等」	ア　形や色などに関する事項 イ　イメージに関する事項

(1)　A 表現

「A 表現」の (1) は，発想や構想に関する項目，(2) は，技能に関する項目が示されている。一方，子どもの活動の視点から考えると，表現活動には，大きく 2 つの側面がある。一つは，材料やその形や色などに働きかけることから始まる側面で，材料に働きかけ，自分の感覚や行為などを通して形や色を捉え，からだ全体の感覚を働かせながら行う造形活動で，この内容を「造形遊びをする」とし「A 表現」の (1) ア及び (2) アを組み合わせて行うこととしている。もう一つは，自分の表したいことを基に，これを実現していこうとする側面で，幼い頃から親しんでいる絵をかいたり，粘土で表したり，あるいは用途のあるものをつくったりするなどの活動で，この内容を「絵や立体，工作に表す」とし「A

表現」の（1）イ及び（2）イを組み合わせて行うこととしている。「造形遊びをする」は，結果的に作品になることもあるが，始めから具体的な作品をつくることを目的としないのに対して，「絵や立体，工作に表す」は，およそのテーマや目的を基に作品をつくろうとするところに違いがある。

図　ワークショップでの工作

造形遊びをする：この学習内容は，子どもが材料などに進んで働きかけ，自分の感覚や行為を通して捉えた形や色，イメージなどから，思いのままに発想や構想を繰り返し，経験や技能などを総合的に生かす造形活動である。造形遊びは，遊びがもつ教育的な意義と創造的な性格に着目したもので，そのよさを学びにしていくためには，次の3点に留意することが大切である。一つは，表し方を見付けたり試したりするなどの過程や工夫を楽しむこと。二つには，触感覚や色彩感覚などのからだ全体の感覚を働かせること。三つには，材料を並べたり積んだりするなどの構成的な力を働かせることである。

絵や立体，工作に表す：この学習内容は，子どもが感じたこと，想像したこと，見たこと，伝え合いたいことなどから，表したいことを見付けて，絵や立体，工作に表す活動である。「表したいことを見付け」とあるように，教師が決めたものを描かせたりつくらせたりするのではなく，子ども自らが表したいことを見付けることが重要である。また，「絵や立体」とは，絵の具などで平面に表したり，粘土などで立体に表したりする学習内容であり，ともに自分の感じたことや思ったことなどを表すという点で共通している。一方，「工作」とは，用途や機能がある程度明確で，生活を楽しくしたり伝え合ったりするものなどを表す学習内容である。

（2）　B鑑賞

「B鑑賞」は，鑑賞活動を通して，鑑賞に関する資質・能力の育成を目指す学習である。

この学習内容は，自分たちの作品や身近な材料，身近な美術作品や製作の過程，我が国や諸外国の親しみのある美術作品や生活の中の造形などを鑑賞し，主体的によさや美しさなどを感じ取ったり考えたりし，他者と話し合うなどして自分の見方や感じ方を深める活動である。鑑賞も創造活動であり，子どもが自分の中に，対象や作品などに対する意味や価値をつくりだすことが大切である。

（3）　共通事項

〔共通事項〕は，表現及び鑑賞の活動の中で，共通に必要となる資質・能力であり，表現及び鑑賞の活動の礎になるものである。〔共通事項〕のアの内容は，自分の感覚や行為を通して，形や色などの造形的な特徴を理解する「知識」の育成に関するものである。また，イの内容は，様々な対象や事象について自分なりのイメージをもつ「思考力・判断力・表現力等」の育成に関するものである。（村上尚徳）

2-5 学習指導要領（美術科）の構成や概要

1. 内容構成と改善のポイント

中学校美術科の内容は，「A 表現」，「B 鑑賞」及び〔共通事項〕で構成されている。

「A 表現」は（1）と（2）の二つの項目を設け，（1）は，発想や構想をするなどの「思考力・判断力・表現力等」に関する項目が，（2）は，材料や用具を創意工夫するなどの「技能」に関する項目が示されている。さらに，（1）は，「ア 感じ取ったことや考えたことなどを基にした発想や構想」と「イ 目的や機能などを考えた発想や構想」に分けられ，その中の（ア）～（ウ）の全ての事項に「主題を生み出すこと」が位置付けられた。

「B 鑑賞」は（1）のみで，鑑賞に関する資質・能力であり，「思考力・判断力・表現力等」として示されている。

また，〔共通事項〕は（1）のみで，造形的な視点を豊かにするために必要な「知識」として整理された。

2. 内容の概要

美術科の内容の概要は，以下の通りである。

領域等	項　目	事　項	
A 表現	（1）発想や構想に関する項目 ※「思考力・判断力・表現力等」	ア 感じ取ったことや考えたことなどを基にした発想や構想	（ア）感じ取ったことや考えたことなどを基にした発想や構想
		イ 目的や機能などを考えた発想や構想	（ア）構成や装飾を考えた発想や構想 （イ）伝達を考えた発想や構想 （ウ）用途や機能などを考えた発想や構想
	（2）技能に関する項目 ※「技能」	ア 発想や構想をしたことなどを基に表す技能	（ア）創意工夫して表す技能 （イ）見通しをもって表す技能
B 鑑賞	（1）鑑賞に関する項目 ※「思考力・判断力・表現力等」	ア 美術作品などに関する鑑賞	（ア）感じ取ったことや考えたことなどを基にした表現に関する鑑賞 （イ）目的や機能などを考えた表現に関する鑑賞
		イ 美術の働きや美術文化に関する鑑賞	（ア）生活や社会を美しく豊かにする美術の働きに関する鑑賞 （イ）美術文化に関する鑑賞
共通事項	（1）A 表現，B 鑑賞の指導を通して指導 ※「知識」	ア 形や色彩などの性質や感情にもたらす効果の理解 イ 全体のイメージや作風などで捉えることの理解	

出典：文部科学省『中学校学習指導要領解説 美術編（平成 29 年告示）』2017 より作成

（1） A 表現

「A 表現」（1）のアは，感じ取ったことや考えたことなどを基に，発想し構想をする学習に関する指導内容であり，その中の（ア）は，主題を生み出し，創造的な構成を工夫するなどの発想や構想に関する指導事項である。（1）のイは，伝える，使うなどの目的や機能を考え，発想し構想をする学習に関する指導内容であり，その中の（ア）は，構成や装飾，（イ）は伝達，（ウ）は目的や機能を考えた発想や構想に関する指導事項である。平成 29 年の改訂では，発想や構想に関するすべての指導事項において，主題を生み出すことが示された。

図　図画工作の授業風景
写真提供：尾張旭市旭小学校

「A 表現」(2) は，「技能」に関する項目が示され，指導事項はアのみで，その中の（ア）は，材料や用具の生かし方などを身に付け，意図に応じて創意工夫して表す技能に関する指導事項，（イ）は，制作の効率や順序などを考えながら見通しをもって描いたりつくったりするなどの技能に関する指導事項である。また，（ア）は，基本的に技能を伴うすべての表現活動に位置付けられるが，（イ）は，特に制作の効率や順序などを考える必要がある表現活動に位置付けられる。「A 表現」(2) は，原則として「A 表現」(1) のアまたはイの一方と組み合わせて題材を構成することとしている。このように技能に関する資質・能力を育成する項目を独立させることにより，発想や構想と柔軟に組み合わせて子どもの実態に合った題材設定をすることが期待される。

(2)　B 鑑賞

「B 鑑賞」は，自然や生活の中の造形，美術作品や文化遺産などから，よさや美しさなどを感じ取り，作者の心情や表現の意図と工夫，生活の中の美術の働きや美術文化について考えるなどの，鑑賞に関する資質・能力の育成を目指すものである。

平成 29 年の改訂では，「ア美術作品などに関する鑑賞」と，「イ美術の働きや美術文化に関する鑑賞」の 2 つに大きく分けて示された。さらに，アは，「(ア) 感じ取ったことや考えたことなどを基にした表現に関する鑑賞」と「(イ) 目的や機能などを考えた表現に関する鑑賞」の 2 事項に分けられ，「A 表現」の絵や彫刻などの感じ取ったことや考えたことなどを基にした表現と，デザインや工芸などの目的や機能などを考えた表現との対応が明確になった。これにより，発想や構想に関する資質・能力と鑑賞に関する資質・能力とを総合的に働かせて「思考力・判断力・表現力等」を育成することが重視された。イは，生活の中の美術の働きや美術文化についての指導内容であり，（ア）は，生活を美しく豊かにする美術の働きなどについて考える鑑賞，（イ）は，美術文化について考える鑑賞に関する指導事項である。

(3)　共通事項

〔共通事項〕は，「A 表現」及び「B 鑑賞」の学習において，造形を豊かに捉えたり，造形を基に考えたりするために必要な知識である。アは，形や色彩などの造形の要素に着目して，性質や感情などを捉える視点を理解すること。イは，造形的な特徴などから全体に着目して，イメージや作風などで捉える視点を理解することである。アは「木を見る」，イは「森を見る」といった視点で造形を豊かに捉えられるようにすることが大切である。

(村上尚徳)

2-6 指導計画とは

指導計画とは，各題材の内容や授業の進め方，広くは題材配列などの年間計画を指すことになろう。さて各学校では，図画工作科の指導計画をどのように立てているだろうか。指導計画作成において図画工作科は，他教科に比べて題材の内容や配列などを柔軟に考えることができそうだが，担当する教師の裁量やセンスに左右される割合が大きいのであれば，責任も重大である。年間指導計画作成上の留意点について考えてみたい。

1. 子どもの実態把握

指導計画を立てるに当たって，最も重要なのは子どもの実態把握である。心身の発達，興味・関心，造形体験，材料・用具の体験，巧緻性などを日頃から掴んでおく必要がある。学校の教育目標は，子どもの実態把握から設定されるものである。すなわちどのような子どもを育てるのかという望む子ども像へ向かって日々の教育が展開されるはずである。図画工作科もその教育の一場面であり，その題材が子どもにとってどのような意味をもっているのか，その題材の必然性について考えておきたい。

図　子どもの実践風景

2. 学校と地域の実態把握

子どもの実態に加えて，学校と学校を取り巻く実情を把握することも指導計画を立てる上で重要である。各学校には継承されてきた文化や伝統がある。大規模校と小規模校では，行事の内容や進め方も異なるであろう。教育内容と，教育活動に必要な人的・物的資源などを地域から活用することを考えたい。学校を取り巻く自然環境に目を向けると，山間地域と海浜地域では，景色がまったく違い，材料として収集できる自然物も違ったものとなるであろう。農業や商業，工業といった産業に目を向けたとき，地域独特の題材が設定できないだろうか。近くに美術館があれば，連携した指導計画を立てたい。また，地域に在住する人の中に伝統的な工芸を手がけている人や画家，造形作家が見つかれば，招いたり，訪ねたりしてみたい。さらに，地域の文化的な行事や社会的な行事に目を向ければ，それらを考慮した指導計画が立てられるかもしれない。

3. 題材設定と目標の明確化

題材設定において，教科書題材や以前実施した題材，あるいは雑誌などで目に留まった題材をそのまま用いていることはないだろうか。先に述べたように，子どもの実態把握が最も重要である。望む子ども像へ向かって設定する題材の意味を深く考えたいものである。この題材でどのような子どもを育てようとしているのか，目標の明確化にこだわるべきである。題材開発の醍醐味は，図画工作科を研究する教師が味わえるものである。教師の題材開発のセンスは，子どもとともに歩み，子どもの生活を肌で感じようとする構えと直結している。

4. 年間指導計画の作成

年間指導計画を立てるとき，教科書の指導書に例示されたものや以前立てた指導計画をそのまま用いていることはないだろうか。年間指導計画は，学校教育目標を達成するために，子どもや学校，地域の実態を基に総合的に作成したものとなる。次は，年間計画作成上の留意点である。

① 学習指導要領に示されている目標や内容に照らして適切であること。学校教育目標と有機的に結び付いていること。② 子どもの発達，興味・関心，造形活動に関わる特性を考慮すること。③ 表現と鑑賞，造形遊び，絵，立体，工作の時間数がバランスよく配分されていること。④ 学習内容の組織，題材の配列は，発展的，系統的で子どもの資質・能力を育むよう検討されていること。季節や行事などを考慮していること。⑤ 学校全体の指導計画，他学年の指導計画，他教科などの指導計画との関連が配慮されていること。

5. 子どもの振り返りの重要性

図画工作科の授業においても，子どもの「見通し」と「振り返り」は，主体的な活動を生むポイントとなる。子どもが関心・意欲をもって取り組むこと，特に学習活動を自ら振り返って意味付けたり，身に付いた資質・能力を確認したり，共有したりすることが大切である。例えば，造形遊びの授業において楽しかった活動の中から，心に残ったことや発見したことなどを出し合い交流することも大切であろう。教師は活動の様子を写真やビデオで記録し，子どもとともに振り返ることも大切である。このような授業を組織していくことが次の指導計画につながるのである。

6. 教師の振り返りの重要性

学校の教育目標の実現に向けて，子どもや地域の実態を踏まえ，教育課程（カリキュラム）を編成（Plan），実施（Do），評価（Check）し，改善（Action）を図る一連のサイクルを計画的・組織的に推進していくことをカリキュラム・マネジメントと呼んでいる。教師の振り返りは，評価（Check）や改善（Action）の場面である。子どもの造形活動や作品から各授業を評価し改善していくのである。各授業の振り返りから，その成果や課題を次の指導計画にどう生かしていくかということになる。子どもの十分な実態把握から，題材を吟味して実践し，子どもの活動と教師の関わりを振り返り，子どもの学びを考察し，子ども理解を深め，そこからまた次の指導計画を立てていくというサイクルが必要なのである。

図画工作科の授業も，教育課程全体の中での位置付けを意識しながら取り組み，教育課程全体と図画工作科の内容を往還させる営み，教育課程の在り方を不断に見直す営みが必要である。授業によって子どもに必要な資質や能力が育成できたかという視点で，子どもの学びの考察と指導内容を照らし合わせ，効果的な年間指導計画の在り方について教師間で研修を重ねていくことが必要である。（藤原逸樹）

2-7 学習指導案の作成

1. 学習指導案とは

学習指導案は，教師が授業を行うに当たって，事前に授業の目的や内容などを，その学級の子どもの実態に基づいて具体化し，1つの形式に則って記述した計画書である。略して，指導案，教案，授業案とも呼ばれる。普通は1単位時間の指導計画をいうことが多いが，単元（題材）全体の指導計画をいうこともある。教育現場においては，年間指導計画に基づいて授業が行われるため，学習指導案は年間指導計画を実施するための具体的な計画とされる。

2. なぜ学習指導案を作成するのか

なぜ学習指導案を作成し使用するのか。それには次のような目的がある。

第1に，これから自分が行う授業について具体的な計画を立て，授業についてのイメージをもつことである。教師はこれから実施する授業について，様々な角度から検討し授業の目的や内容を練り上げる必要がある。

第2に，学習指導案を作成することにより，教師自身が授業について研究を深めることができる。教師は作成に当たり，学習指導要領など様々な資料を参照しながら専門的な知識を学び，子どものことを考え，授業そのものについて深く考えていく。また，実施後は，授業の内容について振り返り，評価するための貴重な資料となる。

第3に，参観者が授業を客観的かつ具体的に理解するための資料となることである。参観者は学習指導案を見て，授業の目的や内容，教師の指導観，子どもの様子などを事前に理解した上で授業を参観する。参観者が授業理解を深めることは，授業後の検討会などの議論が深まることになり，授業者，参観者双方の今後の成長につながる。そして結局は，子どもに対するよりよい教育につながっていくのである。他にも教師同士が情報を共有する際のデータベースとしての意味合いもある。

3. 学習指導案の形式

学習指導案には決まった形式があるわけではないが，教科・領域，学校，地域などで一定の形式が決まっている場合がほとんどである。実際に作成する場合は，通常それらの形式に合わせて記述される。(1) 冒頭部分，(2) 題材全体の指導計画，(3) 本時の指導計画の3つに大きく分けることができる。

図　授業の目的や内容を討論しながら学習指導案を作成する

(1) 冒頭部分

指導教科名〔図画工作科（美術科）学習指導案〕と**授業者名**を記入した上で，**1．指導学年・学級名**（人数），**2．授業日時**，**3．場所**といった実施する授業の基本的なデータを記述する。

(2) 題材全体の指導計画

4. 題材名：題材名は題材の内容がわかることはもちろんであるが，子どもが興味をもって「是非やってみたい」と思えるような工夫をすることが望ましい。なお，他の教科・領域では一般に学習内容の１つのまとまりを「単元」とするが，図画工作科・美術科ではまとまりを表すものとして「題材」を用いることが多い。

5. 指導事項と内容：学習指導要領の指導事項との関連を書く。

6. 題材設定の理由：なぜこの題材を設定したのか，設定した理由について授業者の考えを書く。題材全体の指導に対して以下の３つについて述べる。

児童・生徒観：子どもの実態。これまでの学習内容や，学級集団の様子などを具体的に述べる。教育実習などで具体的なことがわからない場合は，発達の段階等を考慮して一般的な内容を書く。

題材観：学習指導上の位置付け，この題材の目的，本題材を学習することによって身に付けさせたい資質・能力について書く。

指導観：子どもの実態を考慮しながら，子どもが学習に取り組めるよう学習形態，学習過程など指導上の注意点，工夫や手立てなどを記述する。

7. 題材のねらい・目標：育成を目指す資質・能力で整理された教科の目標などをふまえて，題材を通して子どもに身に付けさせたい目標を記入する。

8. 評価規準：題材全体の評価規準を書く。育成を目指す資質・能力に基づき「知識・技能」「思考力・判断力・表現力等」「主体的に学習に取り組む態度」に整理して記述する。

9. 指導計画：題材全体について展開と時間配分を記述し，題材全体の流れがわかるようにする。

10. 準　備：使用する教材・教具をすべて記入する。「教師」が準備するもの,「子ども」が準備するものがわかるようにする。

(3) 本時の指導計画

ここでは「題材全体の指導計画」を受けて，研究授業などで扱われる一単位時間の指導計画を記述する。

11. 本時の指導：実際に行う１単位時間の授業について具体的に記述する。この授業では，子どもにどのような力を付けさせたいのか，何のためにこの授業を行うのかを，題材全体の流れを考えながらわかりやすく書く。

① 本時のねらい・目標：題材全体のねらい・目標をもとに本時のものを具体的に設定する。

② 本時の評価規準：題材全体の評価規準をもとに本時のものを具体的に設定する。

③ 本時の準備：題材全体の準備をもとに本時で準備すべき教材・教具を書く。

④ 本時の展開：題材全体の指導計画をもとに本時（1単位時間）の展開を記述する。

通常は授業の流れを「導入」「展開」「まとめ」の３段階とし，時系列で書く。これについても形式は特に決まっていないが,「学習活動」「指導上の留意点」「評価規準と評価の方法」などを記述していることが多い。（小池研二）

2-8 学習指導案の実際

1. 典型的な学習指導案例（図画工作科の場合）

図画工作科学習指導案

指導者：○○○○㊞

1. 学年・組　：第４学年○組（　　名）
2. 日　時　：○年○月○日（月）○校時
3. 場　所　：図工室
4. 題材名　：木から生まれる私の形
5. 指導事項と内容　「A 表現」(1) イ　身近な材料や場所などを基に新しい形や色などを思い付きながら，どのように活動するかについて考える。
(2) ア　材料や用具を適切に扱うとともに，組み合わせたり，切ってつないだりして，手やからだ全体を十分働かせて，活動を工夫する。
〔共通事項〕ア　自分の感覚や行為を通して，形や色などの感じがわかる。
イ　形や色などの感じを基に，自分のイメージをもつ。

6. 題材設定の理由

児童観：この学年はこれまで多くの造形遊びに取り組み，身近な材料や場所を活用しながら，からだ全体を使って，新しい形や色について学び，様々な活動を思いついてきた。中学年になり，写実的に表現する他の子どもの作品を見て苦手意識をもつ子どもも数人出てきた。

7. 題材のねらい・目標

木を切ったり，釘（くぎ）を打ったりしながら，材料や用具の特徴を捉え，組み合わせ方やつなぎ方などを工夫するとともに，自分の思いで造形的な活動に主体的に取り組む。

題材観：本題材は多くの子どもが積極的に取り組める題材である。子どもは始めから何かをつくろうとはせずに思い思いに木をのこぎりで切ったり，金づちで釘を打ち込んだりする。これまでの経験から自分の感覚や行為を通して，形や色などの感じを生かしながら「創造的な技能」を発揮し「思考力・判断力・表現力等」を十分伸ばしていくことをねらいとしている。

指導観：本題材では木を切り，組み合わせる活動の中から材料や用具を使って，表し方を工夫させ，創造的に表現できるように基本的なところから丁寧に指導していきたい。特にのこぎりや金づちを使用するときは，事前に教師が試演するなど，基礎的な指導を十分に行い，子どもが正しく安全に材料や道具を扱えるようにする。

8. 評価規準

知識・技能	思考力・判断力・表現力等	主体的に学習に取り組む態度
① 自分の感覚や行為を通して，形や色などの感じをわかろうとしている。 ② 用具を使い，木を切ったり，釘を打ったりしながら，組み合わせ方やつなぎ方を工夫している。	③ 木を切って組み合わせたり，釘を打ったりして，面白い形をイメージして表している。 ④ 活動について工夫したことを話したり，友だちと話し合ったりしながら，形の面白さや材料や用具の特徴などを捉えている。	⑤ 木を切ったり，釘を打ったりすることを楽しもうとしている。 ⑥ 目標に向かって自分なりに様々な工夫をしようとしている。

9. 指導計画

時	ねらい・学習活動	指導上の留意点	評価規準と評価の方法
1	木を切ったり釘を打ったりすることを楽しむ。	子どもの姿を見守る。安全に注意する。	①（観察・対話） ⑤（観察・対話）
2～3	木を切って組み合わせたり，釘を打ったりして自分らしい形をつくりだす。	木片の組み合わせ方や釘の使い方の工夫点をみる。活動については幅をもって全員をみる。	②（観察・対話・作品） ③（観察・対話）
4～6	思い付いた形を実現したり，新しい形をつくり出したりする。	つくりたいものにそって完成作品を捉え，鑑賞の場面も積極的に行わせる。	②（観察・対話・作品） ④（観察・対話・感想文） ⑥（観察・対話・ワークシート） ＊：番号は「8. 評価規準」に示した評価項目

10. 準　備

教師が用意するもの：のこぎり，金づち，釘，木片，C型クランプ，釘抜き

子どもが用意するもの：図工用のエプロンなど

11. 本時の指導

(1) 本時のねらい　木をいろいろな長さに切ったり，釘を打ったりすることを楽しむ。

(2) 本時の評価規準
・自分の感覚や行為を通して，形などの感じをわかろうとしている。
・木を切ったり，釘を打ったりすることを楽しもうとしている。

(3) 本時の展開［1 ／ 6 時］

指導内容		主な学習活動	指導上の留意点	評　価
導入	題材の説明	題材の内容説明。活動全体の説明。道具の使い方の説明。試演。	安全確認。	⑤（観察・対話）
展開	製作活動	道具や材料を工夫して，木をいろいろな長さに切ったり，釘を打ったりする活動自体を楽しむ。	安全確認，活動全体を見渡す。	①（観察・対話） ⑤（観察・対話）
まとめ	振り返り	活動内容について各自で振り返らせる。	片付けの指示。 道具の管理。	⑤（観察・対話） ＊：番号は「8. 評価規準」に示した評価項目

＊補足　他にも効果的な授業を行うために「板書計画」を記入したり，授業後の検討会の論点を明確にするために「授業参観の視点」を記入したりすることがある。以上の通り，学習指導案を事前に作成することは非常に重要だが，授業は計画通りにいかないこともある。その場合は状況を把握し，適切な指導が行えるよう配慮することが大切である。

（小池研二）

2-9 題材名の工夫

1. 題材と題材名

新井哲夫は，用語としての「題材」について，「教育学では，『単元』を学習内容の有機的なまとまりとし，『題材』を教材の一部分として区別する考え方もあるが，図画工作・美術では両者を明確に区分せず，学習内容の有機的なまとまり（単元）の意味で『題材』が使われることが多い」[1) としている。単元と題材とがほぼ同様の意味内容で用いられるとすれば，題材とは学習目標，学習内容，指導方法，学習評価が総合的に調整された，有機的なまとまりとしての学習単位であるといえ，題材名とは学習内容や学習目標を端的かつ象徴的に表す標題となる。題材を構成する要素は多様であり，題材の指導計画には，学年，クラス，実施年月日，題材名，子ども観，教材観，指導観，学習目標，学習内容，授業時数，学習計画，評価方法，準備物（材料・用具），制作形態，制作場所などが記載される。また，表現活動では，どのような技法を用いて，どの程度の大きさの作品を制作するのかといったディテールが検討され，鑑賞活動では鑑賞教材が検討される。題材名は，これらの要素の中から特に重視すべき内容を抽出し，端的な文言で活動内容を子どもに伝達する役割を担う。題材名は多くの場合，題材を集約する内容であり，学習計画の初期段階で子どもに伝えられることが多い。そのため，子どもの知的好奇心を刺激し，想像を広げ，内発的な動機や創造への意欲が高まる標題であることが望ましい。

例えば，「恐竜」をテーマとし，「絵や立体，工作」・「絵や彫刻」の領域で表現活動を行う場合，創造性を育むことをねらいとした題材名として，「新種の恐竜発見！」や「恐竜の卵―どんな恐竜？」などが考えられる。また，空想的な思考が得意な低学年が対象であれば，恐竜と友だち関係という設定で，「恐竜に乗って○○へ」や，「恐竜と散歩」なども考えられ，恐竜を乗り物として捉えたり，一緒に出掛けたりする様子を作品化することもできる。また，高学年では，例えば題材名を「僕らは恐竜学者」とし，学者の立場で化石を発掘させるという設定で恐竜の化石を制作し，学名をつけるという社会性を意識させた活動展開も可能である。また，中学校では，恐竜の色がまだ明らかにされていない事実に基づき，題材名を「新事実！恐竜の色は…」とすることで，科学的な事実を参照しながら表面の色を想像し，制作する活動展開も考えられる。このように，一つのテーマを取り上げても発達段階に応じた題材名を検討することが望ましい。

2. 題材名の工夫

題材名を工夫するバリエーションを整理するために，西村德行『図画工作』，東京都図画工作研究会『子ども主義宣言』，美術手帖編集部『図工室にいこう』，東山明・神吉脩・丹進『中学校・高等学校美術科ニューヒット教材』に掲載された全234題材の題材名を分析した。その結果，題材名のバリエーションは以下のようなカテゴリーで分類できた。

① **活動内容が端的に理解できる題材名**：このカテゴリーは，子どもが活動内容を理解しやすい題材名である。「ビー玉ねんど島」や「アキカン・スケッチ」，「ひかりとあそ

ぶひかりでつくる」などのように，制作物はどのような材料を用い，どのような作品を制作し，どのような活動を行うのかが端的に示された題材名である。

図　ようせいに あいに
小学校１年生・鑑賞：アルチンボルド「四季」の肖像を「妖精」とし，パズルをつくりあげて妖精に出会うというアートゲームの実践
（広島大学附属東雲小学校）

② **主題の設定を工夫した題材名**：このカテゴリーは，作品の主題をある程度限定し，ネーミングを工夫した題材名である。「思わず踊りたくなる魔法の帽子づくり」や「待ちくたびれたクモくんの工作」，「おいでよ，ニョキニョキの森」，「脳の中で泳ぐ魚を釣り上げる」のように，“どのような”の部分の設定を工夫することにより，子どもが発想を広げるきっかけをつくったり制作する作品の見通しをもちやすくしたりする題材名である。

③ **詩的な情景を表す題材名**：このカテゴリーは，詩的な表現を用いた題材名である。「人生劇場」，「満月の夜」，「色とかたちのシンフォニー」，「さまよえるオランダ人」，「花園百景 この町だいすき」のように，言葉から多様な情景を想像しやすい題材名である。

④ **プロジェクト型の題材名**：このカテゴリーは，プロジェクト名を冠した題材名である。「㈱日本緑化計画」や「校内アートプロジェクト」，「マイ・アート・スペース」，「リモコン製作所」のように，子どもがプロジェクトの一員として作品制作や環境づくりを行うことが想定され，擬似的に学校内外の組織の一員となることでプロジェクトの遂行を体験できる社会性を伴った題材名である。

⑤ **ゆさぶりを促す（意表を突く）題材名**：このカテゴリーは，「フルカラー書道」，「動くせんぞう山」，「知ったかぶり鑑賞教室」，「発想の方程式」のように，白黒だと思っている書道をカラーで制作したり，動くはずのない山を動かしたり，知識がないとできないと思い込んでいる鑑賞活動を「知ったかぶり」で行ったり，美術と数学を組み合わせたりと，子どもの固定観念を崩し，新たな枠組みでの思考・判断・表現を促す題材名である。

⑥ **英語を用いた題材名**：このカテゴリーは，英語が使用された題材名である。「インドア・プチ・ガーデン」や「楽しいスカイウオーク」，「ヒーローマスク」，「MY WORLD STAMPS」など，分析した書籍の中には英語を用いた題材名が多くみられた。英語にすることで，海外のイメージも発想の中に取り込むことが期待できる。

これらの他にも，単数ではあるがおもしろい題材名があった。例えば，「フロッタージュ刑事（デカ）」（西村德行『図画工作』）は，校内の様々な凹凸をフロッタージュで集める題材である。“捜索し，獲得する”という活動内容が「刑事（デカ）」という用語で表現されており，子どもが感じる言葉のイメージと活動内容とが見事に融合した題材名である。その他にも，「The Change ここに置きたい」は大型の立体物を制作して校内に設置し，デジカメで撮影する題材であるが，「ここに置きたい」と強い意思を求める文言を題材名に加えることで，計画段階，制作段階，設置段階で子どもの責任感を高める役割を果たしている。（池田吏志）

引用文献
1）新井哲夫『美術科教育の基礎知識』建帛社，2015，p.172.

2-10 材料 1：自然物

1. 自然材料のよさ

山登りや木登り，昆虫採集などの自然体験をしたことがない子どもの割合が増加しているという。幼児期，学齢期に視覚，聴覚，嗅覚，味覚，触覚といった五感を能動的に働かせることの重要性は誰もが認めるところである。自然物を手に取り，その色や形を生かして操作する活動は，子どもが感覚を大いに働かせるものである。自然物を材料とする造形活動や自然の中での造形活動は，環境教育の面からも，その必要性が高まっている。また，メンタルヘルスの観点からも注目すべきであろう。

図 1　ハート（モミジバフウの葉）

2. 材料集め

自然がつくり出したものは人工物にない味わいやあたたかみがあり，石であれ，小枝であれ，一つとして同じ色，同じ形のものはない。これが自然物を材料として用いる面白さである。他人の手によって集められた自然物ではなく，自分で山や川原，海辺で自然物を見つけながら歩くとよい。造形の材料として表のようなものがあげられるだろう。松かさやドングリなどは，数分間煮沸して虫を処理しておくことが必要である。図 2 は小枝や木の実などを分別してケースに入れ，制作時に材料を取りやすく工夫した棚（たな）である。

表　自然物の中で材料として考えられるもの

山・野原	木の実，木の葉（落ち葉），間伐材，小枝，竹，蔓，草，花，穂，種子，植物の汁，鳥の羽，昆虫の抜け殻など
川・海	流木，小石，砂，貝殻，海草など

3. 表現へ

造形遊びでは，自然物を並べたり組み合わせたりする活動，自然物の色や形から見立てる活動などが考えられる。髪飾りなどのアクセサリーをつくる活動，変身遊び，また，地面に材料を埋め込んだり，生えている木に紐を結んだりするなど，場に働きかける活動と連動していく場合もある。自然物の保存は難しいことがあるので活動の様子を写真で残すなどの配慮が必要である。また，安全面や衛生面での配慮も必要である。

絵や立体，工作では，台紙に貼り付けて絵画的な表現となる場合や大きな葉でお面をつくる活動，おもちゃやオブジェ

図 2　材料の分別
造形作家 福田宣行のアトリエ

をつくる活動もある。これらの活動は，用具など準備物のそろった部屋での活動だけでなく，ねらいによっては自然の中で材料を見つけながらのいわば現在進行形的活動も考えられる。

4. 題材例

水鳥たち：石の形や色などを生かして水鳥をつくる例である（図3）。石と石の接着は石材用の接着剤を用いる。接着剤は2液混合タイプのもの（本剤と硬化剤を混ぜた際に起こる化学反応で強い接着が得られる）もある。接着剤が乾くまでは石が動かないように粘着テープなどで固定しておき，完全に乾いた後で粘着テープをはがすとよい。着色は耐水性の絵の具やカラーペンを用いている。全面に色を付けるのではなく，石の地肌や模様を生かしている。水鳥を合板の上に配置し，合板にも色や模様を付けている。

図３　水鳥たち
造形作家 福田宣行の作品

森の仲間：間伐材，小枝，木の実などの形や色を生かして不思議な生き物をつくる例である（図4）。どれも独特の表情で何ともユニークな作品である。一人一人がつくった作品を持ち寄り，展示の仕方を話し合って工夫することも考えられる。小枝の接着は，接着面を整えて木工用接着剤を使っている。グルーガン（溶かした樹脂を熱して接着する道具）は短時間で接着できる点は便利であるが，見栄えよく適量のグルー（接着剤）で接着するには練習が必要である。先端が熱くなるので手袋をした方がよい。

小枝と木の実のクリスマスツリー：集めてきた小枝は剪定（せんてい）ばさみを使えば，太さ1cmの枝でも簡単に切ることができる（図5）。小枝を三角錐（すい）などに組み，頂点を輪ゴムで仮止めして接着剤で固定，あるいはモールを巻いてしっかりと固定してクリスマスツリーの形をつくる。ぐらつかない安定した形をつくりたい。そこへ，色画用紙を切って貼り付けたり，各種の紐や毛糸，リボンなどを巻き付けたり，木の実や木の皮，スパンコールなどを付けたりして飾り付けていく。木の実にビーズを付けたり，顔を描いたりしても面白い。工夫次第で様々な材料との融合が考えられそうだ。いずれもオリジナリティーに富んだ作品となる。（藤原逸樹）

図４　森の仲間
造形作家 福田宣行の作品

図５　小枝と木の実のクリスマスツリー
学生の作品

2-11 材料 2：人工物

1. 様々な材料（人工物）とその収集

家庭や店舗，工場などから毎日出てくる廃材の中に造形活動の材料として使えるものがある。これらの中には，お金をかけず子ども自身の手で大量に集めることができる素材がある。雑多なものとして普段見過ごしがちなものを材料として用いる経験や，造形的操作を加える経験が子どもにとって重要なのである。アイデアによって素敵なものに変身させていく造形活動は環境教育にもつながる。

表 1　家庭にある素材の中で材料として集めておきたいもの

紙　類	新聞紙，広告紙，包装紙，紙袋など
箱　類	牛乳パック，空き箱，段ボール箱など
容器類	空き缶，空き瓶，ペットボトル，カップラーメンの容器，プリンカップの容器，トレイ，紙コップ，紙皿など
その他	ラップの芯，アイスクリームスティック，割り箸，紐，布，ストロー，プラスチックのスプーン，発泡スチロール，ビニール袋など

家庭から出るものの中で材料として集めておきたいものは数多い。保護者の協力を得て日頃から集めておきたい。その際，きれいに洗い，乾かしておくことは言うまでもない。

さらに地域の工場を訪ねてみるとプラスチックやゴム，木枠や特別の紙など家庭廃材には見られない珍しいものに巡り合うことがあり，子どもの発想を呼び起こすおもしろい形や色をもったものを見つけることができる。これらは大量に捨てられることがあるので，ぜひ一度問い合わせてみたい。

材料は日頃から子どもと一緒に集めておき，種類毎にまとめておくようにする。段ボール箱などに分別し，どの箱に何が入っているかわかるように表示をしておくとよいであろう。かさばるので，図工室や空き教室を材料倉庫として整備するなどの工夫が必要である。

図 1　材料の収集と分別

2. 切る用具

切る用具には，工作用はさみ，万能はさみ，アルミ缶用はさみなどの各種のはさみ，段ボールカッター，発泡スチロールカッター，ペットボトルカッターなど各種専用カッター，カッターナイフや切り出し小刀などの小刀類，のこぎり類があげられる。これらは，材質に合った適切なもの，子どもの手に合った扱いやすい用具を準備することが大切である。また，教師は安全で正しい使い方や管理について指導する必要がある。子どもが手と用具を使って材料に積極的に関わることができるよう指導したい。

3. 接　着

接着剤や粘着テープは様々な種類があり，その特徴を知り，材料に応じたものを選ばなければならない。接着は，何と何をどのように接着するのかについて教師は試作を通して確認し，しっかりと指導すべきである。子どもたちが活動を通して，その接着剤の特徴が理解できるように指導したいものである。

表2　接着剤のいろいろ

のり	でんぷんのり，液状のり，スティックのり，テープのりなど
各種接着剤	木工用接着剤，ゴム系接着剤，2 液混合して使うエポキシ系接着剤，瞬間接着剤と呼ばれるシアノアクリル系接着剤などの各種接着剤，万能タイプの接着剤など
グルーガン	ホットボンド・ホットメルト(熱で接着剤を溶かして接着するピストル型のもの)
粘着テープ	セロハンテープ，ビニルテープ，布テープ，両面テープなど

4. 題材例

アルミ缶アート：専用のはさみを使ってアルミ缶を切り開き，半立体のレリーフ的な作品をつくった（図2，図3）。

光る発泡スチロール：みんなで集めた発泡スチロールを折ったり，接着剤や針金を使って組み合わせたり，蛍光絵の具で彩色したりして遊んだ後，ブラックライトで光らせた。幻想的な空間に子どもたちから歓声が上がるであろう（図4）。

牛乳パックの帽子：牛乳パックをはさみで切って，組合せ，ホチキスや接着剤で止めた。好きな絵や模様を描いて個性的な帽子ができた（図5）。（藤原逸樹）

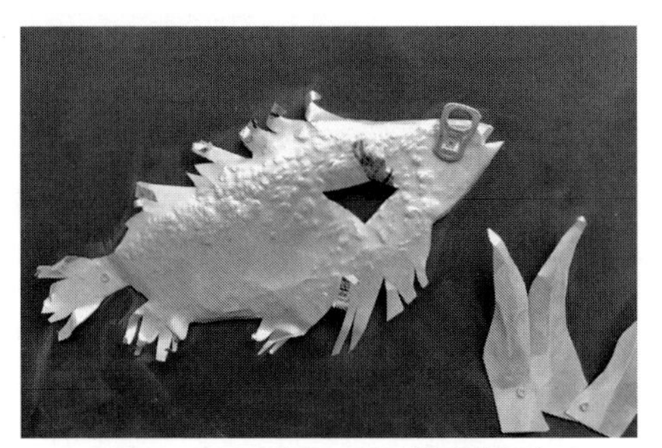

図2　アルミ缶アート（作品例 1）

図3　アルミ缶アート（作品例 2）

図4　光る発砲スチロール（活動風景）

図5　牛乳パックの帽子

2-12 用具

1. 図画工作科における安全確保のポイント

学校教育では，いかなる学習活動を展開する際も，子どもの安全確保が前提となる。学校安全を構成する主な活動は，安全教育と安全管理，両者の活動を円滑に進めるための組織活動の3つにまとめられる[1)]。

以下に，図画工作科での安全教育，安全管理について記す。図画工作科での主な安全教育は，材料・用具，活動場所の安全な扱い方の指導があげられる。特に危険性が伴う用具などに関しては，使用上の留意点をクラス全員で共有する必要性がある。事前に教師が用具などの安全な扱い方（準備・片付けの仕方なども含む）を確認しておき，活動開始前に共有しておくべき事項を予め定めておくことが肝要である。

安全管理は，事故が起こりにくい学習環境づくり，用具などの管理がある。前者は，材料・用具の適切な設置状況，活動スペースの十分な確保があげられる。例えば，カッターナイフを用いる活動において，4人掛けの机に6人の子どもを座らせ，活動中に誰かがケガをすれば，責任の所在は明白に教師側にある。隣の子どもの肘が当たるなどして，刃があらぬ方向に向かう状況は未然に防ぐ必要がある。子どもがのびのびと造形活動に取り組める学習環境にしておきたい。後者は，用具などの整理整頓，メンテナンスがあげられる。刃が摩耗（まもう）したカッターナイフは切れにくく，無理に力を入れて切ろうとすることによってケガにつながるおそれがある。使用前に，適宜点検しておきたい。図工室の備品は定置管理を心がけ，番号を記すなどして紛失を防止することも重要である。

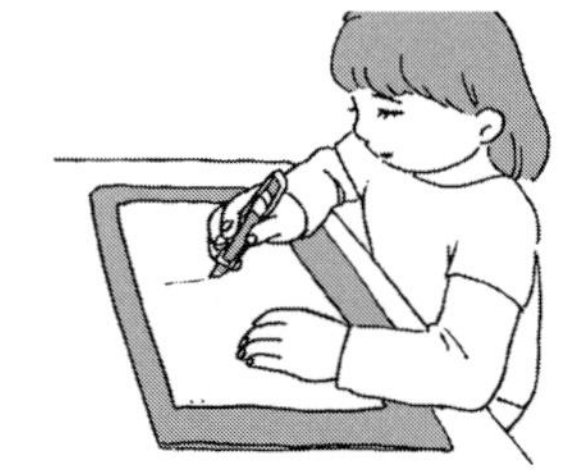

図1　カッターナイフを扱う様子

2. 危機管理におけるリスクとハザード

危険管理はリスクとハザードで整理するとわかりやすい。リスクとは子どもが判断可能な危険性，ハザードとは判断不可能な危険性を指し，発達段階によってその境界は異なる。小さなリスクに対応する経験により，危険を予測し事故を回避する力が身に付いていく[2)]。

木版画を彫る活動では，彫刻刀でケガをするリスクがあることは，子どもも即座に理解する。それでもケガする要因の1つは，刃が通る場所に利き手でない方の手を置いてしまうことにある。教師は，その手が常に彫刻刀を持っている手を横から支えるようにすることを伝えたい。一方，机の上に放っておかれた彫刻刀はハザードとなる。活動に意識が集中すると，周囲に気が回らなくなってしまうものであり，適宜，注意喚起をしていく必要がある。ハザードの芽を摘んでおくことは，事故を未然に防ぐ第一歩である。「小学校図画工作指導資料」によれば，「用具による事故は，実際に活動している場面よりも，持ち歩きや，他の目的に使用したりすることによって起きている場合が多く見られ

図2　彫刻刀を扱う様子

る」とある[3]。慣れが安全意識の低下を招くこともあるので，気を配っておきたい。

3. 用具の扱いについての指導の在り方

各用具の基本的な使用方法は，それぞれの用具が有している特性に基づいている。安全な使い方や効果的な使い方は，その特性を踏まえて初めて成立するものである。特性に基づく用具の使い方は，教師が“使用上のきまり”として教えていく必要のある部分と，子どもが試行錯誤の中で自ら学んでいく部分の双方から考えておきたい。

例として，個人持ちの絵の具セットを取り上げよう。筆洗バケツが複数の部屋に区切られているは，筆の洗いと濯ぎ，絵の具の水分調整を行う場所として使い分けるためである。それを知らないまま無分別に使えば，絵の具の色は意図せずして濁っていくことになる。これは明らかに教師が教えた方がよいと判断される事柄である。筆洗バケツを適切に用いることで，絵の具が本来もっている色彩表現の可能性は引き出されるのである。一方で，絵の具の分量の違いによる色の混ざり具合の変化や，水の含有率による透明感の変化などは，自ら試しながら使っていく中でわかっていくものである。用具の扱いについての指導は，単純作業の反復によって訓練的に行うのではなく，子どもが「きれいな色で描きたい」，「かっこいい形をつくりたい」などという思いから自発的に取り組み，表し方を創意工夫するなかでその扱いに慣れるように心掛けたいものである。

図３　水彩絵の具を扱う様子

4. 身体が覚える用具の扱い

人間の長期記憶には，言葉を介して保持されていくものと，身体が覚えていくものとがある。前者は言葉によって表すことが可能であるが，用いることが無くなれば忘れてしまうこともある。一方，後者は言葉で説明することは難しいが，一旦身に付いてしまえば抜け落ちてしまいにくい[4]。例えば，のこぎりを用いて角材をスムーズに切るためには，基本的に刃は角材に対して常に垂直に当てた状態を保つ必要がある。これは言葉で説明できる知識であるが，それを実現するためののこぎりの持ち方や角材の押さえ方に伴う姿勢の在り方，のこぎりを引く時に感じる身体運動の感覚などは，実際に切る活動を通して理解され，繰り返していく中で身に付いていく。

教師が材料・用具の扱い方を指導する際には，言葉によって（場合によっては，用具を扱う姿を実演して見せることによって）事前に説明しておく事項と，活動の中で子どもが自らの身体を通じて理解することを基本としながら，状況に応じて支援する事項を明確にしておくことが重要となる。説明時間が長くなるほど，活動時間は徐々に減っていくことに留意したい。（武田信吾）

図４　のこぎりを扱う様子

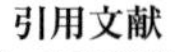

引用文献

1）文部科学省『学校安全参考資料「生きる力」をはぐくむ学校での安全教育』2010，pp.22-23.
2）国土交通省『都市公園における遊具の安全確保に関する指針（改訂第２）』2014，p.8.
3）文部省『小学校図画工作指導資料 材料・用具の扱い方とその指導』ぎょうせい，1987，p.37.
4）浜田寿美男『身体から表象へ』ミネルヴァ書房，2002，pp.33-35.

2-13 造形活動の空間や環境

1. 現代美術からの示唆

伝統的な美術では，絵画は定形のキャンバスに描かれ，額の中に収めるものであった。図画工作科・美術科でも，四つ切りなどの画用紙が多用されてきた。現代美術は，既成の見方や感じ方を広げることを目指しており，画面においても定形や枠組みからの転換が求められた。アメリカのジャクソン・ポロック（1912～1956）は，からだを動かしながら描くために床一面にキャンパスを敷き，フランク・ステラ（1936～）は，不定形の断片を貼り合わせてレリーフのような画面を創作している。クリスト（1935～）は，建物を梱包したり大地に傘を並べることにより表現した。そしてイギリスのアンディー・ゴールズワージー（1956～）は，自然の中にある木・葉・石などを並べる，積み重ねる，組み合わせるなどして制作している。このように現代美術においては，限られた定形の画面から脱して，空間や環境全体が表現の場所であると受け止められるようになった。またインスタレーションでは，空間や環境としての特徴を生かす方法そのものが，表現の中身になっている。

2. 造形遊びにおける場所 ―造形活動の活性化―

造形遊びでは，材料や場所をもとにして子どもたちが思いをめぐらし，造形活動を展開する。平成20年版小学校学習指導要領では，中学年以降に材料や場所などの特徴をもとに造形遊びをすることがあげられていた。平成29年告示小学校学習指導要領では，中学年で同様に材料と場所があげられ，高学年で　材料や場所，空間などの特徴を基に造形的な活動を思い付くこととあり，場所に加えて空間が示されている。場所は平面的なスペース，空間は高さを含めた立体的なスペースの活用を意図している。天井からひもが何本も垂れ下がっている，段ボールや粘土を高く積み上げることができるといった空間があると，その空間を活用した子どもたちの造形活動が始まる。

子どもたちが身体運動をするのに，室内の狭いスペースよりも，からだを自在に動かせる運動場や体育館の広いスペースの方が適していることは，自明である。造形活動でも，手やからだ全体を動かしながら材料と関わる，一人一人の思いを発揮することなどから，

図　野外の砂場で土や水の感触をもとに造形活動をする

それに適した場所が望ましい。色々な材料や用具を使うときには図工室，土や砂などの触覚的な体験をするときには校庭や砂場，落ち葉や木の枝を並べるには校庭や里山，水に浮かぶものをつくるときにはプール，大きな紙やビニール類を広げるには体育館や多目的スペース，材料や作品を設置するには廊下や多目的スペースといった具合である。

場所というと，はじめから整理されていなければならない錯覚があるが，実は雑然としている方が子どもの造形活動にとって好ましいこともある。例えば，タール舗装やコンクリートで一面地面を覆ってしまうよりは，いろいろな種類の土や砂があって，盛り土や窪みで自在に遊べるような場所の方がよい。ときには，水びだしにして夢中になって泥遊びをしていることもある。校庭などに意図的に土の山，土や砂のある場所を設置している学校や園もある。

3. 子どもによる場所の選択

材料や活動内容から，それに適した場所を選ぶことが求められるが，教師があらかじめ場所を選ぶことに加えて，子どもが自分の造形活動にふさわしい場所を選ぶこともある。小学校高学年の造形遊びで風の吹き抜ける道というテーマの授業実践を参観したときのことである。風自体は目に見えないものであるが，子どもたちがそれぞれに風を表すための方法を工夫し，それが効果的な場所を探していた。スズランテープを使うにしても，校庭の木々の上，藤棚の下，遊具の手すりなど，風が吹く強さや高さを考え，さらにより美しく鮮明に見えるためにスズランテープの加工の仕方や取り付け方を試行錯誤していた。したがって，子どもたちは，校庭や運動場の色々な場所に足を運んだり，図工室で送風機を使って風を受ける仕掛けの試作をしていた。一人一人取り付ける場所や風を見せるための仕組みは異なり，風の吹き抜ける道として，どの場所を選択するのかが造形活動のポイントとなっていた。材料や造形表現の方法をもとに，子どもたちが活動に適した場所を選択する。授業で作品を完成したらすぐに現状復帰というのではなく，できるだけ多くの機会に鑑賞できるような工夫をするとよい。

4. 創造的な自然環境

造形遊びに限らず，子どもが自然を感じたり，手やからだを使って創作活動をしたくなる場所や環境がある。校庭や学校の周囲に自然の木・草花があると，季節の移り変わりによる自然の色や形の変化への感受性が高まる。ジョセフ・コーネル（1950～）は，森の中で自然と接するネイチャー・ゲームを提案し，レイチェル・カーソン（1907～1964）も，センス・オブ・ワンダーとして自然の中で感性を培うことの大切さを示唆した。

以前に学校の横に川が流れている学校で，水のイメージというテーマで絵画表現をしたときに，一人一人が様々な水の色や流れに気付いて表現していることに驚かされた。子どもたちは，登下校の際に毎日川を見ており，川で泳いだり遊んだりした経験も豊かである。そのような日常の自然との関わりが造形表現に反映される。ただし，自然環境に恵まれた場所であっても，自然を漠然と見ているだけという場合もある。教師は子どもたちが四季の移り変わりに気付くような機会を設けることも大切である。（長良若葉）

2-14 授業形態

1. 一斉指導と個別指導

授業の形態には，一斉・個別・グループがある。一斉指導は，一般的な学習形態で，教師が教卓や教壇にいて，机と椅子に子どもたちが前向きに整然と座っている。子どもたち全体に対して教師が一斉に共通した内容を教える形態である。一斉指導は，明治初期から学校に定着してきた方法で，教師の熟練に支えられてきたといってもよい。小学校で45分，中学校で50分間教師の話を子どもたちが集中して聞くためには，話し方や板書の仕方について高い教育技術が求められる。しかも，一斉指導によって知識や技能を子どもたちが習得してきたことが日本の高度経済成長につながったといわれる。一斉指導において教師がどのような発問や働きかけをするのかということは，学習指導案の原点である。一斉指導は授業のねらいや基礎的な内容を確認する際に有効であり，温故知新的に学ぶべき点は多い。教師から子どもへの一方向の伝達だけでなく，一斉指導であっても，教師と子ども，子どもたち相互の対話も取り入れると，相互交流が成立する。

けれども，昭和50年代以降，暗記的・断片的な知識の詰め込み教育の弊害が顕在化し，子どもの落ちこぼれ・落ちこぼしが指摘されたり，不登校や学級崩壊が問題となった。知識の詰め込みの結果，一斉指導についていけない，学習意欲をなくす子どもが続出する状況が問題となった。子どもには，一人一人個性や個人差があり，それに応じた教育を行うことが求められ，個性化・個別化の教育が推進された。一斉指導であっても，教師が机間指導をして個別指導をすることは，以前から行われていたが，オープン・システムやティーム・ティーチングを取り入れて，興味・関心，先行経験，進度やスピードといった個人差に対応しようとした。図画工作科・美術科では，個性的な見方や感じ方を大切にする。そのため，一人一人への助言や支援が求められる。個々の子どものよさや可能性を見つけだして伝えるときや，個性的な表現に必要な技法を示すときには，個別指導がよい。机間巡視などの個別指導では，一人一人の表現の違いや進度の差といった個人差を把握して，それぞれに適した指導や支援をする。

目には見えないが，時間も教育環境である。コツコツ，ボチボチと表現するスタイルの子どもは，ゆったりした時間の中で自分らしさを発揮する。根気強く丁寧に表現するよさも，図画工作科・美術科において経験させたい。どうしても短時間のうちに成果を求める傾向があるが，子どもが創意工夫や試行錯誤する時間的なゆとりを保障することが大切である。カリキュラムや指導計画において，個性に対応できるゆとりや柔軟性をもつようにしたい。

2. グループ学習・協働的学習へ

図工室や美術室では，4名程が使えるテーブルが配置されている場合が多い。図画工作科や美術科の授業では，造形表現のための材料や用具を用いる。各自に配布しているよりは，テーブルのグループごとに準備し，片付けのときも4人分まとめて回収する方が都合がよい。時間・手間・経費的な観点からグループでの活動が望まれる。用具によっては使用頻度や経費の関係で，4人で交替で使用する状態のときもある。机の中央に材料・用具を入れるカゴを置いておき，必要なときに使えるようにしておくと，共同利用しやすい。

このような利便性に加えて，学び合いの観点からすると，むしろ積極的にグループでの学習が求められる。40人近くいる学級で，子どもが自分の意見を発表することは，意外に難しい。小人数のグループでの学習であれば気軽に意見を出せるし，話し合いも進展しやすい。近年，アクティブ・ラーニング（協働的学習）として，グループでの話し合いが着目されている。気付いたこと・感想・意見を気軽に出し合って，相互交流を深める。自分の意見を友だちに伝える，友だちの意見を聞いて考えを深める中で，思考力・判断力・発表力等が高まることをねらっている。

筆者の経験では，アメリカの子どもはディスカッションやディベートに慣れていて，話し合いに積極的である。政治・経済・国際紛争・人種問題など日常的に意見が二分するような状況があり，学校での討論の経験が民主的な社会をつくる基盤になってきたという背景がある。したがって，グループでの話し合いのスタイルだけを真似ても定着はしにくいが，国際化や情報化が進展する中で，知識や情報を丸ごと受け入れるのではなく，いろいろな討論を通して見方や考え方を深める経験が必要になってくる。

1980年代以降のアメリカの美術教育の動向であるDBAE（学問に基づく美術教育）では，美術批評が位置付けられている。日本では，作品を見ることは鑑賞であるが，鑑賞というと一人でじっと静かに作品を見るという静的・受動的な印象を受ける。美術批評では，グループで作品を見て気付いたことや感想を出し合って相互交流する，動的・積極的な活動が想定されている。その過程で，作品についての記述・分析・解釈・判断などが行われ，作品についての理解が深まる。一人で知識を覚えることが学習であるという考え方から，グループ相互で話し合いながら学び合うことが大切であるという考え方に転換している。

もう一つ，グループによる活動が着目されているのは，美術そのものの役割の変化がある。美術というとアトリエの中で一人だけで制作する場面が思い浮かぶが，現代の作家たちは，美術を通して人々が交流することに着目している。美術は共同意識を高めたり，交流を深める役割をもっているのである。例えば，ワークショップでは，一緒に造形活動をしながら交流することが行われ，コラボレーションでは，共同で制作することが目的になっている。そのような美術の役割の変化の中で，改めて図画工作科・美術科におけるグループでの交流や共同制作のあり方が課題になっている。

従来から図画工作科・美術科では，コーナー制とか，コーナー学習と呼ばれる方法がある。子どもたちは，美術に関する多様な興味もっている。教室の中で，一つの課題や表現方法に限定するのではなく，表現の内容・材料・方法・手順を選択し，各コーナー・グループに分かれて活動する。この方法は，子どもの個性や個人差に応じることが可能である。けれども，各コーナーを支援する複数の教師がいないと，コーナーによって活動が異なるので，準備・指導・後片付けなどが大変になってくる。

以上の一斉，グループ，個別といった授業形態は，三者から一つを選択するというものではなく，授業のねらいや子どもの実態に応じて，同じ授業の中でも柔軟に組み合わせることが望まれる。（長良若葉）

2-15 子ども理解

本項では，低学年・中学年・高学年の造形的な特徴の理解を深める上で，ローエンフェルドの描画の発達段階を援用する。小学校の時期はおよそ「形態概念の成立（様式化の段階）」，「写実傾向の芽生え（ギャングエイジ）」，「疑似写実的段階（推理の段階）」と重なる。

1. 低学年（7～8歳）の造形的な特徴と留意点

低学年はおよそ「形態概念の成立（様式化の段階）」に相当する。描画における特徴的な表現として，基底線と呼ばれる地面を表す線を引いて側面からみた風景を表すようになるが奥行きについての意識は薄い（図1）。また，そのため，ある場面の様子を見渡すように表現する際には，上方から押しつぶしたように描く。それが立方体の展開図のように見えることから「展開図描法」などと呼ばれる表現で描く（図2）。また建物や乗り物の内部を見えるように描く「レントゲン描法」と呼ばれる表現も見ることができる。この時期の子どもたちは，自分が描きたいものを自分が描きやすい見方で描く時期だということである。逆にいえば，まだ，見たものを見たままに描くという時期ではないということでもある。この時期の子どもたちは，背景の意識は薄く，描きたいものを描き並べる。これは，絵ばかりではなく立体表現も含む造形活動全般の傾向でもあり，描きたいものをどんどんと描き，つくりたいものをどんどんつくり，並べ，つないでいく平面的な広がりの方向性をもった活動を展開する。これが低学年の子どもたちの造形的な特徴といえる。したがって，この時期の子どもたちに対しては，描きたいものをどんどんと描けるような，そしてつくりたいものをどんどんとつくれるような活動を設定することが望ましい。奥行きや背景といった概念はまだ弱く，奥行きや背景を指導する必要はない時期である。

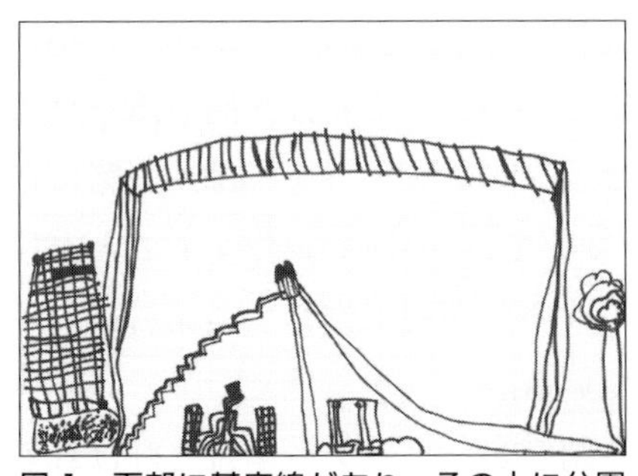

図1　下部に基底線があり，その上に公園の遊具が並ぶ

図2　上方のサッカー場が展開図描法で描かれている

2. 中学年（9～10歳）の造形的な特徴と留意点

中学年はおよそ「写実傾向のめばえ（ギャングエイジ）」と重なる。この時期になると，子どもたちは，見たものを見たままに描きたくなる傾向が生まれ始める時期である。基底線上に配置されていたものが，ものの前後関係や重なりを意識し始め，近くにあるものを下方に，遠くのものを上方に積み上げるように描いたり（図3），前後が重なるように描いたり（図4）するようになる。また，背景の意識も芽生える。

図３　近くにあるものを下方に，遠くのものを上方に描く

図４　滑り台，壁，建物，などが重ねて表現されている

このように，いくつかのものを重ねたり，上下に配置したりや大小を組み合わせたりすることで描きたい場面や空間を表そうとする。これも立体表現を含む造形活動全般の傾向であり，材料の接着接合の方法を工夫して組んだり，組み立てたりして，構造的に自立するものをつくり出すことができるようになる。これが中学年の子どもたちの造形的な特徴といえる。したがってこの時期は，前後の関係性を意識した重なりや，積み上げげによって空間を表現できるような活動を設定したい。また，この時期は，友だちと協力することでより大きな力を発揮できるようになる時期でもある。そこで，子どもたちが協力して，材料をつないだり組み合わせたりすることで身体を越える大きさや高さのあるものがつくり出せるような活動も設定したい。

3. 高学年（11 ～ 12 歳）の造形的な特徴と留意点

高学年はおよそ「疑似写実的段階（推理の段階）」に相当する。この時期になると，対象を視覚的に捉えたままに描きたいという傾向が強くなる。それは，空間の奥行きや立体的な表現方法の模索として表れる。また同時に自分や他者の表現を客観的に捉えられるようになる。そのため，自身が見たものを見たままに描けないことに自信をなくしたり，描くことに苦手意識を抱いたりするようにもなる。

この時期の子どもたちは，表現へ意図がはっきりしてくることで表現には「○○な公園になるように表したい」といった主題性が表れるようになる。

これが，高学年の子どもたちの造形的な特徴であり，そうした子どもたちの傾向をしっかりと受け止め，絵はもとより立体表現においても意図をもった表現ができるように，子どもたちが主題をもつことができるような題材の提案を心がけたい。また，写実的な表現ばかりに固執しないよう，幅広い造形活動に取り組めるよう計画したい。（山田芳明）

図５　手前の滑り台はより大きく，またブランコや椅子は立体的に表されている

図６　中央の木の質感を丁寧に表し，影をつけている

2-16

発想や構想

1. 図画工作科・美術科の教科観

図画工作科・美術科は“教師が思い描く作品”を子どもたちに表現させたり，鑑賞と称して教師の美的な感性を伝えたりする教科ではない。教科書を作品のカタログと捉えてしまい，掲載作品をどんな手順で制作させるのかといった題材設計になると，それこそ“唯一解”を目指した造形的活動となってしまう。そうして教師による指示中心の授業が展開され，その結果，子どもは教師の要求をどうやって実現するのかという思考で，一つのクラスで同じような作品が量産されることになる。図工専科制を導入している自治体が限られ，そのようなケースが未だ数多く散見されることから，本来の図画工作科・美術科の教科観が浸透していると素直にいえない現状がある。

この教科で最も大切にしたいことは，見栄えのよい作品を着地点とするのではなく，“その子なりの思い，よさや可能性”が造形美術の表現や鑑賞の活動を通して発揮され，それらの総体として「美を求める心」を養い育てることである。そのための発想や構想，創造的な技能とはどうあるべきかについて考えてみたい。

2. 発想や構想

題材や授業は導入から始まる。題材の場合は学習のまとまりとして，授業の場合は本時に学ぶ「学習対象と出会う場面」である。したがって，学習の対象に魅力を感じさせる出会いや感動体験が必要であり，それを意図した教師の働きかけが必要となる。場合によっては，ゲストスピーカーを招いたり，図１に示すような本物の作品鑑賞を取り入れたりすることなども効果的である。

図１　美術館などの施設での題材の導入例

教師から題材の提案を受けて，一人一人の子どもの中に個別の問題が立ち上がる段階が着想であり，それをきっかけとして発想や構想の段階へと展開する。

発想や構想とは，表現領域において，造形的な視点からよさや美しさ，楽しさについて考えたり，一人一人の子どもが自分の表したいことを思い付いたりしながら，表現意図や工夫の効果を考えるとともに，主題などを心の中に思い描くことであり，まさに表現領域の「思考力・判断力・表現力等」の育成を担うものである。さらに，アイデアスケッチなど実際に手を動かしながら主題と構想と創造的な技能（後述する）の往還によって，それらは互いに昇華していくものである。し

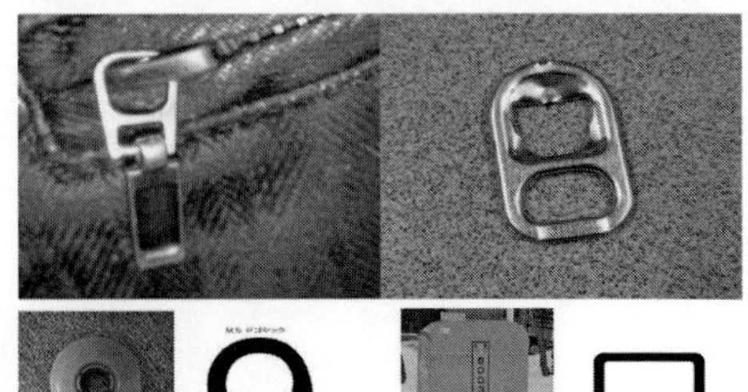

図２　何に見える，何に読める

たがって，造形遊び，絵画や彫刻（立体），デザインや工芸（工作）などの目標に応じた展開の工夫が必須である。

言語活動やアクティブラーニングという言葉を耳にするようになってから，図画工作科・美術科の授業展開の場面で，教師による意図的な「子ども間の話し合い」をよく見るようになった。しかし，子どもの実態や発達特性，授業の目標やねらいに応じた効果的なものばかりではない。何を目的としてどのような内容を交流するのかが曖昧であったり，子どもへの指示（特に間接目的語）が不明瞭であったりするために，子どもたちが戸惑っている場面に遭遇することもある。材料体験で感じた材料の様々な特性，またその鑑賞など，造形的な見方・感じ方・考え方を広げる場面（図2）では他者との交流は有効であるし，コミュニケーションを目的としたデザインなどでは，他者が生活の中でどのように感じるのかを疑似コミュニケーション（図3）を通すなどして吟味する必要がある。だからこそ，年間指導計画を踏まえた題材設計の段階で，目標として示された資質・能力の育成の発揮に向けた授業展開をしっかりと組み立てたいものである。

図３　疑似コミュニケーション活動

3. 創造的な技能

日本の美術教育の先人たちは「創造的な技能」という言葉を生み出した。それは，「技能」と同義ではなく，先述の発想や構想を基に，感性や造形感覚，造形的な見方・感じ方・考え方を働かせて材料用具の特性を生かしたり，実際に手を動かしながら表現方法を工夫して創造的に表現したりすることを指す。誤解を恐れずにいえば，その子なりの工夫であり，よさや可能性の可視化を目指す行為そのものだといえる。まさに精神と身体とが一体となって実感を伴いながら，行きつ戻りつの学びを通して子ども自らが意味や価値を生み出す過程である。枠からはみ出さない着色やムラのないポスターカラーの平塗り，主題を伴わない遠近法などは「技能」であって「創造的な技能」ではない。

4. 教え過ぎ・作品主義からの脱却

実は，作品主義（成果主義）を批判しながら，「どうやってつくらせようか」といった考えが先行したり，画一的な作品指導をしている教師は少なくない。作品から子どもの思いや，その子なりのよさや可能性を読み取ることはできるが，授業の検討会などでは，自身の題材論や指導方法，そして作品の話に終始し，「子どもの姿」が語られることはない。クオリティの高い作品を制作させようと，中には１題材にかける授業時数が10時間をはるかに超える教師もいる。確かに時間をかけなければ学べないことはある。しかし，教師が想定する作品の規準に向かわせる授業とは決別をしなければならない。

「作品の質」がどうでもよいのではない。400人を超える規模の中学校を一人で担当している教師は，週１時間の授業で全員の名前を覚えるのも困難かもしれない。しかし，観点別学習状況の評価と並行して，その子が何に気付き，何を学び，どんなよさや可能性を発揮したかといった「子どもの姿」を大切にしてほしいと心より願うものである。（花輪大輔）

2-17 関心・意欲・態度

1.「意欲」の意味

「意欲」は，それを最後までやり遂げようとする“意志”と，それをやりたいとする“欲求”との複合的な意味をもつ。すなわち，そのいずれかが欠けた場合も「意欲」とはならない。図画工作科・美術科においては「描きたい／つくりたい」という思い（動機）を原動力とした「最後まで描ききろう／つくりきろう」とする心理状態，あるいは心理機能と理解できる。しかし，“意志”が「意欲」の前提となってしまうと「知らず知らずのうちに活動に没頭した」というような，本人にとって無自覚的な側面が排除されかねない。観点別学習状況の評価は1単位時間に1観点～2観点が妥当であるため毎時間「意欲」を評価することは難しいが，意欲の喚起だけに目を向けるのではなく，題材を通して育つ意欲をしっかりと“見取り，育む”必要がある。

「役に立つからやる」という動機付けの方法もあるが，そういった働きかけは極力避けたいものである。なぜならそれは「外発的」な働きかけにしかならないばかりか，「役に立たないからやらない」という意識を子どもに与えかねないからである。

2.「意欲」を“見取る”

当然ながら「意欲」はある方がよい。しかし，「意欲」は心理状態・心理機能であるので直接見ることができない。だからそこ「意欲」が顕現化した「子どもの姿（態度，あるいは行動の傾向）」から「意欲」を見取るのである。この場合の「態度」は“真面目・不真面目”や“授業準備・忘れ物”などを意味するのではなく，これまでの経験を含めて形成される図画工作科・美術科の授業での“振る舞いや行動，反応”であり，「意欲」とは不可分なものとして捉えたい。

「自ら学ぶ意欲のプロセスモデル」[1]では，「やりたい」とする動機の実現に向けて見られる代表的な学習行動を，「情報収集」「自発学習」「挑戦行動」「深い思考」「独立達成」の5つとしている。そういった学術研究の成果に加えて，図画工作科・美術科特有の“振る舞いや行動，反応”を思い浮かべながら，目指す“子どもの姿”を考えたい。

現在，主体的・対話的で深い学びの実現に向けた授業改善が求められている。「意欲」や「態度」が学習の内容だということを常に意識し，子どもが造形的な見方や感じ方，考え方を発揮できるような題材や材料との出会いや，他者と学び合うとともに，造形活動に十分に浸ることのできるような人的・物的環境の構成を工夫したいものである。

3.“エンゲージメント”と“フロー”

近年，動機付け心理学で「エンゲージメント」が着目されている。それは，「興味や楽しさを感じながら気持ちを集中させ，注意を課題に向けて持続的な努力をするような『熱中』する心理状態」[2]であり，当人の心理的発達と「質の高い学び」の実現にポジティブな影響を与えるという。

一方で，ポジティブ心理学の核となる概念の一つとして注目されているのが「フロー」と呼ばれる心理状態である。「フロー」とは，「自然に気分が集中し努力感を伴わずに活動に没頭できると言った目標と現実とが調和した心理状態を指し，その際，活動はなめらかに進行して効率的であるばかりではなく，当人の能力を伸ばす方向に向けて行為が発展していく」[3] という。

いずれも「熱中」「夢中」「没頭」などに関する心理状態であり，条件が整うことで生じる。その条件とは，「エンゲージメント」は環境条件で，「フロー」は学習の主体の技能と挑戦のレベルの組み合わせであるとされる。この２つの概念を図画工作科・美術科の題材設計及び授業実践に反映させるには，「子ども理解（実態や発達特性）」に支えられた学習対象との出会いや題材の設定を意識する必要がある。本教科が子ども一人一人の個別の問題解決学習であることを十分に理解した発問の精査は必須であろう。また，それぞれの子どもが直面している問題を的確に把握するとともに，子どもの行為性に働きかけるような場と活動を保障し，「フロー」の持続を意識したい。

下の図１～４は，小学６年生を対象とした「詩からはじまる（絵に表す）」という題材の実践の様子である。存分に様々な描画材や技法を試すことのできる環境，活動の途中で他者と関わり合いながら安心して制作に取り組める環境などが意図的に構成されている。また，自ら選んだ詩を選ぶという行為自体が，それぞれの子どもと題材との距離を縮めるとともに，詩から受けた印象を基にした心象表現という題材の設定が，様々な描画材や技法を組み合わせたり，新たな技法を生み出したりするなどのさらなる挑戦行動を生み出している。さらに，他者と関わり合える環境があることで，相互触発が生まれ，「フロー」の状態を体験していると推察される。自身の技能や挑戦が知覚されるレベルは，習得とともに低下していくことから，「フロー」の持続に向けたステージアップの場面を用意しておきたいものである。（花輪大輔）

引用文献
1）櫻井茂男『自ら学ぶ意欲の心理学』有斐閣，2009，p.26.
2）鹿毛雅治『学習意欲の理論』金子書房，2013，p.7.
3）鹿毛雅治，2）と同じ，p.142.

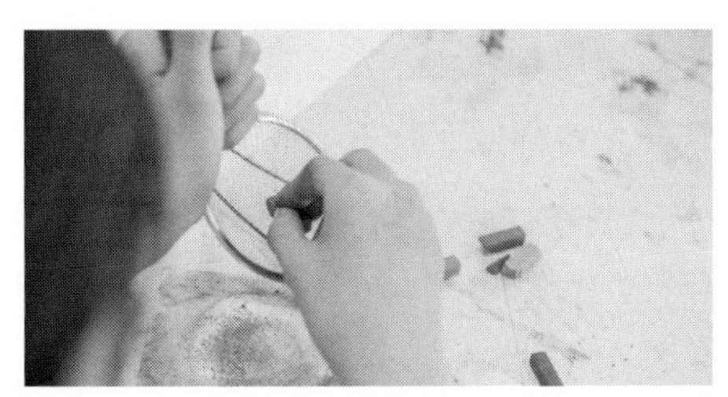
図１　ハードパステルを粉状にする試しの活動

図２　複数の描画材を組み合わせる試しの活動

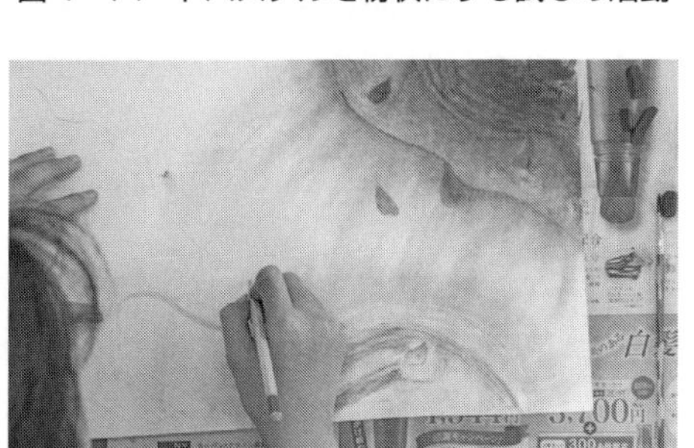
図３　試しの活動から作品化へ

図４　相互触発を生む環境構成

2-18 教育資料や機器

1. 教科書など

図画工作科・美術科では，子どもの個性的な表現を引き出すことを目指しているので，教科書の内容を教えるというよりも，教科書をきっかけとして子どもの発想が広がることが望まれる。そのため，他教科よりも教科書を使用する頻度は高くない。けれども，使用している教科書は，小学校は見開き B4 判ワイド，中学校は A3 判という大きさで，子どもの作品，造形活動の様子，作家の作品，作家や職人の制作場面のカラー図版が多数掲載されている。造形遊び，絵画，彫刻，デザイン，工芸，映像メディア，現代美術など，古今東西の美術表現がコンパクトにまとめられている。掲載されている子どもの表情や動作はとても楽しそうである。それぞれの題材の内容を伝える説明，材料・用具や基礎的な技法に関する図版も示されており，わかりやすい。編集上の工夫がなされているので，多くの機会に活用したい。教科書に加えて教師用指導書，ワークシート，副読本などもあり，教師の教材研究や子どもの自己学習などに役立てるとよい。

2. 板書，自作プリントなど

板書，掲示物，プリントなどは，授業のねらいや留意点を子どもが理解するのに有効で，その作成の仕方について先輩教師から学ぶべき点は多い。板書は，子どもの感想や意見を聞きながら加筆していくので，リアルタイムの情報提示が可能である。掲示物やプリントは，一斉での説明に加えて，各自の表現方法や進度に応じて内容を選択するのに適している。個性化・個別化を意図した実践では，多様なプリントが準備され，子どもは自己の学習状況に合わせて，課題や留意点が記されたプリントを選択している。

3. OHP，液晶プロジェクター

OHP は，資料提示の効果的な方法として長らく使用されてきた。透明の OHP シートに書き込み，照明付きの台の上に置けば，スクリーンに画像が映る。液晶プロジェクターでは，より鮮明な画像が得られるようになり，コンピュータなどとの接続も可能である。図画工作科・美術科では，OHP や液晶プロジェクターを使って光を用いた造形活動が行われてきた。OHP シートにカラーペンで絵やイラストを描いて壁面や天井に映す，セロハンなどを置いて色彩的な空間を演出する，からだの動作や物品によって生じる影の形を工夫する，といった具合である。また，液晶プロジェクターにビデオカメラやデジタルカメラをつないで，大きな壁面やスクリーンに画像を拡大して映写することもできる。

4. デジタルカメラ，タブレット，ビデオカメラ

板書，プリントなどは，授業内容の理解に役立つが，文字情報やモノクロ画像が多い。デジタルカメラは，作品や活動場面のカラーでの保存と再生に使用する。持ち運びがしやすく，モニターに接続することでその場で見ることも可能である。タブレットやビデオカ

メラでは，動画や音声を記録することもできるので，授業での子どもたちの自己評価や鑑賞活動，教師による授業研究に役立つ。子どもたちの学びを理解するには，完成作品だけでなく，制作途中の発想の広がりを記録する必要がある。子どもたちが意欲的に取り組んでいる動作・表情・音声を振り返るときに，タブレットやビデオカメラの活用は有効である。造形遊びでは，土・石・木切れ・草などを並べたり積み重ねる活動が行われるが，接着が十分でない，場所を他の活動でも利用するといったことから，作品の保管が難しい場合がある。デジタルカメラ，タブレット，ビデオカメラといった視聴覚機器で作品や活動場面を記録することによって，振り返りや鑑賞活動ができる。これらの機器は，当初は台数が限られている，子どもたちが操作方法を理解していないという理由から教師による利用が主であった。ところが，近年は機器の普及がめざましく，子どもがグループや各自で使用できる状態に近づいている。デジタルカメラや写真機能付きの携帯電話を家庭で使い慣れている子どもが多いし，撮影の方法もそれほど複雑ではなく，低学年でも使用可能である。使い方がわからないときに近くにいる友だちに聞く，撮影した画像を一緒に見合うといった相互交流の場面も見受けられる。中学年以上でモチーフの選択，構図，アングル，色の組み合わせといった造形的な内容を教師が助言すると，写真による映像メディア表現へと発展する。さらに小学校高学年や中学校では，タブレットやビデオカメラで撮影し，パソコンを使って編集することで，音声を伴う動画映像の制作も可能である。子どもの興味・関心，社会の変化に対応するという観点から，教材開発の対象になるはずである。

5. 大型モニター，電子黒板

従来は，板書以外の資料提示の方法として，スライド，OHP，実物映写機などがあった。それぞれ利点は多くあったが，部屋を暗くする必要がある，鮮明な画像になりにくいという課題があった。近年では，大型のモニターによってカラーで手軽に大きな画面に映すことが可能になっている。電子黒板では，パソコンに接続してその視聴覚情報を拡大して映し出す，音声や動画を伴うマルチメディア的な資料提示もできる，といった利便性が向上している。

学校の授業での制作に際して，アイデアスケッチを描く場合が多い。アイデアスケッチは，小さなサイズの画用紙に描くので，それをクラス全体で鑑賞や交流することは，大変であった。彫刻刀の使い方を示すときにも，手の動きや彫り方を全体に見せることは難しかった。ところが，現在の大型モニターでは，カラーで細部の様子も映し出す。各自のアイデアスケッチや彫刻刀を持つ手の動きといったものを，クラス全体で拡大して見ることが可能になっている。同様に，画集の作品図版やパソコン内にある画像情報を，大型画面にカラーで拡大することもできる。また，デジタルカメラ，タブレット，ビデオカメラと大型モニターをつなぐことで，各自が撮った画像をクラス全体で鑑賞したり，交流する機会がもてる。コンピュータは，画像や音声の編集が自在にできるので，その視聴覚データをモニターにつないで，それをもとに子どもたちが話し合うような授業場面が多くなるはずである。ただし，情報量が過多になる，編集作業に多くの時間と労力を使うという状況もあるので，ねらいにそって提示する内容を精選したり，わかりやすい示し方をするようにしたい。（長良若葉）

2-19 対話的な教育活動

1. 対話的な造形行為

対話は,「語り合う」ことを本質として，自己と世界が向き合う何気ない日常の瞬間に意味付けられていく創造的な経験のプロセスである。人間形成を目的とする美術教育において，対話は,「みること」と「つくること」の間に生まれる造形的なイメージを挟み込み，創造行為へ向かうモノローグ（自分語り）とダイアローグ（他者世界と関わり合う中で社会化するプロセス）を行き来する自己生成過程に，反省的なサイクルを示している（図1）。図工・美術では，造形活動における表現と鑑賞の関係に，対話が有する反省的なサイクルを重ねて試行錯誤を促すことから，子どもたちの生活環境における気付きを汲み上げ，新たな価値の創造に導いていく教育内容が重視される。学習プロセスにおいては，子どもたちの美に対する思いを造形から捉え直し，題材や教材を踏まえた造形活動の場を，個人の表現から，社会的な事象へ洗練していく経験的な学びが有用となる。そのような場面では，五感を通して生成されるイメージの成り立ちや，これに関わる美的な体験が，経験世界へ還元されていく対話的な相互関係が観点となる。

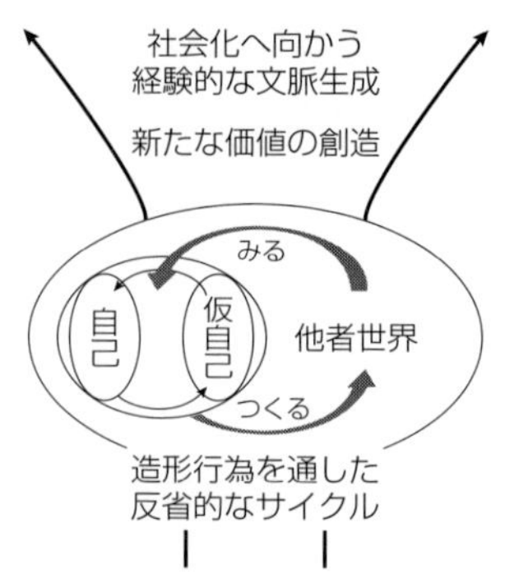

図1　対話的な造形活動と経験的なプロセス

例えば,「あじさいを描く」には，題材となる「あじさい」を知り，その造形的なイメージのよさや美しさに触れて描こうとする経緯がある。その時,「あじさいの咲く場所」「形や色」「描こうとする場面」「描材や手法」などに着目すれば，制作者は，あじさいを多角的に想像する経緯から，自らが心に思い描くイメージと向き合い，対象との深い関わりを生み出していくことになるだろう。制作段階では，対象を「よく見る」行為を通して，昨日の雨で水滴が残る花びらを美しいと感じたり，他者の絵画表現から着想を得て制作を展開したりする瞬間に出会うかもしれない。またこうした作品の展示空間には，季節に生きる自然物の表現に触れ，日常に豊かさをもたらす感性を育む鑑賞の機会が拓かれている。このように，子どもたちが造形活動を通して題材と向き合う瞬間には，単に，言葉による会話や知識・技法の伝達に終わらない，造形的なイメージが，対象との相互行為によって連なり，深く意味付けられていく対話の場が求められ，示されている。

2. イメージの連なり

図2は，ワシリー・カンディンスキー(1866-1944)の「コンポジションⅧ」から擬音を発想し，記号的な平面構成の作風を生かした作品を創作する研究授業（学生による）の一場面である。例えば，絵の中にある三角形から「ポンッ」というはじけたイメージの音を想像し，これをアレンジしてカンディンスキー風の作品をつくるといった

図2　耳をすませてみよう
小学校4年生の図工の時間で，児童が自らの作品について説明している。

内容である。授業の導入で，児童は，作品鑑賞を行い，身近な街並みや，静かな夜の森から音を想像し，風景写真に詩を加えるなどの経緯を経て，作品に新たな言葉や場面を創造していった。しかし次の展開で，彼らは，発想した擬音を形にすることに戸惑い，活動は，作風を生かした表現には至らず，授業を終えることとなった。これは授業の展開部で，教師側に，図3に示すように，モチーフと言葉をつなぎ，イメージを具体化する対話的な作用が不足していたことが原因と考えられる。こうした状況には，「これは～にも見えるね」，「身体で動きを表現してごらん」といった，擬音から形を見立てるための発問や言葉がけ，「この線はこんな組み合わせ方もできるよ」など，題材にあわせた参考教材や資料の提示，ファシリテートや振り返りによるイメージ生成の支援などが適切であろう。また先の，児童の戸惑いの背景には，彼らの題材への関心の低さや，難易度の設定に課題があったことも推察される。図4は，鳥獣戯画や百鬼夜行といった絵巻物を題材として，現代の妖怪を和風のイラストで創作し，独自の物語をつくる授業の一場面である。先の事例と同様に，作風を意識したモチーフの構成である。しかし，日常に潜む妖怪の創作は，身近なユーモアを探る題材の楽しさや工夫があり，イラストによるパーツの表現は簡易的で，子どもの興味をひき，イメージを広げやすい展開にもなっている。さらに，完成した絵巻物の一場面を演じ，新たな実写の物語をつくる流れには，動きのある絵や作風の理解を深める要素も示されている。以上から，造形活動では，表現と鑑賞を行き来する個々人と題材のイメージが共有され，これらが連なる場面を重視した対話的な学習展開が重要といえる。

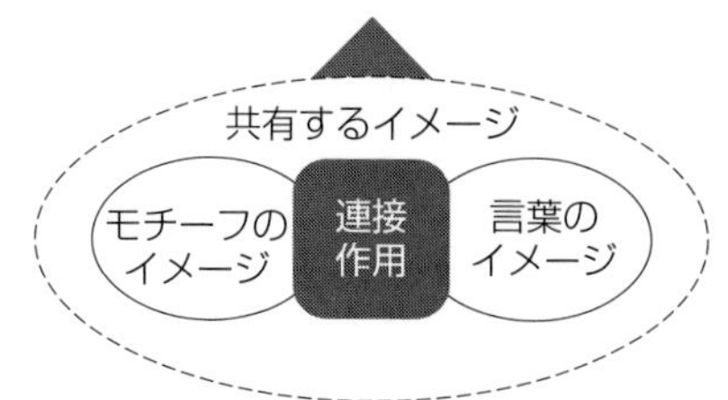

図3　対話的な関係におけるイメージの連接作用
経験的な学びへ向けて，題材と言葉が共有するイメージに基づき，双方を結ぶ作用（対話的な手立て）が必要となる。

図4　現代の妖怪絵巻づくり
学生による美術科の研究授業より抜粋。下段は，創作した絵巻の一場面を学生が演じ，写真撮影をしている。

3. 対話の場

現代においては，視覚文化の発展とともに多様な事象との関わりから描かれるイメージが曖昧に広がり，自らと自らの周辺世界の関係を明確に表現し得ないまま生きる個のあり方が認められる。そうした中で，子どもたちが今を生きる上で必要な資質や能力を読み解いていく契機として，自己の確立に関わるイメージを個人の表現と社会的な認識との有機的な環に再考していくことは，図画工作科・美術科において重要な課題となっている。本項で述べた「連なり」や授業の工夫は，時代の変遷に根ざすイメージの多義的な状況を，自らと向き合う洗練された感覚や土壌に保証するものでもある。今，教師には，子どもたちの日常にある造形的なイメージを柔軟に拾い上げ，彼らが生きる経験の領域に，創造的な文脈を形成する対話の場を見出していく対話者としての力が望まれている。（赤木恭子）

2-20 評価の考え方

1. 問題の所在

教員養成系大学の学生や小学校の教師から「子どもの作品の評価がわからない」，あるいは「造形遊びはどう評価すればよいか」といった質問を受けることは少なくない。誤解を恐れずにいえば，図画工作科・美術科の評価についての考え方をわからないまま子どもを評価しているということは，授業のねらいや目標が曖昧なことと同義といえる。

2. 学習指導観と学習評価観の転換

図画工作科・美術科に求められている評価は，芸術の権威的な評価や作品のでき映えを判断するような，いわゆるコンクール的な格付けではない。評価というものは，「子供が自ら考え，主体的に判断し，表現できる資質や能力を基礎・基本の中核をなすものとしてとらえるとともに，それらを子供たちが自ら獲得するようにする」[1] ために，表現や鑑賞の活動を通して，一人一人のよさや可能性を認めたり，それらの発揮を促したりするような，指導・支援と一体となったものである。

子どもの「作品」は，造形活動の過程を経て生み出された成果物であり，評価情報の一つである。もちろん，その子によって生み出された作品は尊く，そこから一人一人の子どもの思いや願い，よさや可能性を読み取ることは疎(おろそ)かにはできない。しかしそれ以上に，教師は図画工作科・美術科の学びの過程の中にある「子どもの姿」を見取ることが必要であり，評価の第一歩といえよう。教師の評価観を作品中心から子ども中心に転換する必要性が示されてから 30 年が経とうとしているのである。

3. 指導と評価の一体化に向けて（形成的評価の活用）

図画工作科・美術科では，一人一人の子どもが教師に提案された題材に取り組む中で，個別の問題を見つけ，それと向き合いながら，個々の気付きを中心に学びを深めていく。同じ題材で同じような作品制作に取り組んでいたとしても，一人一人の子どもが直面している問題は“同じ”ではない。子どもによって発揮されるよさや可能性が同じではないからこそ，学びを子どもに委ねる必要があると同時に，一人一人の学びを充実させるために形成的評価を十分に理解し，その活用に当たりたい。

図 1　形成的評価の場面

形成的評価を行う過程での「指導と評価」の判別はやや難しいが，形成的評価とは，「発想や構想に従って，活動を進めようとしているかを見守るところから始まり，こだわりやつまずきに対する支援，活動に傾ける子ども達の思いに対する共感的理解，それに活動への試みや工夫を促すことが主要な評価の働き」[2] である。したがって，観点別学習状況（後述する）に準拠しながら一人一人のよさや可能性を認め，それらの更なる発揮を促す教師の働きかけとなるため，それぞれの観点に応じた評価が指導や支援などの働きかけと一体となるのである。

辻田は形成的評価の形成視点を以下の5点としている[3)]。

① 子どもへのフィードバックを助け，活動の軌道修正を促す。
② 子どもの活動と教師の指導・支援の共感的な調整と促進を果たす。
③ 学習の動機付けと教師の指導修正に直ちに生かせる。
④ 絶対評価を中心に行うことが原則となる。
⑤ 急進を急がず，行きつ戻りつした学習の充実を図る。

4. 観点別学習状況評価について

子どもの学習評価は「観点別学習状況の評価」[4)] によって行うことになる。それは2学年ごと（中学校では，1学年と2学年及び3学年）に示された目標に準拠した絶対評価（目標に照らした実現状況の評価）であり，新たに指導事項とされた〔共通事項〕との関わりを考慮し，それぞれの題材の相応しい評価規準を設定する。評価基準は，「○○を考えている」「○○を工夫している」というように姿（状況）で示すものであるから，形成的評価を活用する中で一人一人の「子どもの姿」を見取りながら，観点別の学習状況に対して学習集団全員が「概ね満足」となることを目指しつつ，「努力が必要」と判断される状況の子どもに対する支援を工夫することが大切である。「努力が必要」と判断される子どもの人数が多い場合は，題材設定や指導計画が目の前の子どもたちに適切かどうか，人的環境や物的環境は十分であるかなど，教師の授業の改善が急務である。子どもの姿を見取ることは，自らの授業評価と表裏一体なのである。作品の見栄えや完成度で子どもをランク付けする評価とは決別をしなければならない。

5. まとめ

子どもを評価するために授業をするのでもなければ，評価は評定（総括的評価）のためのものでもない。指導と評価の積み重ねの結果が評定となるのであって，作品で子どもを評定するものでもない。作品だけでなく，表情や言動，子ども間のやりとりなども評価情報の一つとなる。子どもの活動に対する些細（ささい）な言葉がけも，たった1～2行のコメントも有効な形成的評価となり得るのである。

あくまでも子どもたちのよさや可能性を認め，それらのさらなる発揮を促すような，一人一人の子どもにとってポジティブなフィードバックとしたいものである。

特に小学校の学級担任は，多くの教科を教え，評価をするため，唯一解を求めていく教科の評価観としっかりと区別をするとともに，一人一人の子どもの中に「自分なりの解」があり，温かな援助的な人間関係の中で資質や能力を発揮している「子どもの姿」を感じ取っていく教師の感性を磨かなければならない。（花輪大輔）

引用文献
1）文部省『新しい学力観に立つ教育課程の創造と展開』東洋館出版，1993，p.10.
2）辻田嘉邦『造形・美術の教育評価』日本文教出版，2002，p.120.
3）辻田嘉邦，2）と同じ，p.121.
4）文部省，1）と同じ，p.76.

2-21 子どもへの支援

1. 子どもへの支援とは

教員養成系大学の学生や小学校の教師から「図画工作科は答えがない」といった声を聞くことは少なくない。しかし，学びの主体は一人一人の子どもであり，提案された題材の中で何を学ぶのかは，個々が出会う問題として子どもに委ねられるべきである。つまり「唯一解」がないだけであって，子どもたち一人一人の中にその子なりの解があると理解したい。そうした学びや学びのプロセスを大切にする中で，子ども一人一人のよさや可能性の発揮を支える教師の言動のすべてが子どもへの支援となる。まさに子どもたち一人一人の活動が前へ進められるような形成的評価の視点での働きかけを意識したいものである。

2. 子どもへの賞賛に関する 2 つの実験から

最初に，子どもへの支援や一人一人を認める際に中心的な役割を果たす「賞賛」について考えてみたい。

エリザベス・ハーロックの研究では，より成果を上げるためには子どもたちを賞賛し続けることが必要と結論付けられた。これを「賞賛効果」という。さらに，キャロル・ドウェック（1946-）は賞賛の与え方が動機付けを左右させることを明らかにする。「能力への賞賛」は，能力が発揮された「結果」が重視されると信じさせると同時に，結果への賞賛の期待とともに失敗の原因帰属も能力とさせてしまう。また，努力は能力の及ばない者がする行為と理解したり失敗しそうなことはやらないなど，ネガティブな態度を引き出してしまう。一方，「努力への賞賛」は，努力を積み重ねた「過程」が重視されると信じさせると同時に，今の自分が努力をすれば解決できそうな問題は努力不足と考え，失敗を恐れずに挑戦するなどのポジティブな態度を引き出すと考えられる。

この 2 つの実験結果を図画工作科・美術科の授業中の子どもとの関わりとして捉えると，NG ワードを含めた多くの示唆が得られそうである。材料や場所との関わりや，テーマに対して感覚や行為性を中心として「表したいこと」を考えたり思い付いたりしながら表すのであるから，一人一人の子どもの表したいことへの発想や造形要素，用具の操作に関する工夫など，結果ではなく表現の過程に目を向けなければならない。出来上がった作品を見て，「うまいね」や「上手だね」と評価するだけでは，子どもたちの意識が結果に集中してしまうばかりか，失敗を恐れたり，周囲からの評価ばかりを気にさせてしまうなどの危険性がある。もちろん，作品は造形行為の過程で生み出された成果物であり，子どもの想いが詰まっている。教師は，授業中に見取りきれなかったことを作品から読み取る必要もあるし，本人が気付かなかったよさや可能性を認めることは重要なことである。

また，言語活動の充実とともに，言語環境の整備が求められている。教師が造形要素や造形原理に代表されるような教科の言葉を正しく使用するとともに，子どもたちのよさや可能性を子どもたちにしっかり伝えていく必要もあるだろう。それが，子どもたちが教科の言葉を獲得する原点となるはずなのである。

3. 技法的支援と助言の考え方

技法や表し方は，材料や用具の特性を生かす面白さもあるが，それだけでは図画工作科・美術科の目指す「思考力，判断力，表現力等」の育成の活動としては十分とはいえない。表したいことや表現意図，あるいは主題の実現に向けてそれらを試したり，選んだりしながら創意工夫したりする「場」を教師が意図的に設定することも重要な支援の一つである。また，一見効率的には見えないような「待つ」環境（図 1）や，お互いの試し（技法や効果）が見える環境構成（図 2）が，子ども同士がお互いの活動を学び合う「場」として機能する。そうした支援の工夫が学びの主体としての子ども一人一人と問題との出会いを導き，解決に向かう過程を支えるのである。教師からの助言が必要と判断される場合も，その子の表したいことの実現に向けて行為の中から感じ取ったことをきっかけとしたり，複数の選択肢を示すなどして，教師の主導ではなく，あくまで子どもが自己決定をしながら現状よりも一歩前に進めるような支援を心がけたいものである。

図 1　待つ「場」が機能する場面

図 2　お互いの試しが見える環境構成

4. まとめ

その子の努力やこだわり，表し方の工夫などへの言葉かけや賞賛は形成的な評価となる。そのため図画工作科・美術科の言葉を用いて子どもの活動に立ち現れた造形要素とイメージ，そして造形原理とを関係付けた言葉かけを意識したいものである。アブラハム・マズロー（1908-1970）は，人間の欲求を 5 つの欲求に分類するとともに，下位の欲求が満たされなければ上位の欲求の発現はないとした（図 3）。彼の欲求階層に従えば，第 4 段階の承認欲求が満たされなければ第 5 段階である自己実現の欲求は発現しないため，一人一人の子どもたちのよさや可能性に対する賞賛を意識し，承認の欲求に働きかけることは必要不可欠である。教師が子どもたちの努力が実る実感や，創造活動の喜びの経験に結び付くような関わりや環境構成などへの支援を重ねることが，学びの主体者である子どもたちを自己の実現へと向かわせるのである。（花輪大輔）

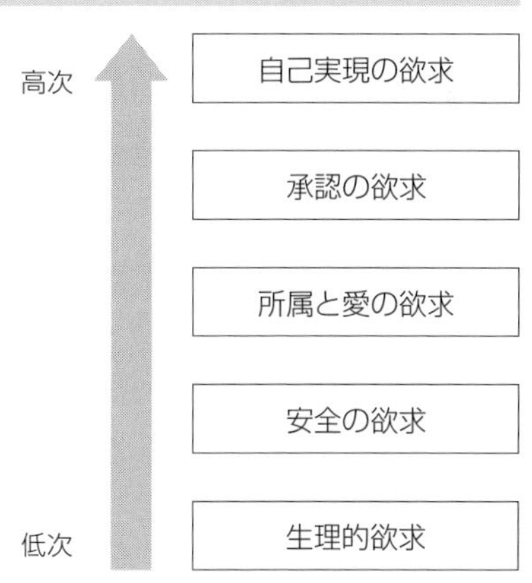

図 3　欲求の階層

出典：アブラハム・マズロー，小口忠彦訳『改訂新版 人間性の心理学』産業能率大学出版部，1987，pp.57-72 を参考に作成

2-22 子どもの相互作用

1. 学習活動における相互作用の今日性

相互作用（interaction）は，単に複数の action（作用・行為）の集合体として還元できるものではなく，それぞれの action が互いに影響を与えながら互いに変化する状況を指し，どちらかに完全に依存しないという意味で"固定的な足場"をもたない[1)]。学習場面において，当事者同士の相互作用に積極的な価値を見出す立場に社会的構成主義（social constructionism）がある。「知識はその社会を構成している人々の相互作用によって構築される」という考え方に立ち，① 学習とは学習者自身が知識を構築していく過程である，② 知識は状況に依存している，③ 学習は共同体の中での相互作用を通じて行われる，という3つの視点で知識や学習を捉えようとする[2)]。したがって，知識は常に普遍的なものとして存在しており，教える側がそれを有し，学ぶ側へと一方向的に伝達されていく（つまり教える側に固定的な足場がある）という学習観とは根本的に異なるものである。

およそ半世紀の間に学習理論がパラダイム変換してきた中で，学校化された課題，学習内容，評価の在り様が見直され，現実の文脈に即しているかという真正性（authenticity）が問われるようになった（表参照）[3)]。現在の学校教育においては，能動的で自律的な存在が互いに関わり合う学習場面は欠かせないものとなっている。他方，グローバル化や高度情報化が進む今日の社会情勢では，激しく変化する状況に応じて知識を修正し，新たに創出していくことが求められている（知識基盤社会）。また，多様な背景をもつ社会成員が，力を合わせて解を見出していく必要もある（多文化共生社会）。こうした背景により，当事者同士の相互作用を基底とした学習は一層重要視されてきている。

表　学習理論・評価理論の変遷

学習・評価理論		行動主義	認知主義	構成主義	社会的構成主義
学習	知識観	知識は普遍的に真なもの		知識は一人一人が自ら構成するもの	知識は社会的な営みの中で構成するもの
	学習観	知識伝達		学習者の事前知識から事後知識への質的な変化	学習者の事前知識から事後知識への質的な変化（共同体の社会的な営みを通した内化）
	学習課題	学校化された課題		真正な課題	
評価	評価のあり方	学習と切り離された評価		学習に埋め込まれた評価	
	評価方法	能力測定	学習プロセス同定と診断的評価	セルフ・アセスメント	ピア・アセスメント，（専門家による）他者評価

出典：植野真臣・荘島宏二郎『学習評価の新潮流』朝倉書店，2012，表1.1（p.32）を参考に作成

2. 相互作用を捉える視点

学習科学（learning sciences）における相互作用研究では，ため息や間の取り方なども含めた当事者間の会話の状況，発話とその発話に対する反応についての方向性，ノートやパソコンといった道具への関わり方，会話中における視線の向け方などが書き起こされ，分析

対象とされてきた[4]。他にも，学習場面の相互作用は多様な切り口で捉えていくことが考えられる。また，近年ではテクノロジーの進化に伴って，人間行動を記録し，解析する機器は非常に高度化しており，極めて微視的な分析も可能となってきた。こうした機器の使用は，相互作用の状況描写に高い緻密性をもたらすであろう。当然ながら，情報量の増加が，即，当事者の言動に対する意味解釈の適切化につながるというわけではない。しかしながら，相互作用は文脈や構造の理解を伴って捉えられるものであり，いずれにせよ詳細な記述が不可欠となる。厳密な分析には，多くの時間と労力が要求される。

学校現場の教師が，日頃行う授業を自ら分析する場合は，抽出時や特定グループの活動場面を動画で記録し，事後に再生しながら複数名の教師でカンファレンスするなどのやり方が現実的かつ生産的であろう。複数の目で，子どもの言動を時系列で具体的に捉えていくことにより，実践中は気付きにくかった子どもたちの学び合いの状況が見えてくる。

3. 学習活動のデザインへ

複数名で共通課題にあたる協調学習（collaborative learning）に関する研究によれば，学びのプロセスは各個人によって異なっており，その違いによって，集団内での共通理解の進行とともに個人内の理解の深まりが成立し得るという建設的相互作用（constructive interaction）が考えられている[5]。課題を遂行する者と，それをモニターしてコメントする者とが交互に入れ替わることによって，互いの視点の違いに気付き，見方が広がり，理解がより俯瞰的なものとなるといわれている。もちろん，図画工作科での学習を上記の協調学習に単純に当てはめることはできない。目指されるのは課題の解決という同一ゴールではなく，それぞれの子どもの思いや考えが表される点にあるからである。けれども，相手の思いや考えを汲み取りながら，表されたものの意味や価値を指摘し合う関係性の中で，双方の表現が深まることを期待する点においては関連性を見出すこともできる。

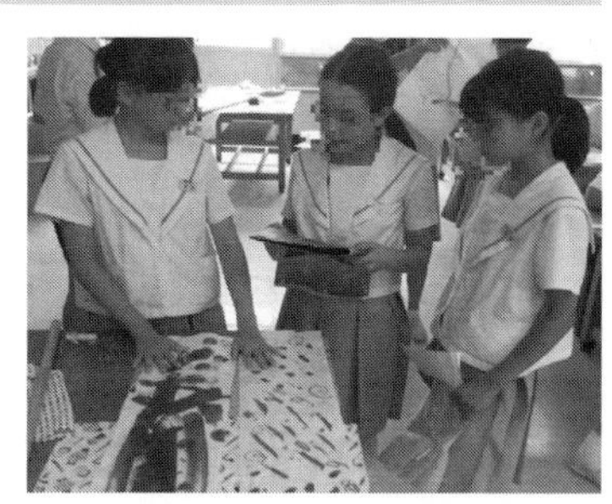

図　相互作用により見方が広がる

図画工作科の授業内では，導入時での話し合いや活動中の意見交換，活動後の振り返りといった交流場面を設けるケースが多い。集団内で互いのアイデアや工夫を知る状況をつくることにより，個々の子どもの思考内容を拡充する機会とするのである。一方で，このように意図的に設定された交流場面以外にも，子どもは自らの必要性に応じて他者の様子を見て活動の手がかりを得たり，考えを示し合って情報交換していたりするものである。教師は，自然発生的に生まれる相互作用を受け止めるとともに，それを促すような学習環境のデザインも考えておきたい。工作の活動において，工作物の仕組みが効果的に機能するか確かめる場を共用スペースとして設けることなどは，その一例である。（武田信吾）

引用文献
1）木村大治他編『インタラクションの境界と接続』昭和堂，2010，pp.3-5.
2）久保田賢一『構成主義パラダイムと学習環境デザイン』関西大学出版部，2010，pp.27-31，pp.49-52.
3）植野真臣・荘島宏二郎『学習評価の新潮流』朝倉書店，2012，pp.3-33.
4）キース・ソーヤー編，森 敏昭・秋田喜代美監訳『学習科学ハンドブック』培風館，2009，pp.143-156.
5）国立教育政策研究所『資質や能力の包括的育成に向けた教育課程の基準の原理』2014，pp.155-159.

2-23 小・中学校における学習評価について

1. 図画工作科・美術科の学習評価について

図画工作科や美術科においては，一人一人の多様な表現を大切にするという教科性から，評価はなじまないという声も聞かれる。しかし，そこには，美術という言葉に対して教師が，「美術」「美術を学ぶ教育」「学校美術教育」など，様々な捉え方をしていることに要因があると考えられる。そこでまず，これらの意識の混同について押さえた上で，図画工作科や美術科の評価の基本的な考え方について整理する。

教師が，小学校や中学校における美術教育を捉えるとき，例えば，次のような多様な考え方や解釈の仕方がみられる。

美術：画家や彫刻家の制作活動，趣味で絵を描いたり美術館で鑑賞したりする様々な活動。

美術を学ぶ教育：絵画教室，陶芸教室，予備校などで技術などを学ぶ教育，美大などの専門教育など。

学校美術教育（ここでは，主として小学校図画工作科，中学校美術科をいう）：義務教育の必修教科として，全ての国民が必ず学ばなければならない教育。

評価を考えるとき，「美術」の枠組みで捉えると，評価は本人が望めば必要あるが，望まなければ必要ないという考えになる。「美術を学ぶ教育」の枠組みで捉えると，各自が学んでいる教室の学習のねらいに基づいて，目標とする技術などが身に付いたかどうかなどの評価が必要になる。

これに対して，小学校や中学校の「学校美術教育」は，全ての国民が必ず学ばなければならない教育であり，そこで培われた資質・能力は，将来の家庭生活や社会生活において必要となるものである。そのため，それらの資質・能力を一人一人の子どもに身に付けさせることは，公教育としての責務であり，自ずとそれが身に付いたかどうかを評価することが求められることになる。

2. 小・中学校における学習評価の種類と考え方

小・中学校で用いられる評価には，主として以下のようなものがある。

目標に準拠した評価：学習目標に基づいて行われる評価で，学習指導要領に示す目標に照らしてその実現状況をみる評価である。現在は，学習評価の主流となっており，絶対評価ともいわれてきた。

集団に準拠した評価：学級または学年などの集団の中での相対的な位置付けによって行われる評価で，相対評価ともいわれる。子どもが，自分の適性や進路などを考えていく際の情報として，必要に応じて用いることも考えられる。

個人内評価：一人一人の子どものよい点や可能性，進歩の状況などを見る評価であり，所見などの形で示される。

3. 小・中学校における学習評価の変遷

学校現場における評価の考え方は，学習指導要領の改訂に伴って文部科学省が通知をする児童生徒指導要録の改善通知における各教科などの評価の記載方法が基になっている。現在，学校教育における学習評価は，目標に準拠した評価が中心になっているが，これは，2002（平成 14）年から，小・中学校で平成 10 年版学習指導要領が全面実施された際に，学習評価が総括的な評価である評定も含めて目標に準拠した評価に変更されたときからである。1998（平成 10）年の改訂では，学習指導要領の内容は削減されたが，基礎的・基本的な内容の確実な習得を図る観点から，学習指導要領に示された内容については，各教科の基礎・基本としてどの子どもにも確実に身に付けさせることが求められた。そのため，学習指導要領に示された内容が身に付いたかどうかを判断する評価方法としては，集団の中での位置付けで評価する集団に準拠した評価よりも，学習指導要領の目標に照らしてその実現状況をみる目標に準拠した評価がより適切であると考えられた。

このように，目標に準拠した評価は，子どもたちが学習の目標に対して学びがどれだけ実現できたかをみる評価としては，大変優れている。しかし，題材の目標やその時間の目標に対して，妥当性のある評価規準を設定し，妥当性のある評価方法を用いて，妥当性のある見取りをしなければ，教師によって評価結果が大きく変わるという課題もある。特に，発想や構想などの評価は，言葉で評価規準を作成しても教師の見取る力によって，評価に違いが生じることも懸念されるので，教師間の連携や研修が重要である。

4. 指導と評価の考え方

授業では子どもに育成する資質や能力があり，その目標に基づいて指導が行われ，それらが身に付いたかどうか，実現状況をみることが評価となる。そのため，本来，指導の目標と評価は一致するはずである。そして学習の過程においても，個々の子どもの学習状況をみながら，目標とすることが身に付いてるかどうかを評価し，身に付いてない子どもには，その都度指導を繰り返し，最終的に全ての子どもが目標を実現することが大切である。

評価は，指導したことの定着状況をみるものであり，評価のみを独立して取り上げるのではなく，常に指導とともに考えていくことを忘れてはならない。しかし，各学校が作成した指導案などを見ると，題材の目標と評価が全く別の観点で示されているものや，観点は同じでも本時案などでの評価になると，目標とは別の内容で示されているものなども見られる。平成 29 年告示学習指導要領では，教科の目標や内容が，① 知識・技能，② 思考力・判断力・表現力等，③ 学びに向かう力・人間性等の 3 つの柱で整理された。各学校で作成される指導案には「題材の目標」と「評価」が示されているが，この目標と評価の趣旨が，3 つの柱を踏まえて作成されることが重要である。

指導案の記述方法はいろいろあるので，各学校において工夫が求められるが，目標と評価の意味する内容は一致するはずである。そして本時案では，できるだけ目標を焦点化し，その時間や題材の終わりには，全ての子どもがその時間の目標を実現するように指導計画を立てることが重要である。（村上尚徳）

2-24 作品からの評価

1. 指導事項と評価の関係

授業では，子どもにどのような資質や能力を育てるのかを学習指導要領に基づいて明確にして指導することになる。そして，それが身に付いたかどうかをみることが評価である。平成29年告示学習指導要領は，A表現（1）は，表現を通して育成する「思考力，判断力，表現力等」として発想や構想に関する項目，（2）は，表現を通して育成する「技能」に関する項目，B鑑賞（1）は，鑑賞を通して育成する「思考力，判断力，表現力等」に関する項目で構成されている。そのため，評価を行う際には，これらの指導内容を踏まえた指導が十分行われていることが前提になる。例えば，A表現（1）イの発想や構想に関する指導において，授業の中で子どもから「アイデアが思い浮かばない」「何を描いていいのかわからない」という発言が多く出る場合は，題材が子どもにとって難しすぎたり，教師から発想が深まるような言葉がけや資料の提示などがなされていなかったりするなど，指導そのものに課題があることが考えられる。多様なイメージが膨らむような題材を設定するとともに，子どもが楽しみながら発想や構想が広がるように導入の方法や参考作品を工夫するなど，指導の手立てを講じることが，まず，前提として求められる。

2. 作品からの評価

作品は，評価をする際の重要な要素である。しかし評価は，作品そのものに点数を付けるものではない。目標に準拠した評価では，学習指導要領に基づいて行った指導に対して，目標とする資質や能力が身に付いたかどうかをみるものである。したがって，A表現では，発想や構想，技能に関する指導に対して，それらがどの程度身に付いたかをみることになる。その際，作品には，子どもが試行錯誤した結果が蓄積されるので，発揮された発想や構想，技能を，作品から読み取ることが重要である。また，評価は，学習を終えた最終的な結果だけでなく学習の途中で評価を行い，つまずいている子どもに対して支援や指導をし，実現状況が高まるように手立てを講じることも重要である。そのため，制作途中の作品からも評価を行い，課題がみられる場合は，その場で指導をしていくことが求められる。

3. 指導に生かす効果的な評価

評価は，評価のために行うものではなく，指導内容に対して子どもが目標とする資質や能力を身に付けているかを見取り，身に付いていないときには指導を加え，最終的により多くの子どもが学習の目標を実現するために行うことが大切である。また，評価はできるだけ効率よく効果的に行う必要があり，評価が指導の妨げになることは本末転倒である。

例えば，「お話の絵を描く」題材において，発想や構想の指導に対して評価を行う場合を考えてみたい。指導計画は，初めの2時間でお話を聞き，発想を広げ画用紙に下絵を描く。その後4時間をかけ，水彩絵の具で着彩をして仕上げるとする。

この場合，まず，2時間目に発想や構想に関する評価を行うことが考えられる。その時

図　子どもの作品例

の方法として，クラスすべての子どもを細かく評価しようとすると，評価するだけでかなりの時間がかかってしまう。この段階での実際の教師の動きを考えてみると，遅れている子どもやできていない子どもを中心に助言をしながら机間指導をしていることが多い。これは，教師が「できていない」と評価をし，発想や構想ができるように指導している姿である。これを評価という意識をもって行うことで，効率的・効果的な評価につながることになる。具体的には，2時間目の途中で下絵がほとんど描けていない者や，アイデアが浮かばない者など，その時点で発想や構想ができていない子どもを中心に評価を行う。その際，その子どもたちに対して発想が浮かび，構想がまとまるように指導を行い，最終的に2時間目の終わりになっても，下絵が描けなかった子どものみチェックをしておくようにする。さらに，翌週の授業の初めにチェックをした子どもに対して，まず，指導を行い，下絵が完成すれば，前時のチェックは消すようにする。このように，評価をすることで，子ども一人一人に丁寧に対応することによって，まず，全員が下絵を完成するように指導していくことが大切であり，そのために評価を生かすことが重要である。

次に，着彩も含めて作品の全体像がわかるようになる5〜6時間目に，再度評価を行う。このときも，まず，発想や構想がこの授業が求める水準に対してできていない子どもを中心に見取り，できていない者には指導をしていく。それ以外の子どもは，この題材で求める発想や構想に関する能力は実現されているものとして評価をする。また，6時間目の後半は，完成が近づいてくるので作品の全容がはっきりとしてくる。ここでは，発想や構想について，特に優れている者，つまり質的な高まりや深まりがみられる者を評価する。

最後に，授業終了後に各自の作品を提出させ，再度，完成作品から発想や構想について読み取り，授業中に行った評価の確認をする。その結果，授業中と同様の評価であれば，そのままでよいが，授業の中では十分見とれず，作品からの評価が高い結果になった場合は，評価の訂正を行うようにする。

この方法では，指導計画に基づいて遅れている子どもやできていない子どもを中心に評価を行い，できるように指導を加え，最終的にできなかった子どもを把握する。特に優れている子どもについては，最後の段階で把握をする。それ以外の子どもは，目標とする水準を満たしているかを確認する。このような工夫を行うことで，効率的で効果的な評価が可能となる。

これまでも教師は，授業のそれぞれの場面で子どもの状況を見取り，できていない者には手立てを講じていた。しかし，それは感覚的に行われることが多く，一人一人の子どもに対してしっかりとした視点で確実に行われることが少なかった。上記の例のように，教師が評価の観点，即ち指導の目標を明確にし，場面ごとに手立てを講じていくことにより，子どもの学びがより確かなものになっていくことになる。このようにして指導計画を作成することは，今までの指導から一歩踏み出せばできることである。評価のための評価ではなく，評価したことが指導に生かされるように，効率よく効果的に行うことが大切である。

（村上尚徳）

2-25 作品展示の方法

1. 鑑賞活動を促す作品展示

図画工作科・美術科は表現と鑑賞の２領域になっており，相互の連携が求められている。描いたりつくったりした作品を教室や廊下に展示することで，日常的な相互鑑賞の機会になる。表現活動のときには，自分の作品制作で精一杯な状態であったが，展示を見ることで友だちの工夫に気付く。作品の展示は，学校が明るい雰囲気になる，参観日などに保護者にも見ていただけるなどの利点がある。できるだけ全員分を展示し作品を大切にする，それぞれのよさに気付くような鑑賞活動を促す，といった点に配慮する。

2. 作品展の企画と運営

小学校や幼稚園・保育園では，学芸会・学習発表会・スポーツ行事などがあり，造形の作品展を企画・運営している所も多い。作品展では，一人一人の図画工作科・美術科の学習の成果を発表する，作品を通して家族との交流の機会をもつ，学校・園が創造的な場所になるような雰囲気をつくる，といった役割がある。学校・園全体に子どもたちのいろいろな作品を展示することは，作品づくり・作品展示の企画・準備や後片付けなどで，大変な労力と時間を必要とする。しかし，子どもたち，教職員，保護者などの協力を得て作品展を開催する中で，図画工作・美術への理解や支援につながるはずである。授業では，自分の学級の友だちの作品を見ることに限られる。作品展の場合には，各学年・学級の色々な種類の作品を見ることができるので，授業内容やカリキュラムを知る機会にもなる。

作品展というと，各自の完成作品を並べて展示する形式が定着しているが，子どもたち，ときには，親子で一緒になって共同で造形活動をして展示をする，インスタレーション（作品展の空間をも作品ととらえる手法）として作品を並べる・組み合わせること自体を参加者が協力して行う形式も考えられる。

3. 作品展での工夫

作品展に際して，美しい・楽しい・見やすいような作品の配置や掲示の仕方にする。学習机・椅子・長机・ロッカーなどを利用して沢山の作品展示をしたり，掲示板・ひも・窓・ネットなども使って上下の空間も有効活用したい。天井からヒートン（接合金具）とひもで吊るして空中に浮かんでいるような感じを出す，窓に取り付けてステンドグラス風の光の効果を演出するといった展示も魅力的である。作品によっては，額や台紙があるとよい。スポットライトなど照明の条件も改善する。作品を並べるだけでなく，タイトル，作者名，作品のねらいや見所，作者や友だちからのメッセージなど，添付資料を工夫したい。近年は，少子化などによって空き教室なども増えて

図　図画工作科の授業風景
写真提供：尾張旭市旭小学校

きている。空きスペースに作品を展示をして，常設の校内ギャラリーにする活用法がある。

4. 作品展示の留意点

作品展示は，鑑賞活動の機会を設けて，子どもたちの意欲を引き出す役割がある。学校内外に作品を見ていただく機会ということで，指導がいきすぎて，その子どもがもつよさや特徴が隠れてしまわないようにしたい。また，展示や作品選択の際に，技術的な上手さが優先されて，子どもたちが苦手意識をもってしまっては，本末転倒である。公募による児童画展やコンクールでは，入賞・入選することが目的になってしまうことがある。作品展では，どの子どもも興味をもって楽しく作品展示や鑑賞ができるような支援が必要である。

5. 授業などでの参考作品の展示

学級全員の作品掲示とは別に，図画工作科・美術科の授業で，表現の方法や手順がわかりやすいように参考作品を展示する場合がある。いろいろな表現方法が可能であることを理解するために，意図的に表現の材料や方法の異なる作品をいくつか展示する。また，技法や制作の手順がわかるように，順序にそって参考作品を示すこともある。授業中の導入や説明に関連して作品を示すことが多いので，授業のねらいや流れにそった作品の選択や展示方法が求められる。

6. 地域での作品展示へ

地域には，生涯学習施設・公民館・駅・銀行・スーパー・商店・高齢者施設をはじめ，作品展示が可能なスペースがある。図工・美術室，学校の教室や廊下などは，学校に在学する子どもや保護者は見ることはできても，地域の人々が目にすることは少ない。子どもたちの作品を学校外の地域にも展示することによって，学校と地域との交流が進展する。地域での作品展示という目的が明確になると，子どもたちの興味や創作意欲も高まる。展示の企画や運営に子どもたちも加わることで，美術を通した地域交流へとつながる。伝統工芸や地場産業のある地域では，次の時代の地域をになう子どもたちが，地域のものづくりを体験し展示する過程で，地域の文化のよさを知ることになる。工芸家や職人の方から，制作方法について学ぶ機会を設けることもできる。

7. 作品の展示・実用化

デザインや工芸では，使う目的や用途を考慮することが求められている。ところが，図画工作科・美術科の授業内にとどまり，生活では使われないことも多い。展示というよりもデザインしたものを使う場を積極的に設ける。子どもがデザインした装飾やポスターを商店や市役所の印刷物として実用化する，おもちゃや遊具をつくって近隣の幼稚園や保育園で使えるようにする，視覚デザインの作品を学校行事の掲示や装飾として使用する，といった方法で図画工作科・美術科の作品の活用する。展示から実生活で役立てる方法になる。（長良若葉）

2-26 教材研究の目的と方法

1. 教材研究の目的

教材研究とは，事前の実技体験や鑑賞教材の収集・分析などを通して，授業の活動内容，使用する教材教具，授業展開を吟味し，子どもの実態に適合した学習目標，学習内容，評価方法をデザインする一連の探究過程である。

表現や鑑賞を行う体験的な活動では，実際に制作したり，多様な参考作品を収集・吟味したりしなければ気付かないことが多くある。例えば，立体作品を制作する活動を構想したとして，いざ始めてみると予想していなかった材料や用具が必要になったり，接着で苦労したり，手順を間違えて制作がたちまち行き詰ってしまったりするなど，予測できなかったことがよく起こる。これら，起こり得る問題を発見・予測し，目標設定に応じた子どもの学びを効果的に実現するための学習内容と指導方法を吟味・整理・検討することが教材研究を行う理由である。教材研究を行う目的は次のように整理できる。

(1) 教育的価値の発見

① 育成すべき資質・能力の理解と整理：この題材で得られる知識，技能とは何か，どのように子どもの思考，判断，表現が行われるか，また，どのような態度や汎用的能力の育成につながるかといった，題材で育成すべき資質・能力を理解・整理する。

② 題材の魅力の体験的理解：教師自身が制作の喜びを味わい，実感を伴って指導ができるようにする。

(2) 子どもの活動予測

① 子どもがつまずくポイントの発見と予測：発想ができない，表現方法がわからない，作品を鑑賞する観点がわからないなど，制作・鑑賞の過程で子どもが感じるであろう困難な点を発見・予測する。

(3) 指導方法の検討

① 指導計画の吟味：題材における学習目標，学習内容，評価方法を整理・精選する。

② 難易度の設定：発達段階を考慮し，実態に応じた制作方法の難易度を検討する。

③ 教室環境の整備：活動を効果的に行うための隊形（机の配置）や材料・用具の設置場所を検討する。

④ 材料・用具の吟味：実態を想定し，用意する材料・用具の種類や数を検討する。

⑤ 授業構成の吟味：指導の手順・方法，時間配分を検討する。

⑥ 指導方法の吟味：参考資料・板書・説明・声がけ，ワークシートの内容などを考案する。また，教師による支援の範囲と子どもによる主体的な活動とのバランスを検討する。

⑦ 安全面の配慮：事前に指導しておくべき安全面の配慮事項を確認する。

(4) 参考作品の活用

① 活用方法の吟味：参考作品には，完成作品の提示，途中段階の提示，途中段階を写真撮影した作成プロセスの提示などがあり，学習効果が高まる活用方法を検討する。

2. 教材研究の方法

図　教材研究の様子
広島大学附属東雲小学校

表現：表現活動における教材研究で効果的なことは，まず教師自身が課題の作品を制作してみることである。このことにより，子どもの活動プロセスを一通り経験できる。さらに，制作に必要となる材料・用具の種類や数，所要時間，制作スペースの広さ，活動の進展状況に応じて必要となる支援，アイデアの広がり，安全指導の内容，そして制作物の保管方法などの具体的な配慮事項を確認できる。また，教材研究で行われる作品制作は通常の作品制作とは次の2点で異なる。1点目は制作過程で常に子どもの活動予測をしながら進めることである。教師自らが作品を制作し，活動予測を行うことは「教育的タクト（臨機応変の対応）」の的確さにもつながり，子どもの学びを焦点化することや教師による支援の範囲を認識することにもつながる。2点目は，制作した作品を授業で使用・活用することを目的として制作されることである。作品は，完成作品の提示のみならず途中段階の提示が有効な場合もある。以上をふまえ，どのような目的で作品を提示するのかという点に留意しながら活用方法を検討することが肝要である。

鑑賞：鑑賞には，表現と一体化して指導する場合と鑑賞のみを独立して行う場合がある。前者の場合，教材研究では，子どもの発想・構想を促すための資料を選定することや表現活動の背景的知識の理解を深める資料を選定すること，そして造形的・技術的な工夫を促す資料の選定が検討される。どのタイミングで何を提示すれば課題設定の意図が子どもに伝わるのか，また，子どもの学びが深まる表現活動が実現するのかを検討することが重要となる。他方，鑑賞のみを独立して行う場合には，授業の目的と関連する提示作品の選定・検討を行うことになる。例えば，美術作家の意図や思いを探究することを目的とした鑑賞活動の場合，作者の経歴や年代別の作品，また作者が影響を受けた人物や史実などの周辺情報に関する資料の選定が必要となる。また，対話型鑑賞のように作品の鑑賞を通して意味や価値，新たな解釈を創造的に生み出すことを目的とした鑑賞活動の場合には，対象となる子どもの発達段階に応じた興味・関心がもてる作品の選定や，作品世界の解釈，物語づくりなどを促進するような作品の選定が求められる。その他にも，方法としてアートカードの使用や拡大縮小が可能なデジタル資料の使用など，子どもの活動が活性化し，なおかつ目的を達成できる鑑賞教材を選ぶ必要がある。

共通事項：平成29年告示学習指導要領では，表現及び鑑賞の活動において共通に必要となる資質・能力として〔共通事項〕が位置付けられている。その中で，例えば小学校では，〔共通事項〕（1）アの「自分の感覚や行為を通して，形や色などの造形的な特徴を理解すること」は「知識」として，（1）イの「様々な対象や事象について，自分のイメージをもつこと」は「思考力，判断力，表現力等」として位置付けられている。表現，鑑賞の双方で子どもがこれらの〔共通事項〕を意識できるよう教材研究を行うことが求められる。（池田吏志）

2-27 授業の体験

1. 授業を実践的に学ぶ

教師を目指す者は，教育原理，教科教育法などの基本的な内容を大学の講義で系統的，論理的に学んでいく。これらのいわゆる座学は，教師としての基盤を理論面でしっかりと固めるために必須であり，きわめて大切なものである。しかし，子どもという生身の人間を相手にする教師の資質・能力を育成するためには，座学だけでは不十分である。そのために学校現場で実際に教育活動を体験する機会として教育実習が設けられているが，日数も限られている。教育実習前の事前準備的な活動は，実習での学びの効果を高めることができる。また，様々な機会を利用して学校現場へ出向く活動は，子どもや現場の理解を深めることができる。ここでは，これらの実践的な学びについて考えていく。

2. 模擬授業

大学での教科教育法などの授業においても，模擬授業を取り入れて実践的な学びをすることは，学校現場の授業について考えていく上で大きな意義がある。意義の１つ目は，講義で理解した様々な理論や内容を確認できることである。実際に自分たちで授業を行ってみることで理論や内容について自身の問題として考えることができ，しっかりと理解できるのである。2つ目は授業の具体的な流れを考えられることである。授業は綿密な計画や多くの準備に基づいて行われる。模擬授業を行うにも多くのことを調査するなど準備が必要である。事前の準備や当日の活動の中で，授業をするために必要なことについて実践的に知ることができる。3つ目には教材研究の大切さを理解できることである。図画工作科・美術科に限らず，どの教科でも教材研究は，充実した授業を行うためにはなくてはならないものである。4つ目は模擬授業を実施する場面で，多くの問題点が浮き彫りになることである。実施形態は，授業者担当と子ども担当とに分けて，実際の授業を想定するとよい。綿密であったはずの計画に欠陥がみつかり，多くの改善点がみえてくることが多々ある。授業者として行う中で指示が通らなかったり，全く違う意味に捉えられたりすることもある。また，子ども担当も教えられる立場から，授業者担当の様子や，これまで講義で学んできた教科内容などを改めて確認できるのである。

模擬授業後は振り返りを行う。模擬授業の内容について，事前に作成した学習指導案などを参考にしながら全員で意見を出し合う。自分たちで実際に授業を体験しているからこそ，より活発な議論が期待できる。教育実習前であればこの経験が実習につながるのはいうまでもないが，実習後であっても実習での経験を生かしながら，より深く授業について考えることができる。

3. 出前授業

授業を実践的に学ぶためには，大学の講義室を出て学校現場に行き，そこで授業を行うことが考えられる。大学の授業時間を利用して子どもを相手に授業をする出前授業について，その意味や効果について考えてみる。まず第１に，大学での学びが深まることである。模擬授業では全員が学生同士であったが，出前授業では実際に子どもを前にして授業を行う。準備から実践の各場面で緊張感はより強いものになる。そのために，より綿密な準備を行う必要が出てくる。第２に出前授業を行う中で，子どもの実際の視線を感じることができる。子どもの反応は遠慮なく示される。これまでの活動を振り返る上での重要なきっかけになる。第３に現場の雰囲気を知ることができる。教育実習前であれば実習へつながる貴重な経験となる。第４に今後の学習に向けての課題がはっきりとみえる。出前授業後に課題を整理することにより，自身の学修計画についてしっかりした視点をもつことができるのである。

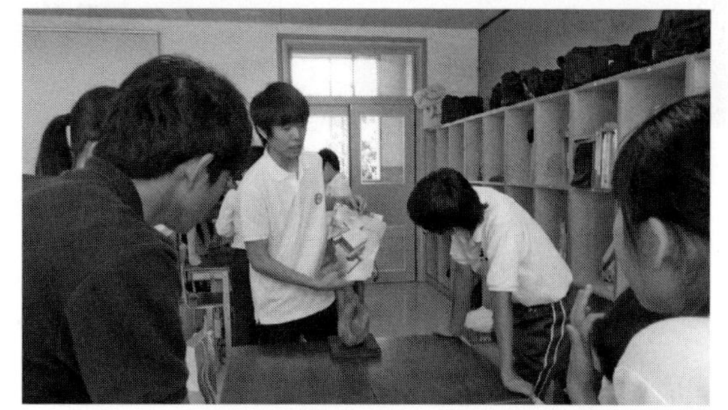

図　自分の作品による中学校での授業

このように得ることが多い出前授業であるが，学校現場や子どもの貴重な時間を割いていることを忘れてはならない。そして些細な言動が子どもを傷つけるなど自分の行動について十分注意することは非常に重要である。

4. フレンドシップ活動

大学の講義室を離れて子どもと関わる場としてフレンドシップ活動があげられる。辻泰秀はフレンドシップ事業のねらいを「いじめ・不登校等学校の抱えている様々な問題に適切に対応できる実践的指導力の基礎を培う」「子どもの理解を深め，教職への志向を高める。段階的，継続的に子どもと接する機会を設ける」「学内外で実習を積極的に取り入れる」「教員養成学部と教育委員会等の協力，附属学校との連携」など，４項目にまとめて示している[1)]。これらをみてわかるとおり学生が教育の問題に対して自身のことと捉えながら他者と協力連携して積極的に活動していくことがフレンドシップ活動であり，大学も授業として認め単位認定していることが多い。

現在でも，全国の学生が参加するイベントが学生の自主的な運営により行われるなど多様な活動がみられる。実際に活動している学生に聞いてみてもフレンドシップ活動から得たものは，子ども理解の他にも実践力，企画力，協調性など，多岐にわたるとのことであった。また活動を経験したある現職教師も「教職に非常に有効であった」と述べている。

5. 振り返りと改善

いくつかの実践的な授業をみてきたが共通するのは，振り返りが非常に重要だということである。授業は再現できないだけではなく，毎回違う。であるからこそ十分に振り返りを行い，その都度問題点を把握し解決していきながら改善点を見つけ出し，今後の学習活動に生かしていくことが大切である。（小池研二）

引用文献

1）辻 泰秀「教員養成学部フレンドシップ事業の三事例（Ⅱ）−岐阜大学教育学部における実践事例−」日本美術教育研究紀要（34），2001，p.103.

2-28 授業観察

1. 授業観察の観点

授業は極めて多層的な構造をもつ。例えば，同じ教室を見ても学習内容，指導方法，子どもの言動，教師の言動，学習環境，学級の雰囲気など，多様な観点が存在する。さらに詳細な観点として，授業導入時の意欲の高め方や机間巡視の際の声がけ，また教科書の活用方法や学級集団を形成するグランドルールの影響，教師と子どものやりとりや関係性に着目する人もいるかもしれない。また，授業観察は，背景となる情報の有無によっても認識できる内容が異なる。例えば，指導計画と学習指導案が手元にあれば，指導計画全体の中の本時の位置付けや学習目標と指導内容の関係，そして授業構成や時間配分も勘案しながら観察できる。このように，授業観察の観点は多様であり，授業観察を行う場合にはその中から何を見出そうとするのかという観察者の観点が深く関わる。観点とは，たとえるならば授業を焦点化して観察するためのレンズであり，どのレンズを用いて授業を観察するかによって見取ることができる内容が異なるのである。

多くの大学では，教科の指導法において授業場面の映像を視聴したり，場合によっては実際に学校で授業を参観する機会が設けられたりしている。このような場合には，事前に学習指導案が配布される場合が多いため，観察だけでは見えない背景情報との併用による授業観察が可能となる。

図画工作科・美術科の授業観察を行う場合の観点は次のように整理できる。

表　授業観察の観点

観察対象	カテゴリー	観　点
教　師	指導計画	時間配分，活動内容，題材，課題設定，評価材，活動展開，目標と活動内容との関連性等
	指導技術	導入，板書，発問，教科書の活用方法，参考資料の種類・数・見せ方，発問，指示，例示，説明，個別の声がけ等
	子ども理解	発達段階への配慮，興味・関心の捉え等
子ども	個人	制作過程，受講態度，作品，発話，発表，交流，制作途中の独り言等
	複数	グループ内での対話・影響関係・協力体制，グループごとの比較等
	学級	作品の傾向，導入での説明と作品との関係，クラスの雰囲気等
教師と子ども	やりとり	応答，対話，教師による声がけ後の子どもの変化等
活動環境	物的環境	使用する材料・用具等
	教室環境	隊形（机の配置），材料の置き場所，掲示物，活動場所と活動内容との関係等

2. 観点の設定

授業観察において，表中の観点を設定する方法は様々あり，例えば，自身の問題意識や関心に応じて特に注目したい観点を設定して観察する場合もあれば，特に観点を限定せず，授業観察の中で気になった内容や参考にできそうな内容をその都度取り上げていく場合もある。また，地域や各学校等で開催される造形教育大会や授業研究会では，"議論の柱"としてあらかじめ観点が設定されている場合もある。

3. 授業観察から活用へ

教員養成課程において職能成長を遂げるためには，授業観察を，以下に示す認識から活用に至る4段階で捉えることが望ましい。

図　研究授業の様子
広島大学附属東雲小学校

第1段階の初歩的な段階で重要なことは，授業観察の観点を自身で認識できること，そして経験を伴いながら観点を蓄積していくことである。前頁の表にあげた観点は授業を構成する骨子であり，授業を構造的かつ体系的に理解・観察することにつながる。これら授業観察の全体像と構造を学習することにより，授業観察の観点に関する知識を幅広く修得できるとともに，自身の関心に応じて授業観察の観点を取捨選択できることにつながる。第2段階で目指されるのは，各観点における教師の工夫を読み取ることである。例えば，教師による授業中の発話は何らかの背景や目的に基づいて行われ，できる限り子どもの主体的な活動を促す工夫が施されている。その工夫を読み取りながら授業を観察することで，観点と具体的な指導方法とが結び付いた系統的な知識の蓄積が期待できる。第3段階は，批判的な思考に基づく授業観察である。批判的思考とは，至らない点を指摘することではなく，優れた点やうまくいかなかった点を含め，なぜこのような指導が行われたのか，なぜ子どもが主体的に活動できていたのか（できていなかったのか），という要因を問い直し，指導と子どものパフォーマンスとの関係を自分なりに考察することである。このことにより，単に受け入れるだけの観察から，自身の思考との対照による主体的な授業観察が実現する。そして，第4段階は，教師の工夫を読み取った上でそれを自身が指導する場合にどのように活用できるかを考案することである。このことは，換言すれば観察者から実践者に立場を置き換えることを意味する。第3段階までは授業者の工夫や意図を見取ることが中心であったため，ともすれば気付いただけで終わりという状況にもなりかねない。しかし，この第4段階は学んだことを自身の指導に転化しようとする態度や技能が求められる。授業観察では多様な気付きがあり，様々勉強になったが，いざ自身の授業に生かそうとするとほとんど使えない（もしくは使わない）ということがよく起こる。その理由は，授業が多様な層の総体として表れるためである。例えば，発話1つでも，教師のキャラクターや学習集団によって効果は異なり，観察で捉えた同じ言葉を自身が担当するクラスでそのまま使ったとしても効果があるとは限らない。そのため，授業観察で得た知識は，リフレクション（振り返り）による再整理が必要となる。つまり，汎用性のある知識に再構成したり，「自分のクラスであったら…」と修正したりする再調整である。授業観察で得た知識を自身の授業実践で活用することは，教師のキャリアによってできたりできなかったりするが，まず一つでもよいので，観察で得たことを自身の実践で使ってみることを推奨する。（池田吏志）

2-29 授業の記録や記述

1. 活動を記録する意味や方法

図画工作科・美術科の授業は，記録・評価の観点からも活動の記録は重要である。そして，それらの記録の方法も様々である。教師が子どもたちの様子をメモなどに記述する方法，デジタルカメラ・ビデオなどで，画像や映像として視覚的に記録する方法，活動の最中，活動後，また作品の感想など子ども本人による振り返りの記述としての記録などがある。これらの記録が重要とされるのは，結果としての作品だけでみるのではなく，でき上がるまでの過程やそこに至るまでの本人の思考の過程をみることができるからである。それは図画工作科・美術科の評価においてもいえる。教師は，評価をする際に，完成した作品を評価するだけでなく，そこに至るまでのそれらの記録をもとに多様な観点から評価することが求められている。

図画工作科や美術科の授業は，音楽や体育，技術・家庭科などと同様に専門の教室で行われることが多い。さらに，造形遊びをはじめとする題材によっては，校内や校庭なども活動の場所になることもある。例えば，風を感じる造形遊びなどは，校庭全体を使うだろうし，校内の風景写真に描き加えて新しい絵をつくる実践などは，デジタルカメラを用いて校内のあらゆる場所を撮影するだろう。その際，子どもたちの活動の様子はデジタルカメラやビデオカメラで撮影し，記録しておくとよい。子どもたちが，校庭や校内で遊びや探索活動の中から，発見や試行錯誤をしている様子の一瞬をとらえることができるからである。

この記録は，その授業の中で即座に活用することができる。子どもたちが写真や映像を見ることにより自らの行動を振り返ったり，友だちや他のグループの様子を知ることで自分たちの表現のヒントになったりする。

2. 記録から活用

中学校では美術専科の教師が，授業を持ち運営していくが，小学校の場合は低学年から中学年までは学級担任が図画工作科の授業を担当することも少なくない。特に新任教師にとって学期，月，週の授業計画の中の図画工作科を構想した時に，これまでの図画工作科の授業の蓄積が見られるとすればどれほど助けになるだろう。その意味で，授業の記録は重要である。いわゆる指導計画という書類だけでは理解できない，細部の注意点を視覚的に確認することができるからである。

記録も漠然と残すのではなく，次のように細かく分類しておくと授業者自身も振り返る際に見つけやすい。① 年月日，② タイトル，③ 平面，立体，造形遊び，鑑賞などの領域や題材，④ 総時間数，⑤ 記録媒体（デジタルカメラ，デジタルビデオ），⑥ ワークシート，⑦ 参考作品の有無など。

図　記録風景

保育では，レッジョ・エミリアプロジェクト*が近年取り上げられ，子どもたちの活動を記録し，写真や文字で活動の流れを可視化し，保育の質の向上のため保育者が振り返りを行っている。小中学校においても，この取組みは参考になるだろう。

＊：レッジョ・エミリアの幼児教育は，アートの創造的経験によって子どもの可能性を最大限に生かすところに特徴がある。子どもたちの活動は，実践記録が作成され，日々の実践を積み上げている。

3. 撮影方法

デジタルカメラ，ビデオなどで記録を残す際の注意点として以下のことがあげられる。

(1) 撮影の前に

カメラ，ビデオ，ボイスレコーダーなどで，記録を残す際に個人情報保護の観点から本人及び保護者の了承を得ておく。また新聞社，テレビなど外部への告知をする際や，学校から発信するSNSに掲載する場合も了承を得ておく必要がある。授業研究会での発表についても同様に配慮しておく。

(2) はじまりと終わりがわかるようにする

活動の始まる様子，場所，材料や道具の数や配置がわかるように俯瞰（ふかん）で撮ったり，細部まで寄って撮ることを忘れない。活動終了後の様子も撮影しておけば，教室の使い方や人の導線がふさわしかったかの振り返りになる。

(3) 子どもの表情がわかるように

活動がはじまり，つくったり描いたりしている時，他の授業では見られない表情を撮影できる瞬間がある。その機会を逃さないように，できるだけ子どもたちに寄って顔全体が横から写せるように撮影者が低い位置からカメラを構えるようにする。立ったまま撮影すると見降ろした画像・映像が多くなり，活動が動きのないものに見えてしまう。

(4) 動画で記録する

ビデオカメラは，三脚を立てて定点で活動の一部始終を撮影する方法と教師がビデオカメラを持って，まわりながら活動を撮影する方法がある。前者は，図工室や教室での授業の撮影に適していて，授業の進め方，子どもの反応など全体の流れを把握することに適した撮影方法である。後者は，造形遊びなど動きのある活動に適した撮影方法といえる。例えば校内や校庭を活動場所として子どもたちが探索しながら造形遊びを行う場合は，撮影時間を刻みながら個人，グループの様子を記録しておくとよい。その際に，撮影者が場所や対象となる子どもやグループの名称を映像と共に口頭で録音・録画しておくと振り返りの際に便利である。ビデオカメラの撮影も，カメラ同様に必要に応じて俯瞰で撮ったり，時には寄って撮ることでメリハリのある撮影を心がけたい。

デジタルカメラで静止画を撮影しながら，子どもの発話に気付いた時に，動画機能を使って，子どもに話しかけ，対話と活動を同時に記録しておくと，場面の振り返りに役立つだろう。

(5) 充電，記録媒体の確認

撮影中にビデオカメラやデジタルカメラの充電が切れたり，記録媒体の容量を超えて記録できない事態にならないように，前日までに充電や記録媒体の容量の確認をしておく。（江村和彦）

2-30 教育実習

1. 心構えと期間の過ごし方

教師になるための条件の一つに教育実習がある。これは教育職員免許法や教育職員免許法施行規則により定められているが，単位を取得するために教育実習を行うといった消極的な捉え方ではなく，教師になるための最も実践的な学びの場として捉えるべきである。教育実習では，現場における教育の実際を観察し，そして教育活動に参加し，子どもの生の姿にふれ，体験し，教育の意味について捉え直し，教師という仕事の重要性を再認識していく。しかし，子どもとの触れ合いや，指導教師の指導によって実践的指導力の必要性を痛感することであろう。教育実習は，大学の講義や書物で構築してきた理論を教育現場での実践と結び付けていく場である。この「理論と実践との統合」は，教師になってからも研修を重ねていくものであり，教師の永遠のテーマともいえるのである。実習を終えた者から「これまでにない充実した期間だった」「どうしても教師になりたい」といった感想を聞く。教育実習は，教師という仕事への強い情熱を湧きたたせる機会でもある。

実習校にとって実習生の受け入れは変則的な業務であり，多大な負担をかけることになる。実習生は，充実した実習になるよう主体的，意欲的に取り組まなければならない。子どもたちにとっては，実習生も一人の教師である。学生として登学するのではなく，教師として教育活動を行うのである。かけがえのない時間を過ごしている子どもたちに日々真摯(しんし)に関わらなければならない。

2. 子ども理解

教育活動でまず初めにあげられるものに，子ども理解がある。一人一人の子どもの生活背景，特性，気持ち，願いなどは様々である。また，能力・適性，興味・関心なども様々である。教師はこのような実態を的確に把握し，子どもとの人間的な触れ合いを通して，子どもの思いや考えなどをまずは傾聴し，それぞれの子どものもっている特性を丸ごと受け止め，共感的に接することが大切である。教師の受容的態度と共感的理解により，子どもは心を開き，信頼をして，親しみを寄せる様子を見せるようになる。教育実習においても，一人一人にしっかりと関わりながら，日々の様子・表情・言動から子どもの気持ちをできるだけ正確に把握し，まずは子ども理解を進めていくことが肝要である。生徒指導の視点としてあげられている多様な発達課題や，いじめ，不登校，問題行動，虐待などの発見や対応においても，子ども理解が基盤となるのである。

3. 授業実践

子どもの一人一人の思いや願いに対する教師の共感的な理解や，受容的態度によって，子どもは自分を素直に表現するようになる。このことは図画工作科の授業を展開する上で最も大切なことである。自信をなくしている子どもの内面は態度や作品の表現にもあらわれることがある。このような場合も，子どもの思いを傾聴し，表現の中に見られるこだわりや工夫，心を込めたところをしっかり評価することが大切である。このような関わりが子どもの自己肯定感を育むことにつながっていく。自己肯定感は，教師や仲間といった人間関係の中で実感できるものである。

図画工作科の授業は，子どもが自分の考えを基に選択・決定し実行するという活動である。その一連の活動に対して，結果としての作品だけではなく，試行錯誤する過程に目を向けてプラスの評価をすることが大切である。こうして子どもの活動と教師の関わりを繰り返し，教師の願いと子どもの願いが噛み合って，図画工作科の授業はつくられていく。また，学級の中で個々の表現を尊重し合い，他者との違いを認め，学び合う中で図画工作科の授業がつくられていくのである。

子どもたちは普段，一日の大半を学校で過ごしている。そして，学校での大半は授業である。授業が楽しくなければ，その日は楽しくないのである。子どもたちの学びを保障することが教師の仕事であると考えれば，「教師力」は「授業力」といえよう。授業は，子どもたちにとってかけがえのない時間である。教材研究を綿密に行い，指導案を練り，板書計画を立て，準備物を整え，前日までに指導教師の指導を仰いで授業に臨みたい。

図１　実習生による造形遊びの授業風景 ①

図２　実習生による造形遊びの授業風景 ②

図３　実習生による造形遊びの授業風景 ③

4. 実習記録と振り返り

実習生にとっては，実習期間中のすべての事柄（実習校の状況，子どもの姿，指導教師の教育活動，実習生が活動したことなど）が記録すべき対象となる。すべてについて詳細な記録をとることは不可能である。簡潔で的を得た記録をいかに残すかが鍵を握る。実習校で行われている教育の実態をつかみ，実習生の活動を記録し，振り返ることが必要である。

子どもの姿，指導教師の教育活動の中に多くの「発見」がある。教育実習の期間は，日々「発見」の連続ではないだろうか。この「発見」について指導教師と話し，しっかり考察したい。そして，この「発見」に題目を付けて記述するとよい。そうすることにより「発見」が「自分の学び」となり，それをさらに深めていくことができるであろう。

記録は，体験を再現し，整理し，意義付け，成果と課題を把握していく行為である。

後に実習記録を読み返してみると，実習期間中の日々，教師を目指した自分の姿が思い出されるはずである。その中での多くの課題が，宝物となるであろう。（藤原逸樹）

2-31 校種間の連携

1. 幼稚園などと小学校との連携

（1） 成長する子どもという視点

幼稚園などと小学校の連携を考える際に大切なのは，目の前の子ども一人一人を日々成長している存在として見つめ直すことであろう。つまり，その子どもたちが3歳から5歳までの幼児期の成長の先に今の子どもたちがあるということである。例えば，幼稚園などの子どもたちが描く絵と，小学校1年生が描く絵を見た時，成長していく子どもの姿として違和感なくつながって見えるだろうか。もし，そこに違和感があるとすれば，その原因について今一度考えてみることが大切になる。

（2） 造形が遊びから始まるという視点

小学校学習指導要領に「造形遊び」を位置付けた意図について，昭和52年版小学校指導書図画工作編（文部省）の「第1章　第4節　1　表現学習の意義と内容」の中で次のように示されている。

> 低学年の造形活動は遊びから始まり，次第に意図的，目的的なものに発展していくのであって，まず最初は，遊びの中で「表現の喜びを味わわせる」という活動が適当である。このような観点から低学年では，「材料をもとにして，楽しく造形活動ができるようにする。」と示し，「造形的な遊び」を行うようにした。これは，総合的な造形活動であり，就学前の造形活動との関連を考えて，造形的な遊びを通してその楽しさを味わわせ，造形学習への意欲を起こさせていこうと意図したものである。

この内容からは，子どもは環境の中で遊びを通して学ぶという保育の基本的な立場との接続が強く意識されていることをうかがわせる。「造形活動は遊びから始まり」という視点や「次第に意図的，目的的なものに発展していく」という視点は，今日においても幼・小の接続や連携を考える上では変わらず重要な視点である。小学校では，ともすれば，作品が目的的に捉えられ，子どもの活動を教師の意図する作品づくりへと導いていることもあろう。しかし，その前に遊びの中で表現の喜びを味わうことを大切にしたい。

図　大量の粘土に出会うと，子どもたちは粘土の感触を味わいながら，自然に造形活動を始める

（3） カリキュラムの前に相互理解

これまで述べたことからもわかるとおり，幼・小の円滑な接続や連携を考える際には，まず，子どもたちの成長への視点と，造形活動が遊びから始まるというような接続や連携する校種と共有できる視点をもつことである。こうした幼稚園教諭などと小学校教諭による相互理解があって，その先に，連携カリキュラムは成り立つのである。形式的な接続や連携にならないよう，幼稚園を始めとして，連携の対象となる就学前施設（保育所や認定こども園など）との相互理解を深めておきたい。（山田芳明）

2. 小学校・中学校の連携

(1)　中１ギャップ

子どもが小学校から中学校へ進学する際に，不登校や問題行動などが増加する，いわゆる中１ギャップが指摘されている。「学校教育に関する意識調査〔2002（平成14）年〕」によれば，「授業の理解度」「学校の楽しさ」「教科や活動の時間の好き嫌い」について，小学生よりも中学生の方が肯定的回答の割合が低下している。また，「平成27年度児童生徒の問題行動等生徒指導上の諸問題に関する調査」では，暴力行為の加害児童生徒数，不登校児童生徒数などが中学生になった時に大きく増加している。その要因としては，小学校から中学校に進学する際の接続が円滑なものとなっていないことが考えられる。例えば，小学校は学級担任制であるのに対し，中学校では教科担任制であるという授業形態の違いがある。また，中学校では小学校と比較して規則が多く，より厳しい生徒指導がなされる傾向がある。さらに，中学生の時期は思春期に入り，自己の内面などを意識し，自意識と客観的事実との違いに悩み，葛藤をし，自らの生き方を模索しはじめる時期でもある。そのため，保護者や大人に対して反抗的な態度をとるなど，思春期特有の課題なども要因として考えられる。

(2)　図画工作科と美術科の連携

図画工作科や美術科は，子どもの実態に応じて題材を弾力的に設定することが可能であり，小学校第６学年と中学校第１学年の連携が図りやすい教科であるといえる。

図画工作科と美術科の学習内容の大きな違いは，２点である。① 図画工作科では，造形遊びをする活動があるが，美術科には無いこと。② 美術科では，感じ取ったことや考えたことを基にした絵や彫刻などの表現と，目的や機能を考えたデザインや工芸などの表現の発想や構想が分けられているが，図画工作科ではそれらが絵や立体，工作として一体的に示されていること。①の造形遊びについては，中学校美術科の第１学年において，小学校図画工作科の学習からの連続性を考えて，子どもの学習経験や指導のねらいに応じて材料や技法を試しながら発想や構想をする指導を位置付けるなどの工夫が考えられる。また，②については，小学校図画工作科では，絵や立体，工作として一体的に示されているが，絵や立体は，ともに自分の感じたことや思ったことなどを表す学習であり，工作は，意図や用途がある程度明確で，生活を楽しくしたり，伝え合ったりするものなどを表す学習であると区別されている。また，指導計画を立てる際にも，「工作に表すことの内容に配当する授業時数が，絵や立体に表すことの内容に配当する授業時数とおよそ等しくなるように計画すること」〔平成29年告示小学校学習指導要領，第７節　第３ 1(4)〕と規定されており，この趣旨を理解して双方の力を調和よく育成することにより，中学校での学習での基盤づくりにもなる。

また，平成29年告示学習指導要領では，図画工作科及び美術科のＡ表現において，(1)は発想や構想に関する指導内容，(2)は技能に関する指導内容で示され，学習指導要領の目標や内容において，図画工作科と美術科の構成が統一された。育成する資質・能力を十分理解して指導することで，小中連携が一層図られることが期待される。（村上尚徳）

2-32 特別支援学校・学級における造形教育

1. 特別支援教育の動向

特別支援教育は近年変革期を迎えている。特別支援教育は2007（平成19）年にスタートし，通常学級に在籍する知的障がいを伴わない発達障がいの子どもが特別支援教育の対象に含まれた。また，2014（平成26）年には障害者の権利に関する条約（障害者権利条約）が批准され，第24条「教育」では共生社会の実現が標榜され，「合理的配慮」という新しい概念が示された[1)]。また，我が国のインクルーシブ教育は，中央教育審議会初等中等教育分科会，特別支援教育の在り方に関する特別委員会で議論され，「共生社会の形成に向けたインクルーシブ教育システム構築のための特別支援教育の推進（報告書）」としてまとめられた。報告書では「多様な学びの場の連続性」として一般校の通常学級，通級，特別支援学級，特別支援学校，自宅・病院における訪問学級までを7段階で連ね，「同じ場で共に学ぶことを追求する」とともに，「その時点で教育的ニーズに最も的確にこたえる指導を提供できる仕組みを整備すること」が求められた[2)]。

他方，美術教育の実施状況は，例えば，通常学級では，学習指導要領において，図画工作科や美術科は必修教科として位置付けられ，通常学級や通級，そして特別支援学級*の子どもが学習している。また，特別支援学校でも，池田・児玉・髙橋（2017年）の調査によれば，全国の99.2％の特別支援学校では何らかの作品を制作する活動が行われ，週に平均1.83コマ，約96分の造形活動が実施されている[3)]。換言すれば，美術教育は障がいの有無，そして障がいの軽重を問わず，すべての子どもに適応できる数少ない教科であるといえる。

* 障がいの程度により，特別支援学校学習指導要領に基づいて教育課程が編成されている場合がある。

2. 美術教育の可能性と課題

特別支援学校・特別支援学級の造形教育実践を考えることは，障がいのある人とない人がともに生きる社会をどのように考えるのか，また，美術教育が共生社会の実現にどのような貢献ができるのかを考えることに等しい。造形活動の題材には多様な活動内容と表現方法のバリエーションがあり，指導の工夫次第で一人一人の実態に応じた活動環境の設定が可能である。このことは，障がいの有無を超えて子ども一人一人の表現を可能にし，彼らが意欲的に活動し，彼らがもつ能力を発揮できる場を提供できることにつながる。この点が，美術教育がもつ可能性であり，障がいのある人とない人とが“表現する”という活動を通して協働したり理解しあったりすることにつなげられる糸口にも成り得る。ただし，彼らが能力を発揮できるためには解消しなければならない問題もある。例えば，近年の障がいの重度・重複化に伴い，重い障がいゆえに制作が困難であったり，同一集団（学級）内においても個々の障がいの程度や能力が異なるため題材設定が難しいといった問題がある。また，平成29年告示特別支援学校学習指導要領では，「小・中学校の児童生徒などと交流及び共同学習を，計画的，組織的に行うこと」が示された。共生社会の実現に向け，どのような交流及び共同学習が望ましいのか美術教育の立場から模索していく必要がある。

3. 授業実践

ここでは，課題を踏まえて2つの事例を紹介する。1つ目は北島珠水教諭による知的特別支援学校中学部の実践，もう一つは筆者による肢体不自由特別支援学校での実践である。

(1)　栗田の縄文プロジェクト

図1　美大の先生との制作

本実践は，縄文文化（衣食住）を中心的な主題としたプロジェクト型の実践である。本実践の特徴は，子どもが生活する地域社会の多様な年齢層の人々，そして専門家との協働により活動が構成されている点である。例えば，縄文土器を制作する活動では，徒歩圏内にある美術大学の教員や学生との連携により作品を制作し，野焼き体験や美術館での展覧会を開催している。その他にも，舞踊家による指導を受けながら縄文文化をモチーフとしたダンスを創作し，地元の老人ホームや保育園で公演を行っている。このように，「つくる」活動を主軸に据えることで学校と地域とのつながりを創出し，子どもが主体的に目標をもち，活動を継続していく中で計画を立案し，遂行・達成していく活動が3年にわたり発展的に続けられている。この取り組みの成果として，子どもの変容とともに，関わった地域の人たちの変容があげられると北島教諭は述べる。最初は子どもたちに教えていく存在だと捉えていた地域の人たちが，つくる活動を通して，子どもたちと同じ立場で表現を楽しみ，悩み，つくる喜びを共有した様子が見られたという。このように人々がフラットな地平に立ち，人と人との関係を再構築できる点に美術のよさが表れている。

(2)　消えてしまう絵の具

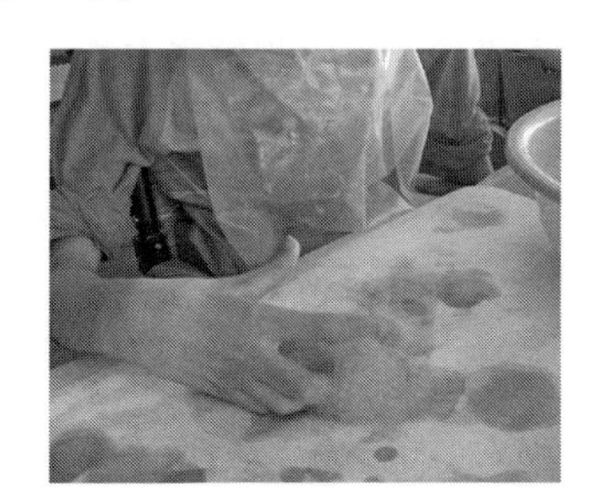

図2　制作の様子

この題材は，重い知的障がいと身体障がいを併せもつ重度・重複障がい児を対象とした，泡を用いた題材である。泡は待っていると消えてしまうため，題材名は「消えてしまう絵の具」としている。制作方法は，まず絵の具を溶いた色水に洗剤を入れてかき混ぜ，着色された泡をつくる。それを画用紙の上に置き，子どもが泡を動かして模様を描く。重度・重複障がいの子どもたちは筆を使って描くということが難しく，それを無理に行おうとすると，教師が子どもの意思とは無関係に，腕を無理に動かすという状況が起こる。そうならないように，子どもが直接泡に触れたり動かしたりすることで簡単に，そして主体的に作品制作ができるように工夫した題材である。泡であれば，ほとんど抵抗感が無いため，重度の身体障がいをもつ子どもでも自分の力で容易に動かせる。そして，この題材のもう一つのポイントは，子どもの動きを教師が待つことができ，子どものペースで制作が行えるという点である。仮に，待って動きが出なくとも泡の美しい模様がつき，子どもが「動かなかった」ということも表現になる。このように，子どもの主体的な活動を期待し，できなかったことも含めて表現として受け入れられる題材が設定できることも美術のよさである。(池田吏志)

引用文献

1）国際連合「障害者の権利に関する条約」2014，p.30.

2）文部科学省「共生社会の形成に向けたインクルーシブ教育システム構築のための特別支援教育の推進（報告書）」2012.

3）池田吏志・児玉真樹子・髙橋智子「特別支援学校における美術の実施実態に関する全国調査」美術教育学, 38, 2017, p.49.

3章 図画工作科・美術科の実践内容

3-1 造形遊びのねらいと特徴

1. 造形遊びのねらい

造形遊びは，材料や場所の特徴から，造形的な活動を思い付き，それを楽しみながら発展させていく活動である。造形活動の基盤となる材料や場所からの多様な発想，形づくるなどの豊かな体験をすることがねらいとなる。結果として作品ができることがあるが，明確な目的や作品に向かって活動が始まるのではない。子どもが材料を手に取り，活動を思い付き，さらにはテーマを見つけて発展させるところに意味がある。感性を働かせて「きれいだな」「いいな」を見つけながら行為を展開していく。その行為性が最も重要である。教師が活動の仕方を示し，テーマを決めて限定的な遊びをさせることは造形遊びのねらいから離れることになる。

2. これまでの経緯

昭和 52 年版小学校学習指導要領において「造形的な遊び」として低学年に登場した造形遊びは，美術教育改善への画期的な役割を果たすはずであった。しかし，教育現場でどのように授業を進めたらよいのか，評価はどうするのかといった困惑があり，造形遊びの本来の意義が理解されない状況が続いた。

平成元年版小学校学習指導要領において「造形的な遊び」という名称から「材料をもとにした造形遊び」へ改められ，第 3・4 学年まで拡張した。これは，教師主導型から子ども主体の学習への転換として，生活科の新設と並んで改訂の大きな目玉といわれた。つまり，造形遊びの導入には，作品主義や教師主導型の授業から，表現過程の重視，表現は本来その子自身のものであるという教師の意識改革を図る起爆剤的な役割があった。こうした考え方は，十分とはいえないが，造形活動全体に浸透し，子どもの自由な発想や多様な表現が徐々に見られるようになっていった。

平成 10 年版小学校学習指導要領においては「材料（や場所など）をもとにした楽しい造形活動（造形遊び）」へ改められ，第 5・6 学年まで拡張した。また，絵に表すことや立体に表すこと，つくりたいものをつくることの内容と一層関連付けたり，一体的に扱えるようにしたことと考え合わせると，表現を一括りとして捉え，表現内容の各分野の垣根がずいぶん低くなったといえるのである。

平成 20 年版小学校学習指導要領においては，「材料を基に造形遊びをする」という文言に少し変化したが，「材料やその形や色などに働きかけることから始まる」活動であること，「結果的に作品になることもあるが，始めから作品をつくることを目的としない」といった基本的な考え方は変わっていない。「遊び性を取り入れた楽しい造形活動」（平成 10 年版）から「造形遊びをする活動を通して，次の事項を指導する」（平成 20 年版）という表現によって「造形遊び」を前面に出し，活動を通しての指導事項も明示した。どのような活動をするのか，何を指導するのかが明示された。

平成29年告示小学校学習指導要領においては，「造形遊び（をする）」というシンプルな文言になったが，平成20年版の内容とほぼ同じ文脈で解説されており，基本的な考え方は変わっていない。造形遊びをする活動を通して育成する「思考力，判断力，表現力，技能」といった指導事項が整理して示された。

3. 造形遊びの課題

日本の教育に造形遊びが登場してから長い年月が経過しているが，教育現場で充実した内容が実践されているとはいいがたい（阿部は造形遊びが定着しない要因の考察を行っている[1]）。どのような内容をどのように指導したらよいのか困難を感じている教師は現在も少なくない。造形遊び実施上の阻害要因として次の5つがあげられよう。①・②は内的な要因，③・④・⑤は外的な要因といえる。

図1　広告紙を切る・つなぐ

① 造形遊びの意義の理解が不十分（教師，保護者）。

② 指導と評価が困難。

③ 時間の確保が困難。

④ 材料の収集と保管が困難，ごみ化する材料の問題。

⑤ 場所の選定，確保が困難。

図2　広告紙をぶら下げる

これらの阻害要因を考慮し，取り組みやすい題材として実践された第2学年の授業がある（図1～3）。これは，比較的集めやすいカラフルな広告紙を切ったりつないだりしてロープにぶら下げ，場所を移動する必要がない自分たちの教室を変身させる活動である。2時間で充実した活動となった。変身した教室で，しばらくの間，他の授業も行われた。片付けは，短時間であった。

図3　変身した教室

造形遊びは，材料の多様な操作を保障する活動であり，様々な行為の展開が期待できる活動である。美術の基盤となる造形遊びは，主体性，判断力，探求心といった人間の生きる力への涵養が期待できるものであり，教育の本質につながっていくものである。造形遊びの意義が理解されるためには，取り組みやすさだけでなく子どもにとって意味のある必然性をもった題材を研究し，それらを実践していくしかない。今後の造形遊びの内容や指導法の実践的研究の深化が期待される。（藤原逸樹）

引用文献
1）阿部宏行「『造形遊び』が定着しない要因の考察（1）」美術教育学 38，2017，pp.1-11.

3-2 造形遊びの実践：低・中学年

1. 低学年の造形遊びの特徴

低学年の造形遊びは，まずは材料と関わることから始まるということを念頭におきたい。低学年の造形遊びは，身近な材料と関わり，それを集めたり並べたりすることから展開する。そのため，材料とじっくり関わり，材料に働きかけ，操作しながら思いをもつまでの時間を保障することが大切である。材料を手渡す前に，何をつくるかを問いかけて決めさせたり，つくる手順に従って，順次活動時間を区切ったりするのではなく，子どもたちが自分なりの思いをもつまで待つことが求められる。また，様々な試みができる空間を保障することも大切である。同じような材料を準備しても，空間が狭いと子どもたちの活動は小さく萎縮したものになり，低学年の造形遊びで期待したい全身で材料と関わり活動を広げてゆくような造形遊びが成立しない。しかし空間が広すぎると，逆に材料を持って動き回ることにばかり時間がかかってしまったり，個々の子どもの活動の距離が離れすぎてしまったりするために，子どもたちの活動は散漫になってしまう。子どもたちの活動を想定して，適切な空間を設定することが求められる。

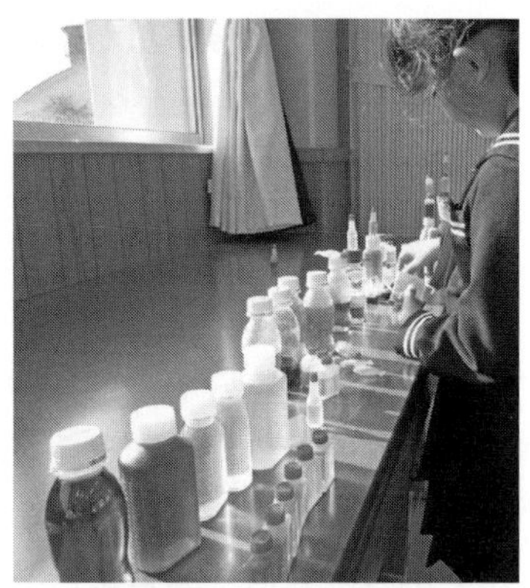

図１　色水を並べる活動であれば光が当たる場所が望ましい

例えば，色水を混ぜて新しい色をつくってキャップ付の容器に入れる造形遊びであれば，子どもたちは，どんどんと色水をつくり，そして自分がつくり出した色水を並べ始めるだろう。その際に，活動場所として活動時間に光が差し込むような場所を選ぶことで，子どもたちは自然に容器を光にかざしてみたり，光を通して映る色の影を楽しんだりするだろう（図１）。

また，十分な量の材料が保障されていることも，大切なポイントである。子どもたちはたくさんの材料を見つけた時に，しばしば「先生！（これで）何かできそうだ！」と声を上げる。それが図画工作科の時間でなくても，たくさんの材料を目の前にすると，それを使って何かをやってみたくなるのである。子どもたちにとって，（材料の）量は魅力の一つだということである。材料と全身で関わり，思い付いたことを思う存分に確かめる。そうする中で，次第にやってみたいことがはっきりしてくる。子どもたちが試行錯誤を繰り返すことができるだけの材料を準備しておきたい（図２）。

図２　たくさんの材料があることで，想像が広がる

そして，造形遊びにおいても，活動過程での教師の働きかけが，子どもたちの活動を広げ，深めることに大きな役割を果たすことも忘れてはならない。造形遊びの活動を指導するに当たって，教師は子ど

もとともに造形活動を行う立場で関わるのがよい。ともに活動する中で教師が積極的に提案していくことで，子どもの活動をよりよい方向へと導いていきたい。

2. 中学年の造形遊びの特徴—平面的な活動から空間的な活動へ—

低学年の造形遊びが基本的に材料と関わる中で思いをもち，活動を広げていっていたのに比べて，中学年になると材料に加えて場所を基に発想するようになる。また，活動過程で期待される造形行為も低学年が「並べる」や「つなぐ」といった平面的な活動や,「つむ」といった高さへの直線的で単純な活動であったのに対して,中学年になると「組む」や「組み合わせる」といった構成的な要素が加わってくる。ここで留意しなければならないのは,低学年までの「並べる」や「つなぐ」そして「つむ」といった行為がなくなるわけではないということである。中学年になると，こうした低学年までの行為に「組む」や「組み合わせる」といった行為が発展的に加わってくるということである。そうして，友だちと協力し合うことで自分たちのからだを超えるような大きさのものをつくり出したり，場所全体の様子が変わって見えたりするような活動を楽しむようになるのである。このように,友だちと協力し合う，話し合うといったことも中学年の子どもたちの特徴であるので大切にしたい。

例えば，段ボール片を組むという活動では，二枚の段ボール片それぞれに段ボールカッターで切り込みを入れてさし込めば，二枚の段ボール片ががっしりと組み合わさって立つということに子どもたちが出会うことから，子どもたちは自分も立ててみたいという素朴な思いを抱き，自らもその簡単な行為を行って，実際に立ててみる。すると次第に高さや大きさに挑戦したいという欲求や，複雑な構造をつくり出したいという欲求が生じ，活動をどんどんと進めてゆく（図3）。

図３　組むという行為を繰り返し自立する構造をつくり出す

このように，中学年の造形遊びの活動は，場所からの発想や材料からの発想において，単に長い・広い平面的な活動ではなく，高さや大きさのある空間的な広がりのある活動が期待されている。そこで，指導に当たっては，活動場所を選ぶ際に，子どもたちの造形活動に働きかける場所をよく考え,からだを超える大きさを実現できるような配慮が必要になる。例えば，ポリ袋をテープでつないで，大きさのあるものをつくり出す活動の場合，中学年の子どもたちでも，高さが数メートルに達するものがつくりだせる。そのような場合は,屋外で活動することで，子どもたちの活動意欲は高まり，より大きなものをつくり出す活動へと広がってゆく（図4）。このように，活動場所についても組み合わせが楽しめたり，組み立てができたりするなど，空間的な展開ができるようなものを吟味したい。（山田芳明）

図４　屋外で活動することでより大きさを意識した活動が展開される

3-3 造形遊びの実践：高学年

1. 高学年の造形遊びの特徴─中学校での学習も見通した質的で総合的な造形表現へ─

低学年から中学年へと続く造形遊びは，平面的であった活動が次第に大きさや高さへのあこがれから構造を考えた空間的な表現へと向かい始めることは項目 3-2 (p.86) で示した通りである。それらを象徴する言葉として低学年は「並べる」「つなぐ」であり，中学年はそこに「組む」「組み合わせる」が加わってくる。これらはいずれも行為や材料の操作を象徴する言葉であることがわかる。そういった意味においては，低学年から中学年までは，行為性に依拠した造形遊びとしての連続性をもっているといえる。

一方，高学年の造形遊びは「材料」のもつ性質や「場所」という空間のもつ性質，その場所のもつ特徴に着目し，それを意図的に「見せかける」「変える」といった「ずらす」ことや，「誇張する」「活用する」といった「生かす」ことに強い関心をもって取り組むようになる。すなわち，高学年の造形活動の特徴は「(場所や材料の) 特徴を捉えること」や「捉えた (場所や材料の) 特徴を生かして表現すること」などであるといえる。このとき「場所」に対する意識は大きな変化がある。低学年の造形遊びにおける「場所」は，自らが「並べる」「つなぐ」といった行為を繰り返して活動を広げていくための場所である。子どもたちの活動は場所の特徴の影響を受ける。例えば，洗濯ばさみをどんどんつなぐ造形遊びを行う際に，その活動を行う場所の広さや，その場所にある机や椅子などの備品の有無が，子どもたちの活動を促進したり停滞させたりする。つまり，子どもたちが意識して働きかける「場所」ではなく，あくまで「場所」が活動に影響を与えるのである。中学年になると，活動を考える時に「場所」を意識するようになる。屋外という場所だからできる活動を考えたり，木の根元や石の陰など，その「場所」の材質や形状などから発想したりしてつくるというように，場所を自らの表現に取り込もうとする意識が芽生え始める。それが，高学年ではさらに場所の形状だけではなく，「日が良く当たる」といった場所の立地上の特徴や，「○○な役割をもった場所」といった場所のもつ社会的な役割などを意識し，それを生かしたり逆手に取ったりするような活動を考えるようになる。例えば，「この渡り廊下は，日当りもよくて，風向きによっては潮風の香りもするところだから，潮騒を感じられるような場所にしよう」(図 1) と考えて活動したり，「教室前の廊下を突っ張りポールを活用して間仕切りをすることで，いつもの

図 1　風が通るという場所の特徴を生かした造形遊び

図 2　廊下を間仕切りすることから廊下の役割をずらした造形遊び

廊下とは違い，楽しみながら通れる場所にしよう」（図2）と考えて活動したりする。

このように，高学年の造形遊びは行為性に基づく量的・構造的な要素に「質的」な要素が加わっている。こうした高学年の造形遊びが，空間の役割を意識したり，その空間を利用する人を意識してその意味や役割を生かしたり，ずらしたりすることで新しい意味をつくり出しているという点で，社会の中での美術が果たす役割を考えることにもつながっている。それはすなわち，中学校の美術科の内容へとつながっていくということである。

2. 高学年の造形遊びに取り組む際に留意したいこと

これまで述べてきたことからもわかる通り，高学年の造形遊びは，中学年までの造形遊びとは違い，材料や場所の特徴についてしっかり検討し，それを基にどのように表現するのかじっくりと構想を練る時間が必要になる。造形遊びは「始めにつくるものを決めてはいけない」といわれることがある。これは，材料や場所との関わりから活動を思い付くという造形遊びの特性を端的に指摘した言葉である。ただ，材料や場所との関わりから活動を思い付くということが，「どのような活動をするか」「どのようにつくるか」といった見通しや計画を立ててはいけないということを意味するわけではない。高学年の造形遊びでは，見通しや計画性をもつことが大切になる。そこで，中学年までの造形遊びではあまり活用されることがなかったアイデアスケッチなども，高学年の造形遊びにおいては活動内容を深める有効な手立てになる。また，学校内であるとはいえ，公共の場所を使用することが多くなるため，その場所を利用する人の立場に立った活動についてしっかりと意識させることも必要である。

また，意図的計画的な活動になり，なおかつ規模の大きな活動が多くなる高学年の造形遊びではあるが，短時間で行えるような題材についても検討したい。例えば，その場所にある材料の配置や構成を変えるだけで，見る人が楽しんだり驚いたりする場所をつくる活動であれば，2時間でも十分に可能である（図3）。

図３　校庭にあるものの配置を変えるだけで素敵な場所に変身させようという活動

また，高学年の造形遊びは，これまで述べてきたことからもわかる通り，表現の意図が強く，見通しをもって計画的に活動を進めていくため，題材によっては，絵や立体に表す活動などと活動の様子が似ていると感じられるであろう。しかし，高学年であっても，造形遊びは，あくまでも材料や場所の特徴を基にした造形活動であり，材料や場所の特徴から発想するというということは，中学年までと変わっていない。また，必ずしも成果物としての絵や立体に表す活動のような物質的な作品を求めていない。こうした点で，他の活動とは一線を画しており，その違いから活動過程で高められる資質・能力も異なっているといえる。

（山田芳明）

3-4 造形遊びの評価

1. 造形遊びの特性

一人一人の子どもの造形表現を見取る力をもつことは，教師として必要な資質・能力である。子どもたちが机に向かって活動することの多い絵や工作の活動とは違い，造形遊びは教室内や校内の思い思いの場所で活動する。そして，その活動はめまぐるしく変化していく。例えば低学年で身近な材料を並べる造形遊びで，ある子どもたちはまず図工室の机の上で活動を始めた（図1）。どんどんと並べることに夢中になり始めると次第に机の上から下へとつなげていくようになる（図2）。そして長くつなげていくことに面白さを感じた子どもたちは，どんどんとつないで伸ばして教室の外へ出て行ってしまった（図3）。活動の始めに机の上で構成していた材料は，床で長く伸ばすために使用され，活動の終末には机の上には何も残らなかった。このように造形遊びでは，成果物としての作品から資質・能力を評価することは難しい。

図１　机の上にどんどんと並べていく

図２　机から床へと活動が広がって行く

さらに，造形遊びは，個人毎，グループ毎で異なる活動を展開する。例えば，先に紹介したグループは机から床へ材料をつなげてどんどんと長く並べていったが，別のグループは終始図工机の上で材料の並べ方や積み方を工夫していた。学習過程で一斉に特定の資質・能力を評価するといった評価の仕方にはなじまない。

こうした特性をもつ造形遊びの学習過程で，子ども一人一人の造形表現を見取り適切な評価を行うために，次のような点に留意するとよいだろう。

図３　どんどんと伸びて教室の外へ

2. 造形遊びの評価の留意点

（1）　具体的な子どもの姿で活動を想定する

題材設定において，観点毎の評価規準を設定する際，具体的な活動の姿をできる限り多く，明確に想定する。

一般に評価規準を設定する場合，学習指導要領の観点の趣旨を踏まえ，学年の目標や内容に応じて観点ごとに設定する。その際に，単に学習指導要領の言葉を拾って形式的に当てはめるのではなく，例えば図１のような題材では「並べる」とはどのような活動のことなのか，どのような造形表現の姿が規準を満たす姿であるのかを，実際に指導する子どもたちを思い浮かべて詳細に想定する。また，期待する活動や姿だけではなく，望ましくない方向違いの活動も具体的に想定する。そうすることで，子どもたちの活動の後追いにならず，先の展開を見通すことができる。

(2)　一人一人の活動を線で捉える

こうして事前に想定した活動や，評価規準を満たす姿をしっかりと頭に入れた上で授業を行うようにする。子どもたちが個々で異なる活動を展開しても，その題材で期待している活動（すなわち期待している資質・能力が伸長する造形表現）と，そうでない活動を瞬時に判断したり，指導したりすることが容易になる。このように子どもたちの個々の活動に対して，見通しをもって見取り，関わることで，子どもの活動を断片的にではなく，活動の変遷が見えてくることになる。すなわち，子ども一人一人の活動を点ではなく線で捉えるということである。

さらに，適切な見取りと評価と指導のためには，机間指導も意識したい。子どもたちの活動を，漫然と見て回ったり，機械的に回ったりするのではなく，線として捉えた一人一人の活動の先を読みながら，計画的に子どもたちの活動を見て回ることで，すべての子どもたちの活動を見取ることができる。

(3)　子どもの思いや意図を捉える

学年が上がるにつれてその子どもの思いは，教師に見えにくくなる。子どもの造形表現の見取りは，そうした思いや意図を作品や活動の様子を通して捉えようとする行為に他ならない。見えにくいものを見ようとするには何らかの手立てが必要になる場合がある。例えば，自己評価カードを活用して思いを文字化したり，デジタルカメラで活動過程を記録したりするなど，工夫することが大切である。

また，子どもの思いを捉える手立てとして，子どもに尋ねるということも有効である。ただ，教師の問いかけが活動を方向付けないような配慮も忘れてはならない。例えば，教師が何気なく「何をつくっているの？」と問いかけることで，子どもたちに「何をつくっているかを即時に決めさせる」という働きかけになってしまう場合がある。この場合「今，どうしようと思っているの」といった問いかけでその子が今もっている思いや意図を問いかけることができる。教師は，子どもたちの思いや意図を把握する方法について常に意識をして工夫を重ねてゆきたい。

(4)　評価に追われて指導が疎か（おろそ）かにならないように

評価を行う際に，教師の主観が評価に影響しないようにしようとするがあまりに，学習過程での子どもへの関わりが希薄になったり，評価ばかりに時間がとられて子どもへの支援が疎かになってしまったりしないよう気を付けたい。また，評価に客観性をもたせることは大切であるが，評価は子どもの成長のため，また指導を改善するために行うものであることを忘れないようにしたい。評価結果を子どもの実態と照らし合わせ，基準や方法が適切であるかを確認し，評価のあり方を常に見通すように心がけたい。（山田芳明）

3-5 絵で表すねらい

1. 子どもの描画の発達と特徴

アメリカの美術教育の進展に寄与したヴィクター・ローウェンフェルドは，発達段階に即した美術教育の体系的な著書 Creative and Mental Growth（創造的発達と精神的発達，1947年：『美術による人間形成』黎明書房）の中で，子どもの描画の発達と特徴を以下のようにまとめている。

（1） なぐり描き（2歳～4歳）

2歳前後の子どもにクレヨンやパスをわたすと，はじめは点や短い線を叩くように描く。なぐり描きをしばらく続けるうちに，子どもは自分の動作と紙上の痕跡に関係があることに気付く。自らの手足の動作を調整できるようになると，制御された線を引くようになり，腕全体の動きによって円形の線を引くようになる。そのうちに「これは買い物をするおかあさん」と，なぐり描きをしながらお話をするようになる（図1，図2）。

図1　なぐり描きをする子ども

（2） 様式化前（4歳～7歳）

頭を描くために丸い線を引き，長い線で足を描くようになる（図3）。なぐり描きでの身体運動と紙上の痕跡との関係が薄れ，見たものを描こうとする再現へと意識が変化していく。実物と再現した絵の間に関係があることを発見し，探索をはじめる。自身の個人的な表現の「様式」を確立する前の段階である。

図2　なぐり描き

（3） 様式段階（7歳～9歳）

長い期間の探索の後，子どもは個性的な様式を発見し，その様式の反復を通して自信を獲得していく。色彩では，はじめに物と色の関係を発見する。様式化前では「木がある」「人がいる」といったように物と物の関係には頓着しないが，「草は地面から生えている」「人は地面の上にいる」と考えるようになり，物や人を「基底線」（図4）の上にのせて空間を表現するようになる。主観的な空間表現である「折り重ね」，ひとつの画面に異なった時間が表される「時間と空間の再現」，内部が透けているように外部と同時に描く「X線画」などの表現がみられる。

図3　頭足人

（4） 写実表現の芽生え―ギャングエイジ―（9歳～11歳）

「仲間（gang）」の存在を強く意識し，グループに協力する感情や社会的な独立に気付く時期である。これまで扱ってきた幾何学的な線は，この時期の自己表現では不十分となり，表現は様式から移行し，写実的傾向（リアリズム）が芽生えてくる。視覚の概念が拡大し，事物を誇張したり関心のないものを省略したりするような情緒的な表現は用いなくなる。

(5) 擬似写実主義の段階―推理の段階―(11歳〜13歳)

図4 基底線

想像的な活動では，からだの生理的変化に伴って無自覚的なものから批判的な意識へと変化する。子どもが自らの作品を批判的に捉えることがあるため，誇りをもって眺めることができるよう励ます必要がある。環境を遠近法や陰影でとらえ，視覚的刺激に対して反応する「視覚型」と，自己のからだと外界との情緒的な関係を強調し，主観的経験に反応する「非視覚型」に分かれる傾向がある。「視覚型」では，三次元表現への衝動，距離による物の大きさの調整などの空間表現がみられる。

(6) 決定の時期―青年期の危機―(13歳〜17歳)

児童期から青年期へと移る際は，身体的・情緒的・精神的に困難を伴うことから青年期の危機と呼ばれる。人間の発達を決定する重要な時期である。青年期に近づくほど自己に対する批判的な意識が生じ，子どもらしい表現との結び付きを喪失していく。青年期後期には，意識的で批判的な自覚から自身の創作を捉えるようになり，多くの人がこの時期に創作をやめてしまう。この時期の創作活動は，自分の周囲の環境から出発し，自分が傍観者としてものを感じ，経験の手段は主に目から行う「視覚型」と，自身の身体感覚や，情緒に包まれた主観的経験に関係させる「触角型」，それらが「混合した型」の3つの型に区分される。ローウェンフェルドは，4人に1人は触角型の傾向をもっていると報告している。

2. 支援のあり方

子どもの描画の発達には諸説ある。これまでの児童画の研究を総合的に捉え，現代の子どもの現状をふまえた支援のあり方を探ることが重要である。ローウェンフェルドは，発達段階と支援のあり方について，段階的に成長していく子どもの創造に対する要求や意図を教師が敏感に感じ取り，子どもと自己同一化することが指導に不可欠だと述べている。子どもの描画の特徴や発達段階を理解した上で，教師は子ども一人一人に寄り添い，発達の段階に応じた適切な支援をする必要がある。

3. 子どもの絵の見方

美術教育に大きな影響を与えた実践家フランツ・チゼックは，「児童美術は児童たちのみが作りうる美術だ」[1)] と述べている。子どもの絵は，子ども独自の世界である。子どもの絵を大人の視点から捉えるのではなく，子どもの視点で捉え，その世界観や個性，表現を尊重することが重要である。教師は，子ども自身の物の見方や表し方が培われるように留意し，自分らしくやり切ることができるよう子どもの主体性を大切にして支援することが望ましい。(水谷誠孝)

引用文献

1) ウィルヘルム・ヴィオラ，久保貞次郎・深田尚彦訳『チゼックの美術教育』黎明書房，1976，p.52.

3-6 クレヨン・パス・パステルの使い方

1. 画材としての特徴

クレヨンやパスは，幼稚園・保育所などや小学校低学年で使用されることが多く，子どもの描画材として馴染み深い。平成 29 年告示小学校学習指導要領には，1・2 学年より使用することが明示されている。蝋(ろう)を多く含む棒状の画材をクレヨン，主に変性油で顔料を練りこんだものをオイルパステルやパス，顔料と粉末を合わせて棒状にしたものをパステルと呼ぶ。これらの描画材は，持ち方に変化を加えたり，他の画材や道具を併用したりすることで，表現に変化と広がりをもたせることができる。

2. クレヨンの特徴と実践例

クレヨン「Crayon」は，フランス語の「craie」（白亜）と，「-on」（小さな塊）に由来し，顔料・流動パラフィン・硬化油を原料としてつくられる。日本には，1915（大正 4）年頃から 1917（大正 6）年頃にアメリカから輸入され始めた。蝋の分量を多くして硬くしてある硬質クレヨンと，描き心地がパスに近い軟質クレヨンがある。大正時代に日本でつくられたクレヨンは硬質クレヨンに分類されるが，硬いため面描や重色には扱いにくく，1957（昭和 32）年に軟質クレヨンが開発された。その後は軟質クレヨンが主流であり，現在では，のびや着色性のよさなどのパスの長所を取り入れたクレヨンとなっている。

クレヨンは，パスに比べて硬い，画面への定着がよい，艶(つや)がある，べとつかない，塗りかすが出ない，線描に向く，面描と混色に向かないなどの特徴がある。また，水をよく弾き，水彩絵の具との愛称がよいためバチック（3-7 参照）の技法に向いている（図 1・図 2）。

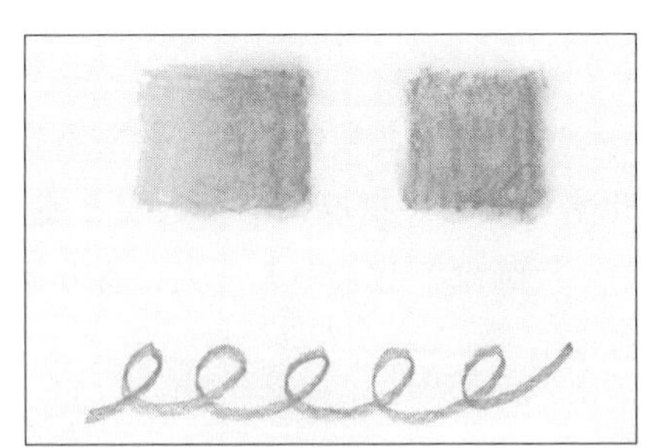

図 1　クレヨンによる線描・面描・重色

図 2　バチックによる作品

3. パスの特徴と実践例

一般名称としてはオイルパステル（Oil Pastel）というが，学習指導要領や教科書では「パス」と表記されている。各メーカーによって表記は異なるが，なかでも「クレパス」は，サクラクレパス社の商標である。クレパスは，描きやすいクレヨンを開発するという意図で 1925（大正 14）年に我が国で開発された。顔料・合成ワックス・流動パラフィン・炭酸カルシウム・硬化油を原料にしてつくられている。

パスは，クレヨンに比べて柔らかい，のびがよい，不透明である，発色がよい，広い面描に向く，塗りかすが出る，指や布で伸ばすことができる，塗り重ねることができる，混色や重色に向くなどの特徴がある。パステルのように指先で色をのばしたりすることもできるので，ぼかすなどの表現も可能である。また，画面に厚く塗ることができるため，先の尖った道具で引っ掻(か)いたり削ったりするスクラッチの技法も楽しめる（図3・図4）。

図３　パスによる線描・面描・重色

図４　スクラッチによる作品

4. パステルの特徴と実践例

パステル「pastel」は，イタリア語の「pastello」（練り固めたもの）に由来している。炭酸カルシウムや炭酸マグネシウム，顔料，少量の固着材を練り固めてつくられている。不透明でほとんど顔料そのものの色のため，鮮やかな色調が得られることが特徴である。硬さには，ソフトパステル・セミハードパステル・ハードパステルの3種類がある。

パステルは，指先・手の腹・ガーゼ・スポンジ・ティッシュ・豚毛筆・擦筆(さっぴつ)などで擦ることで柔らかな色調を楽しむことができる。これらの道具を使い，押さえる，ぼかす，紙の上で混色するなど，自在に表現を楽しむことができる。また，練り消しやプラスチック消しゴム，水彩絵の具との併用など，他の画材や道具との組み合わせによっても表現は広がる。細部を描くときは，紙やすりで先を尖(とが)らせると描きやすい（図5・図6）。

パステルの粉末は，画面に定着する力が弱いため，制作中は薄紙を手の下に敷くなどして描いた部分を汚さないよう注意する必要がある。完成後は，パステルを画面に定着させるため定着液を使用する必要がある。定着液による変色を避ける場合は，画面にパラフィン紙やトレーシングペーパーを被せて保護する。

パステルの表現で著名な画家として，エドガー・ドガ（1834-1917），オディロン・ルドン（1840-1916）がいる。（水谷誠孝）

図５　パステルによる線描・面描・重色

図６　消しゴムによる表現

3-7 クレヨン・パスの技法

1. バチック（はじき絵）

バチック（Batik）はもともと染織に関する用語であり，「ろうけつ染め」を意味する。ろうけつ染めは，溶かした蝋を布に塗って図柄を描き，染色後に蝋を洗い流すという手順で行われる。蝋を塗った部分に色は染まらず，白抜きになって現れるのである。描画表現においては，蝋と油分を含み，水分をはじく特性をもつクレヨン・パスが用いられる。クレヨン・パスで画用紙に描画した上から水彩絵の具で着彩していくと，描画した部分が水彩絵具をはじき，浮かび上がる。水彩絵の具は，薄すぎても濃すぎてもはじきの効果が表れにくいので，水分調整に留意する。また，クレヨン・パスも，ある程度筆圧をかけて描画するようにする。色がかすれた状態では，やはりはじきの効果が表れにくい。

絵の具がはじかれること自体，意外性があって面白いものである。あえて白色のクレヨン・パスのみを使ってみるなど，いろいろな遊び方でバチックを用いてみよう。描画作品の制作においても，バチックは手軽に導入できて，表現の幅が広がる技法である。クレヨン・パスで階調（色の濃淡の変化）をつくるのは難しく，水彩絵の具で細かく線描するのは巧緻性が要求される。組み合わせて用いることで，互いの特性を補完し合うことになる。なお，絵の見栄えをよくする目的で，描画がされていない部分（背景）を処理するためにバチックが用いられることがあるが，子どもにとって必要感があるのかをよく考えて導入するように心掛けたい。

2. ステンシル

ステンシル（Stencil）とは「型紙・型板」を意味し，一般的に，孔版による版画や型染など，型紙・型板によって形を写し取る方法全般に用いられる言葉である。描画表現では，伸展性があるという特性をもつパスがよく用いられる。以下に，基本的な手順を記す。

① 厚手の画用紙やケント紙を切って型紙（外側と内側の両方使用できる）をつくる。

② 筆圧をかけて型紙の縁にパスで色を塗る。その際，下に新聞紙などを敷いておく。

③ 画用紙の上に型紙を置いてしっかり押さえ，縁のパスを指で擦って伸ばしていく。

注：内側の型紙を用いる場合は外の方向へ，外側の場合は内の方向へ擦るようにする。

②での色の使い方，③での型紙の置き方が工夫のしどころである。例えば，②では異なる色を並べておくと，擦って伸ばした際に混色されることになる。③では型紙を少しずつずらしながら擦っていくと，グラデーションができる。なお，①で型紙を小さく細かい形に切ると，③の活動の際にちぎれやすくなるので留意したい。③において型紙を押さえるのが難しい場合は，マスキングテープなどで固定しよう。

図１ ステンシルの実践例

3. フロッタージュ（こすり出し）

フロッタージュ（Frottage）は「磨くこと，擦ること」を意味する仏語である。描画表現においては，凹凸面のある素材の上に薄手の紙を置き，描画材で凹凸の形を擦り出していく技法を指す。凸部にのみ色が付着し，形が浮かび上がっていくのである。シュールリアリズムの美術作家マックス・エルンスト（1891-1976）が用いたことでも知られる。パスは細かい凹凸面を擦り出すのには不向きである。クレヨンの他，色鉛筆やコンテなどが使いやすいだろう。紙が動いて擦り出しが行いにくい場合は，紙の端をテープなどで固定するとよい。身の回りにある様々な素材で試してみよう。フロッタージュによって写し取ってきた形を組み合わせながらコラージュ（Collage：「糊付け」を意味する仏語）しても面白い。

4. スクラッチ（ひっかき絵）

スクラッチ（Scratch）は「引っかくこと」を意味する英語である。描画表現においては，粘性の高い描画材を塗り重ね，尖った物で削っていく技法を指す。学校現場では，重色ができる特性をもつパスがよく用いられる。以下に，基本的な手順を記す。

① 画用紙やケント紙の上に，白色や，明度や彩度の高い色のパスを隙間なく塗り込む。

② 黒色や，明度や彩度の低い色のパスを使って，画面の全体を塗りつぶす。

③ はしペンなど先のとがった物で画面をひっかく。最初に塗った色が現れてくる。

注：削った部分を修正したい場合は，該当部分について再度②の活動を行えばよい。

①と②の活動では，色がかすれないように筆圧をかけて塗り込むようにする。下の色が見えてしまっている状態では，スクラッチをする際にパスが削れにくい。ちなみに，筆圧をかけて塗り込む作業は，幼い子どもにとっては負担がかかるものである。画用紙は小さいものを用意したり，好きな形にアウトラインを引いた中へ塗り込みを行うようにするなどして，負担が軽減されるようにしたい。②の段階で，不透明でパスにはじかれないアクリル絵の具を使う方法もある。隠ぺい力が強く，明るい色を塗るのもよい。また，濃い目に溶いた水彩絵の具や墨汁に食器用洗剤を少量混ぜ合わせたものを塗っていく方法もある。乾燥後，同じようにスクラッチをすることができるようになる。ただし，③の活動でやり直しができない。同じく②の段階で，水溶性の版画インクをローラーで塗っていくと，塗った直後からスクラッチができる。やり直しも可能だが，スクラッチ中に手を汚しやすい。なお，ポスター用紙など表面がコーティングされた紙を使うと，①の活動を省くことができる。

①では，広い面積を同じ色で塗りつぶしてもよいが，狭い面積をいくつもの色で塗り分けていくようにすると，③でカラフルな色合いが現れてくる。なお，①から②の活動に移る前に，画面の上にコピー紙など薄手の紙を置き，鉛筆などで絵を描くと，裏側にパスの色が映りこむ。パスを塗り込んだ画面が，カーボン紙と同じ役割を果たしてくれる。頑張って塗り込んだ画面を有効活用してみよう。（武田信吾）

図２　スクラッチの実践例

3-8 クレヨン・パス・パステルの活用について

1. 点　描

クレヨンの先で画用紙を叩くと点ができる。点を並べる，点を重ねる，点の密度を変えることによって見え方に変化が表れる（図 1）。点を打つときの力の強弱によって点の大きさを変えたり，他の色と組み合わせて点を重ねたりすることで，点描による混色（視覚混合）を試すことができる。点描を表現に用いた画家としてジョルジュ・スーラ（1859-1891），ポール・シニャック（1863-1935）がいる。

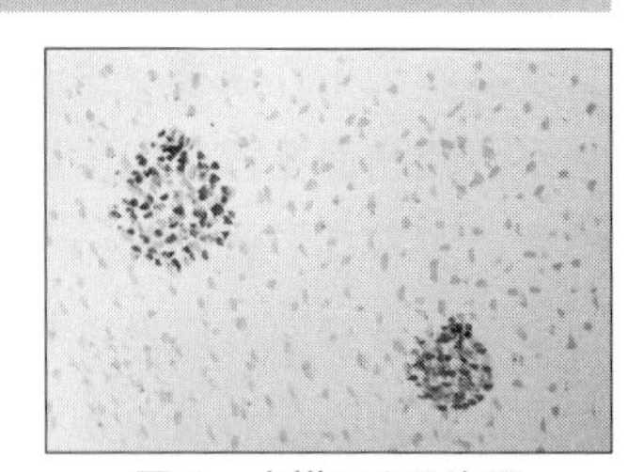
図 1　点描による表現

2. スクラッチ

スクラッチの活用として，紙が圧力によって凹む性質を利用し，紙を引っかいて（凹ませて）描くことができる。画用紙の下に新聞紙を厚く敷き，ヘラ・はしペンなどで引っかき，自由に線描して溝をつくる。その後，クレヨンで面描すると凹んだ部分の白い線が現れる（図 2）。

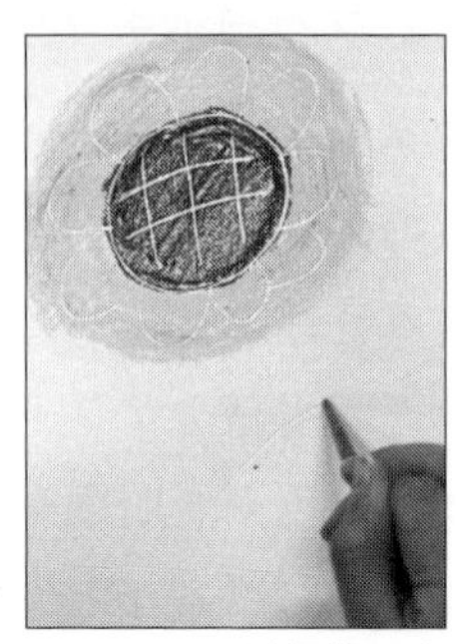
図 2　凹んだ部分の白い線が現れる

3. 写す

パスを利用して，写す表現を楽しむことができる。複写紙であるカーボン紙のように，トレーシングペーパーや上質紙などの裏面にパスを全面塗り込めて複写紙にする。画用紙にパスを塗った面を合わせ，上からボールペンなどで線描すると，線が複写される（図 3）。

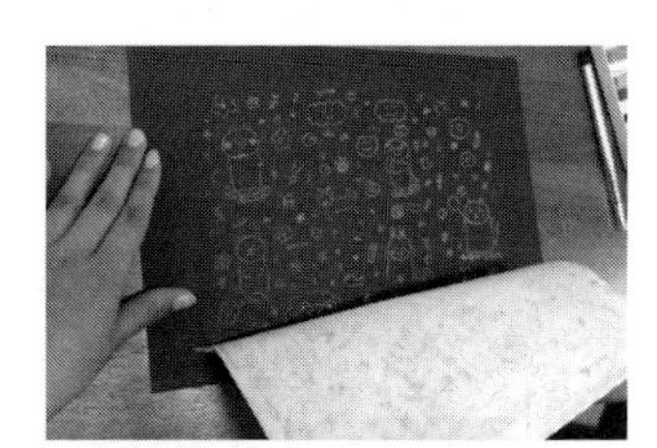
図 3　白色のパスを塗り，黒画用紙に転写

4. 透明フィルム

クレヨンは表面が平滑な素材にも定着しやすいため，包装用の透明フィルムや OHP フィルム，ビニールシートなどに描くことが可能である（図 4）。窓ガラスにビニールシートを当てて風景越しに描く，透明フィルムの表面と裏面の両方に描画する，描画したものを重ねるなど，透明な画面に描く面白さが生まれる。OHP フィルムは，面描した後で先の尖った道具で削るスクラッチの技法を楽しむこともできる。

図 4　透明フィルムの下に色画用紙を敷き，背景色を変えて楽しむ

5. 光沢と無光沢

クレヨンやパスで描画したものは，艶（つや）消しで無光沢である。光沢のあるものとの組み合わせで，クレヨンやパスのこ

図 5　ホイル紙の光沢を楽しむ

ういった特徴を引き出すことができる。折り紙の「金紙」や「銀紙」などに見られるようなホイル紙は，紙とアルミ箔を貼り合わせた光沢のある用紙である。クレヨンやパスでこの素材に描くと，光を反射する部分とそうでない部分を生かした表現を楽しむことができる（図5）。

6. パステルとパス

パステルは，顔料を固めたものであるため画面に定着する力は弱い。油分や蝋（ろう）によって画面に定着させたり，パスとの併用でも活用は広がる。白い画用紙に白いパスで自由に描いた後，スパッタリング（霧吹き）用の網にパステルを擦りつけ，粉状にしてふりかける（図6）。パスにパステルの粉が定着するため，画面を立てて余分な粉を除くと白いパスで描いた部分が浮かび上がる。

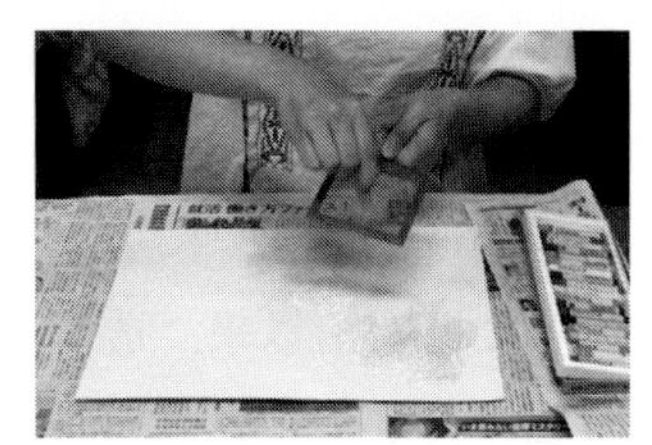

図6　白いパスで描いた後，パステルの粉末をふりかける

7. パステルと水彩絵の具

パステルは，擦（こす）ることでも表現が広がる。異なる色を擦り合わせて混色したり，道具や方法に変化を加えることで繊細な色調やグラデーションを楽しめる。用紙は，表面が粗く摩擦に強いものを選ぶとよい。擦る道具は，指先・手の腹・ガーゼ・スポンジ・ティッシュ・豚毛筆・擦筆（さっぴつ）などがある。

図7　水彩絵の具を塗った部分が浮かび上がる

パステルの活用の一つに，水彩絵の具との組み合わせがある。紙の表面の粗さと，厚塗りにした水彩絵の具の表面が平滑になることを利用する。白い画用紙に白色の水彩絵の具で自由に描き，絵の具が乾燥した後，パステルで全面を塗りつぶすと先に描いた部分が浮かび上がる（図7）。

8. クレヨン・パス・パステルの活用

クレヨン・パス・パステルで描く対象（支持体）に変化を加えたり，他の画材と組み合わせたりすることで，表現に広がりが増す。あらゆる材料や画材との併用が考えられるが，ここまで紹介したものの他に，綿布や麻布，不織布などの布にクレヨンやパスで描く，水彩絵の具を塗った後で乾いた絵の具の上にパスで加筆することなども考えられる。また，段ボールとクレヨンやパスとの適合性はよいため，波状の紙が表面に露出している片面段ボールを使用しても表情に変化が生まれる。味わい深い下地として黄板紙（黄ボール紙）も活用したい。黄板紙は，古紙やわらなどを主原料とし，素材自体が独特の黄色身を帯び，表面の手触りも画用紙とは異なっている。

この他，クレヨン・パス・パステルの支持体としては，色画用紙・和紙・セロファン紙・クラフト紙・板・ジェッソ（発色や艶がよくなる下地剤）・石・キャンバス・紙粘土など，組み合わせることのできる画材や材料として，フェルトペン・はしペン・鉛筆・色鉛筆・水・揮発油なども考えられる。材料の魅力を楽しみたい。（水谷誠孝）

3-9 水彩絵の具の使い方

1. 水彩絵の具の種類と混色・重色

平成29年告示小学校学習指導要領の図画工作の「第3 指導計画の作成と内容の取扱い」には，第3・4学年から水彩絵の具を使用するよう明記されている。水彩絵の具は，色彩の発色がよく表現方法も多彩である。水彩絵の具の種類には，透明水彩絵の具・半透明水彩絵の具・不透明水彩絵の具（グワッシュ）があり，絵の具の鮮やかさや塗り重ね，下地の色が透ける様子に違いがある。主な原料は，顔料・アラビアゴム・グリセリンである。日本では明治以来，透明水彩絵の具が主流であったが，1930（昭和5）年頃から不透明水彩絵の具が使用されるようになった。児童用として不透明水彩絵の具が採用されたのは1950（昭和25）年頃からである。

透明水彩絵の具は透過性があるため，絵の具が乾いた後に異なる色を重ねる「重色」の表現ができる。不透明水彩絵の具は，透過性がほとんどないため下地の色が透けないが，鮮やかな色面を得ることができる。半透明水彩絵の具は，水の濃度の調整によって，絵の具の特徴を調節できる。どの水彩絵の具も水を加えることで濃度を調整できる（図1）。また，混色する場合は少しずつ絵の具を混ぜ合わせるように注意する（図2）。

図1　水の濃度調整によるグラデーション

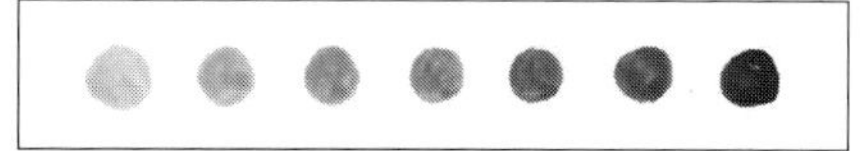

図2　混色する場合は少しずつ絵の具を加える

2. 水彩絵の具の技法

ぼかし：絵の具に対する水の割合を徐々に増やし色を淡くする方法や，水だけを含ませた筆で，先に塗った絵の具が乾く前に擦ってぼかす方法がある。

にじみ（図3）：紙面に水や水彩絵の具をたっぷりと塗り，濡れた状態のまま色を落とすと，紙面上で色がにじむ。複数の色を落とすと混ざり合う様子を楽しめる。

ドライブラシ：筆の穂先の水気を切り，絵の具がかすれるように紙面に着彩する。

バチック（図4）：クレヨンやロウソクで描いた後，水彩絵の具を重ねることで，絵の具がはじいた表現を楽しむことができる。蝋（ろう）や油が水と反発する性質を利用している。

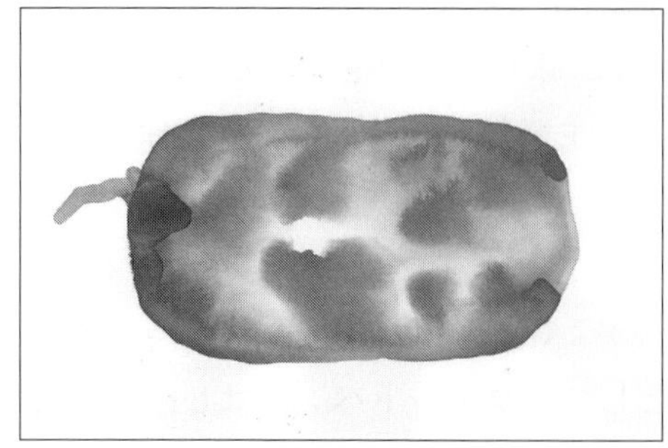

図3　にじみ

図4　バチック

3. 水彩絵の具の道具

一般的な道具の机上配置を（図5）示すが，状況に応じて柔軟に指導する。

図５　水彩絵の具の道具の机上配置

紙：水彩画は，基本的にどのような紙でも使用できるが，紙の質が表現に大きな影響を与える。紙の表面の仕上げによって細目・中目・荒目の種類があり，和紙なども使用できる。大量の水を使用した際，紙面が波打つことがあるが，厚手の紙を使用するか水張りすることで防ぐことができる。ワットマン水彩紙（イギリス），クレスター水彩紙（日本）・MO水彩紙（日本）・アルシュ（フランス）・ファブリアーノ（イタリア）など，水彩画専用の紙もある。

筆（図6）：教育用に使用する筆は主に軟毛筆が多く，筆先の種類には，丸筆と平筆などがある。丸筆は線描に，平筆は面描に向いている。太さは「○号」と表示され，数が高くなるほど太くなる。その他，面相筆，彩色筆，デザイン用平筆などもある。表現によって筆を使い分けたり，持ち方や穂先の扱い方に変化をもたせたりすることで，多彩な描画を楽しむことができる。

パレット：パレットは大小の仕切りが設けられている。小さい仕切りの部分に絵の具を出し，大きい仕切りの部分で絵の具の混色や水の濃度を調整する。短時間での制作や特別な題材の場合を除き，絵の具は基本的に全色出し，色の並べ方は絵の具セットの並び順を参考にする。パレットは手に持つか，机上で使用する。

筆洗（図7）：筆洗には，様々な形のものがあるが，水を溜めておく槽が3つから4つに分かれているものが多い。それぞれ① 洗う（広い部分で筆を洗う），② すすぐ（狭い部分で筆をすすぐ），③ つけ水（きれいな水の槽を1～2か所つくり，絵の具の濃度調整に使用する），といったように，用途別に分けて使用し，段階的に汚れを落とす。筆を洗う際は，筆を水の中で泳がせるようにすると，筆を痛めることが少ない。

雑巾：水彩絵の具は水の濃度調整が重要である。筆につけた水を雑巾で調整することもできる。また，絵の具のチューブの先を雑巾で拭いてから蓋を閉めるとよい。（水谷誠孝）

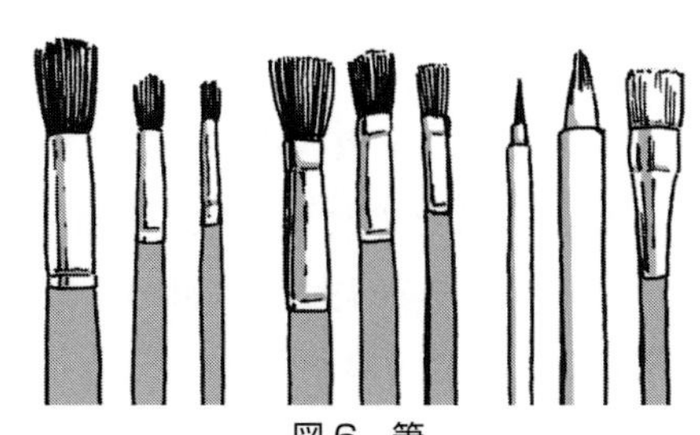

図６　筆

左から丸筆14号・6号・2号，平筆14号・8号・4号，面相筆，彩色筆，デザイン用平筆

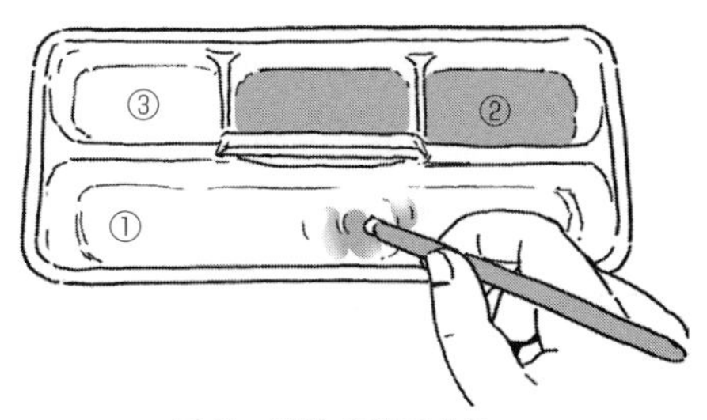

図７　筆洗の使用方法

絵の具の技法

1. 偶然性を楽しむ

20世紀初頭にヨーロッパのシュールレアリストらによって用いられたオートマチック（自動現象）技法は，絵の苦手な子どもでも気軽に取り組めることから，教育現場では造形遊びなどの活動において広く定着している。筆に絵の具を付けて意図的に描くのとは違い，水やビー玉などの物を介在させて間接的に描いたり，転写などの工程を踏むことで，自分のねらいとは違う偶然の効果を楽しむことができる。ここではオートマチック技法の中でも，デカルコマニーとドリッピングの実践と，その展開例について取り上げる。

2. デカルコマニーの実践

デカルコマニーには大きく分けて2通りのやり方がある。1つ目は，紙に絵の具を乗せ，それを二つ折りにして手やバレンで圧を加えた後に再び広げる方法である。この方法では絵柄は必ず左右対称の形になる。

2つ目は，透明フィルムや塩ビ板などに絵の具をのせ，それを紙の上に押し付け，ずらしたりひねりながら再び開く方法である。絵の具の押しつぶされた感じや，ずらした際にできるしわやまだら模様が独特の転写効果を生む。画家のマックス・エルンスト（1891-1976）らが絵画に多用した手法としても有名である。

（1） 二つ折りのデカルコマニー

準備するもの：チューブ絵の具，画用紙，新聞紙，バレン（なくても構わない）

実践の流れ：① 画用紙の上に絵の具を乗せる。好きな絵の具を選び，直接チューブの状態で紙の上に点や線などを工夫して絞り出す（図1）。② 画用紙を二つ折りにして，上から手で全体を押しつぶす。③ ゆっくりと画用紙を開く（図2）。

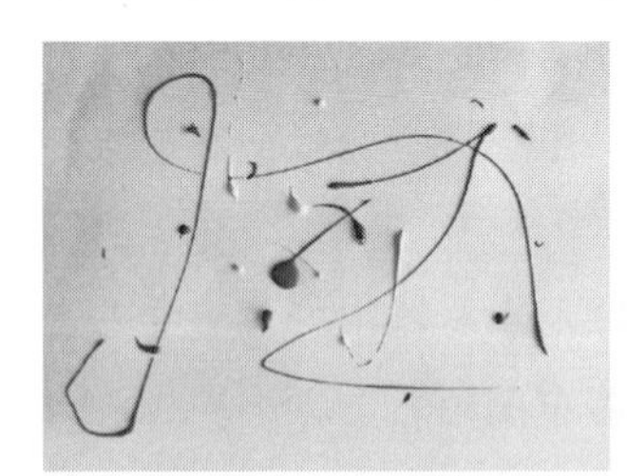
図1　紙の上に絵の具を置いたところ

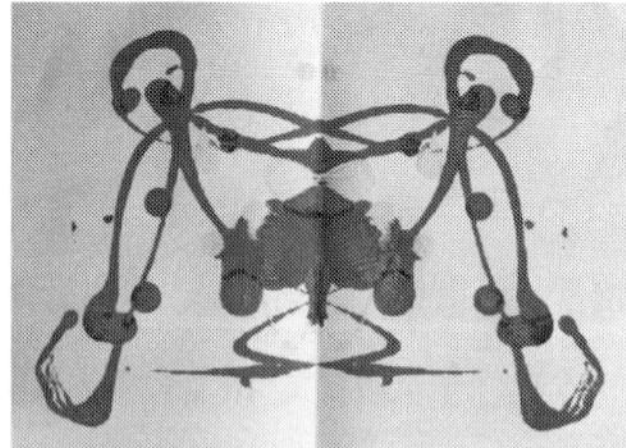
図2　二つ折りにして手で圧力を掛けた後に開いた状態

図3　二つ折りデカルコマニーの作品例「カエルと蝶」

（2） ずらし・転写のデカルコマニー

準備するもの：絵の具，画用紙，アセテートフィルムまたは下敷きなどの塩ビ板

実践の流れ：① アセテートフィルムの上に好きな絵の具をのせる。絵の具が押しつぶされて広がることを予測し，色数や配置，絵の具の出し方を工夫する（図4）。③ 絵の具を乗せたアセテートフィルムを逆向きにし，画用紙にのせる（図5）。④ 上から手で押しつぶしたり，フィルムをずらしたりして自分なりの形や混色を楽しむ（図6）。⑤ ゆっくりとフィルムを開く。模様から発想して絵につなげてもよい（図7）。

図４　アセテートフィルムの上に絵の具を置いたところ

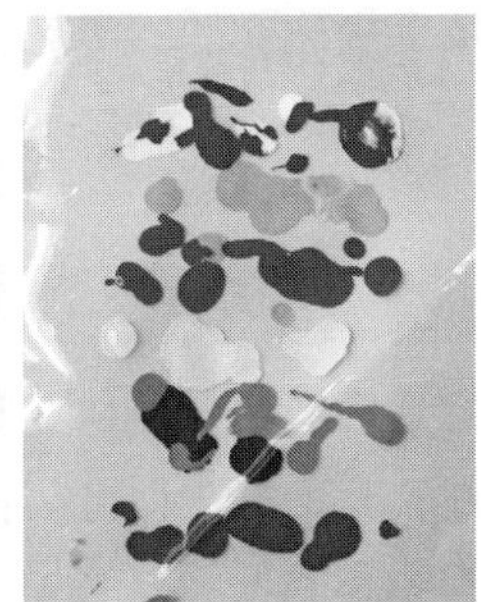

図５　フィルムを逆さにして絵の具を画用紙にのせる

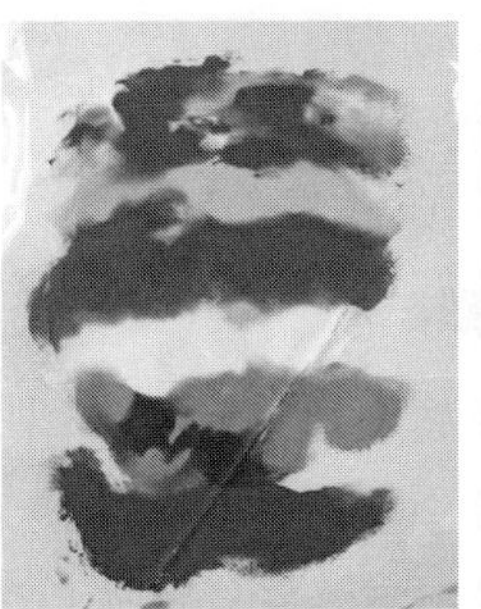

図６　上から押しつぶしたりフィルムをずらしたりする

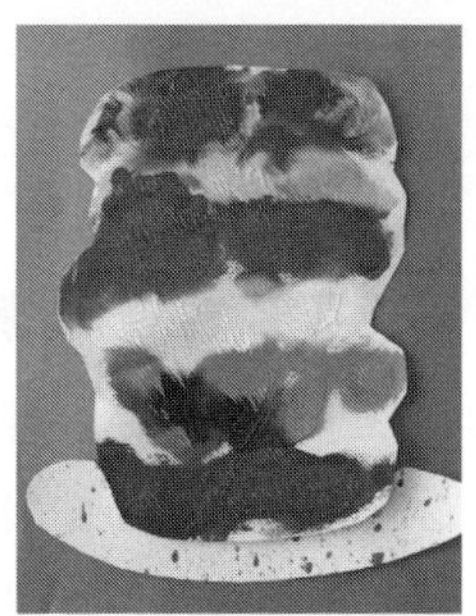

図７　完成作品。題名「巨大なハンバーガー」

3. ドリッピングの実践

ドリッピングには，筆やスティックに付着させた液状の絵の具を，紙などの基底材の上に滴（したた）らしたり，手のスナップを利かせて飛び散らしたりする方法と，ストローで吹き流したり紙を傾けて面白味のある混色効果を得る方法がある。アメリカ人画家ジャクソン・ポロック（1912-1956）によるドリッピングの絵画は，現代美術に大きな影響を与えた。

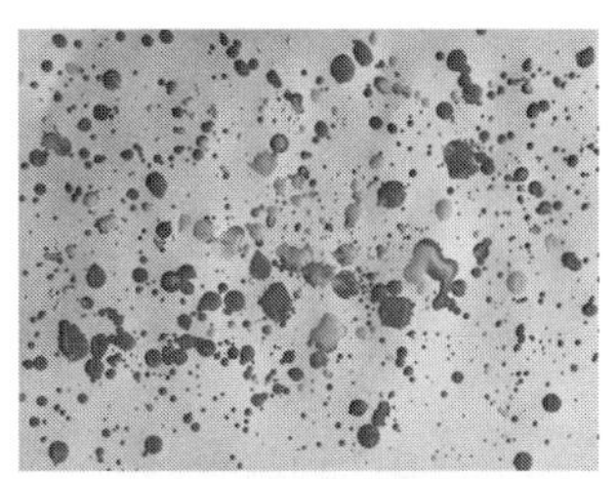

図８　絵の具を滴らす

図９　混色効果を楽しむ

（1）　たらしと吹き流しのドリッピング

準備するもの：絵の具，筆，カップ，ストロー，紙，筆洗

実践の流れ：① カップに少量の水を入れ，絵の具を溶かす（使用するだけの色数分を用意しておく）。② 太めの筆に絵の具を含ませ，紙の上にぽたぽたと滴らす（図 8）。手のスナップで水滴を飛び散らせてもよい。④ 色水が乾く前に，雫（しずく）に向かってストローで強く吹くと，飛び散った模様になり，混色効果も楽しめる（図 9）。

4. 展開例　オリジナル色紙（いろがみ）でつくるペーパーモビール（中高学年対象，３時間）

デカルコマニーやドリッピングなどの造形遊びでつくった紙を，工作の素材（オリジナル色紙と呼ぶ）として活用することもできる。ここではペーパーモビールを紹介する。

準備するもの：オリジナル色紙，竹ひご，テグス，はさみ，ペンチ，セロファンテープ，目打ち，色紙や折り紙

図 10　ペーパーモビール展示風景

実践の流れ：① テーマ（海の生物，天体など）を決めた後，オリジナル色紙や色紙で形をつくる。マーカーで目や口などの細部を描き足してもよい。② モビールの構造を考えて，必要な数の竹ひごを適当な長さにペンチで切断する。③ 目打ちで形の上部に穴を開けてテグスを通し，バランスが取れる位置で竹ひごと結んだり，テープで固定したりする。④ 天井や梁（はり）などから吊るして完成（図 10）。

（廣瀬敏史）

3-11 観察による絵画表現

1. 見て描くことの意味

印刷や写真の技術が普及していなかった明治時代においては，物の形や色を正確に描写することが，産業の発展にとって重要であった。大正時代には，山本鼎（かなえ）が自由画教育を提唱し，子ども自身が風景を実際に見て描くことが強調された。ところが，100年程たった現在では，デジタルカメラやビデオカメラなどの映像メディアの活用により，描写しなくても簡単な操作で瞬時に対象の色や形を写しとれるようになっている。そうかといって，見て描くことの意味が薄らいだというわけではない。便利な映像メディアがあったとしても，よく見て描いているうちに，子どもは色々な発見や創意工夫をしていることを理解したい。自然物を描写しているときには，視覚で見ているだけでなく，手で触れる，匂いをかぐ，持ち上げる，音を聴くといったように五感を通して対象を知ろうとする。ザラザラ・ツルツル・ドロドロといった手触りなどは，見ているだけではよくわからないし，撮影では見逃してしまいやすい。現在では，テレビや広告をはじめ視覚情報が過剰になっているが，そういう状況だからこそ，触覚を含めた五感を通して感じ取ることが求められている。

2. 個性的な見方

造形表現では，自分なりの個性的な表現が大切にされている。モチーフを何にするのか，どのような構図・視点で描くのか，色彩・形・タッチをどのようにするのか，を選択・決定するときに，一人一人の創意工夫がはたらく。子どもたちが同じような作品を描くならば，一人一人の見方や表現の仕方が反映されているとはいえない。例えば，力が入った手を描くときには，手が大きく太く描かれる。歯磨きや歌う様子を見ているときには，口の中が大きくなったり，口の微妙な動きに関心が向けられる。見て描くことは客観的なようで，興味や自分なりの主観的な見方が反映される。図画工作科・美術科の授業では，教師は「感じたままに描きなさい」といった助言をすることが多いが，まさに自分独自の見方や表現の仕方を大切にしたい。

しかしながら，個性的な表現を大切にすることは理解していながらも，どうしても見方があいまいであったり，形が違っていると，「よく見なさい」という言葉を発してしまう。教師によってよく見るということを促されるのではなく，子どもが興味もってよく見ることにつながる教材が必要であると考える。ここでは，似せるという行為に基づく観察の教材について紹介する。

3. 題材：画用紙をかくす

以前に大阪で画用紙をかくすという題材開発が行われた。四つ切り画用紙を三角形に半分の大きさに切って，それを水彩絵の具で彩色して身近な風景の中にかくすという題材である。そのまま白色を残したり描き方が雑であると，かくれずにすぐに違いがわかってしまう。画用紙を取り付けたまわりのものの形・色彩・質感をよく見て，画用紙と周囲とが見間違えるほど似せることがポイントになる。よく見る，混色や塗り方を工夫することをあらためて強調しなくても，似せる・見間違えるにはどのようにしたらよいのかを子ども自身が工夫する点が，この画用紙をかくすという題材の魅力になっている。

従来の観察画では，対象と画面との間に距離があり，別れていた。この活動では，画面を対象の上に重ねるので，対象と作品とは一体化・融合することになる。

4. 実践から

下記は，同様の内容で大学の教材研究として行った実践である。八つ切りの画用紙によく見てポスターカラーで彩色し，周りの風景に似せるようにしている。さらに描いた後にカメラで撮影し，その写真も作品としている。興味深いのは，白い壁や黄土色の学習机の上に取り付けて，そのまま描くのではなく，自分なりの表現を工夫していることである。あえて壁のひびや汚れ，木目や落書きを描き込んで似せていた。撮影すると，半分は実物，もう半分は観察して描いた部分であるにもかかわらず，形・色彩・質感が似せて描いてあるために，見分けがつかないくらいになっている。風景の中に落ち葉や木の枝を意図的に配置する，看板や落書きの表示にユーモアを加える，絵の具に砂や土をまぜて材質感を近づけるといった工夫も見られた。不慣れからチューブの色をそのまま塗り，混色をしないことが多いが，似せる過程で微妙な色合いまで混色や重色を試みている。低学年の場合，大きな画面に描くことが大変なときには，画面をカードサイズにして，色のカメレオン，生き物の保護色といったような名称で，絵の具で色を近づけて似せる体験を取り入れるとよい。（長良若葉）

図１　椅子の色や質感に似せる

図２　木の質感に似せる

図３　本物と絵を組み合わせる

3-12 想像による表現

1.「想像する」が難しい

現代では幼児から高齢者に至るまで，スマートフォンを指先で触れれば様々な情報を検索ができるようになってしまった。つまり，わからないことや知らないことは手のひらの外部記憶，記録装置に頼れば簡単に手に入れることができる。以前のように知らないことをあれこれと頭の中で思いめぐらす，想像するということをしなくなってきたといえる。その意味で，想像による表現も，子どもたちにとって難しくなってきているといえるし，だからこそ，教師は，「想像する」ことの重要性と楽しさを伝えていく必要がある。授業で展開する際には学年，他教科との関連（特に国語や音楽など）も踏まえて題材の選択から，丁寧に計画を立てていく必要がある。

2. 想像による表現のいろいろ

想像して描く，つくる表現には様々な方法がある。

① 物語，お話を題材とした話の場面を想像して絵を描いたり，教師や子ども自身が考えた話を絵にする〔お話の例：『くじらぐも』（中川李枝子作），『やまなし』（宮沢賢治作）〕。

② 詩や短歌などの言葉から想像して風景などの具象的表現や心象を表す抽象的表現など。

③ きっかけとなる対象物や人があらかじめ描かれたものから想像して，世界をつくりあげるように描き足して表現する。

④ 造形遊びの活動から，個人やグループで浮かんだイメージを立体化していく。その際に共通のテーマを決めて制作する。

⑤ 擦りだしやデカルコマニーなどのモダンテクニックによりできた模様や絵から，形探しや見立てて絵に表す。

⑥ 鑑賞活動からイメージを膨らませてつくったり，描く（例：ピカソの「ゲルニカ」を鑑賞の後，モノクロの画面にグループで色を足したり，色紙（いろかみ）を貼り付ける表現へと展開する）。

⑦ 様々な音楽や自然・身のまわりの音から，思い浮かぶ風景やイメージを絵に表したり，粘土や紙などで立体的に表す動へ発展させる。

⑧ 紙粘土などで立体作品をつくり，学校の校舎の中や校庭などの気に入った場所で写真を撮ってお話をつくる。また立体作品の写真を画用紙に貼り，イメージを膨らませて描く。

上記以外にも様々な想像による表現方法があり，それぞれを組み合わせたりするなど題材づくりを工夫することが望ましい。

学年で考える時，それぞれ以下のことに留意して授業を考えるとよい。低学年では遊びの要素を取り入れるなど，からだ全体を使って感じて表現できるような題材選び，教材づくりをしたい。国語などのお話は簡単な劇にして，そこで演じることなどから，イメージを膨らまし絵に表すこともできる。中学年では，新しい材料や道具，技法との出会いから授業を展開することもできる。例えば，擦りだしの技法を使って，学校の中の様々な凹凸で模様をつくりだし，そこから「見立て」てコラージュなどで切り貼りしながら作品をつくることもできるだろう。高学年では，これまでの経験により表現方法を選択し，絵をつくりあげることもできる。アイデアスケッチ，制作の時間をたっぷり取ることが望ましい。またグループでひとつの作品をつくりあげていくことは，お互いの想像したイメージを共有して新たな世界をつくることができ，楽しい活動になるようにしたい。

3. 授業の実践例

題材名「じぶんだけのいろ，じぶんのすきなばしょ」（中学年）

レオ・レオニ著『じぶんだけのいろ ―いろいろさがしたカメレオンのはなし―』（好学社，1978）は，他の動物たちは自分の色をもっているのに，行く先々で色の変わるカメレオンは自分の色探しに出かけた…，という話である。この話をもとに，輪郭線だけ描いたカメレオンにいろいろな色を付けたり，また自分の好きな居場所を描いて子どもなりのカメレオンの世界を表現する。

この題材から，自分の色や好きな場所を個性豊かに表現する子どもの姿がみられた。

（江村和彦）

授業の流れ	子どもの活動
「じぶんだけのいろ」を朗読する	
①「じぶんだけのいろ」の話を理解し，カメレオン（自分）にとって何色が好きか，相応しいかを話したり考えたりする。	①「じぶんだけのいろ」の中の，カメレオンについてグループで話し合う。
② 自分にとっての好きな色，模様を考えて，どんな場所なら暮らしやすいかを想像してみんなに伝える。	② 話から自分の色，自分の好きな場所はどんな所かをみんなの前で発表する。 例「虹が好きだから体は虹色」 例「友だちがたくさんいる場所にする」
③ 自分なりの想像の世界を表現する。 道具を選択し自分なりの表現ができるように支援する。着色方法などを指導する。	③ 中心に「カメレオン」の輪郭が描かれた画用紙に色を塗ったり，色紙を貼り付けて「じぶんだけのいろ，じぶんのすきなばしょ」を表現する。 道具：クレヨン，色鉛筆，色紙，水性ペン
④ 鑑賞の場を設け，互いの作品をじっくり見る時間をつくる。	④ でき上がった作品について，工夫したところなどを友だちに伝えることができる。感想を書く。 相互鑑賞し，友だちのよさを味わう。

図1　子どもの作品1：
いま一番行きたい海

図2　子どもの作品2:
忍者になる

3-13 抽象的・装飾的な絵画表現

アンリ・リュケ（1876～1965）やヴィクター・ローウェンフェルドなどの美術教育や心理学の研究者たちによって，描画の発達段階論が示されてきた。多くの場合，写実的な描画能力の発達に着目し，小学校高学年や中学生の年代になると，対象を見て写実的に描くことができるようになるという。ただし，絵には対象を見てその形や色を忠実に再現する場合があれば，想像力をはたらかせてデフォルメをする，装飾的に描く場合もある。個性を大切にするという目的からすれば，むしろ写実的な表現に加えて，平面表現の多様な広がりを体験することが望まれる。パブロ・ピカソ（1881-1973）は，意図的にデフォルメし，現代美術の作家たちは，具象的なイメージにとらわれない抽象的な表現を試みた。今日では，均一に色を塗ったもの，しみやキズのような痕跡を残したものも作品に含まれる。そのような動向から，抽象的・装飾的な表現に関する教材にも着目すべきである。中学生以降も抽象的な表現に興味をもったり，デザイン的な能力が高まる傾向も見受けられる。ここでは，抽象的・装飾的な絵画表現についての実践事例を示す。

1. 抽象画に挑戦

四つ切りの色画用紙の上下に各 2，左右に各 1 か所点をとる。そして，ゆっくりと点と点を結ぶ線を引く。途中で曲がったり回転してもよい。何本か線を引いているうちに画面が区切られる。今度は，区切られたそれぞれの部分を線・点・マークなどで埋めていくことにする。色の違いや濃淡も工夫する。次第に，抽象的な表現に近づく。

図１　線や模様で次第に埋めていく

図２　色や形のイメージを組み合わせる

図３　文様も取り入れる

図４　色の変化や濃淡を工夫する

2. 点々で装飾的に描いてみる

点々をいくつも並べて画面を埋めることによって表現することを理解する。そして，蛍光色の絵の具を使って，黒や紺色の画用紙に点々で描く。オーストラリアの原住民であるアボリジニの点描ドッド・ペインティングの表現が参考になるだろう。

点々をいくつも並べて次第に抽象的・装飾的な表現にする場合と，あらかじめ花や花火などの具体的なイメージがあって，それを点描で表す場合とがある。いずれも点を並べる，画面を色の模様で埋めるといった描き方を体験する。暗幕のある部屋に作品を広げてブラックライトで照らすと，蛍光色で描いた点や線が発光しているように鮮明に見える。

(長良若葉)

図５　指や手で描いてみる

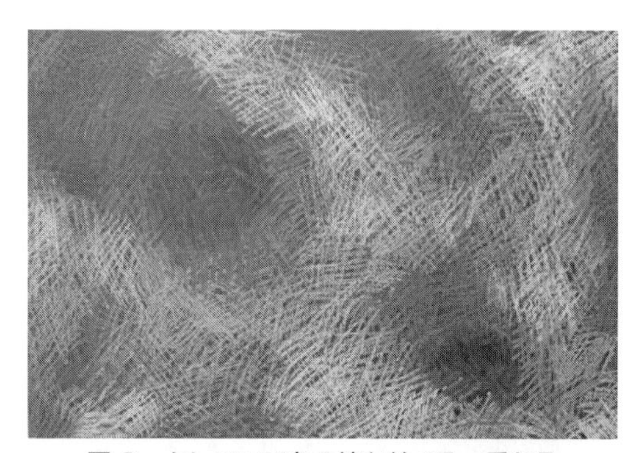

図６　クレヨンで色の線を並べる・重ねる

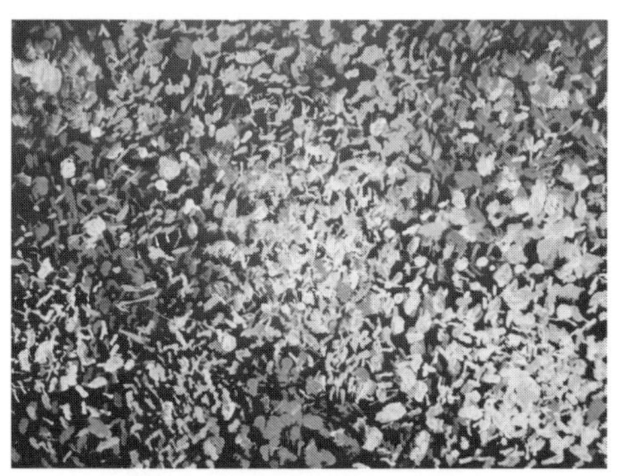

図７　筆で蛍光色の点を描く

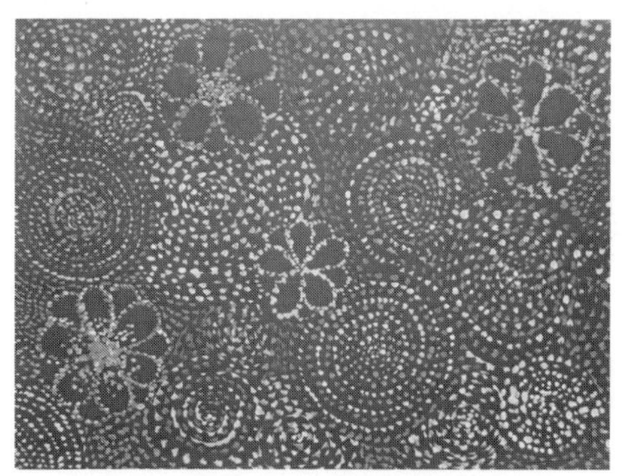

図８　模様のように点を組み合わせる

図９　丸みのある形に色の点を並べる

図10　ブラックライトで照らす

3-14 版画の種類

1. 版形式と版種

版画は，版の形状によって凸版・凹版・平版・孔版の4つの種類に分類できる。これを「版形式」という。また，木を使用した版を「木版」，銅を使用した版を「銅版」などのように，版の素材によって分類して呼んだり，同じ素材でも版をつくる過程の違いによって分けて呼ぶ（銅版におけるエッチング・エングレーヴィングなど）といった細かな分類を「版種」という。

凸版：刷りとられる部分が突き出している。バレンやプレス機で写し取る。

凹版：刷りとられる部分が凹んでいる。金属などの表面を彫り，できたくぼみにインクを詰めて平坦な部分についたインクを拭き取る。プレス機などで圧力をかけてインクを刷りとる。

平版：表面に凹凸がない平らな版。版に化学的な処理を施して水と油の反発を利用する。

孔版：「孔」は，突き抜けた穴のことで，版に空いた穴を通してインクを刷りとる。

表1　版画の種類

版形式	凸版	凹版	平版	孔版
版・インク・紙の関係				
版種	木版（板目木版・木口木版）・リノカット・紙版・スチレン版・印章・芋版・消しゴム版画	銅版（エッチング・エングレーヴィング・メゾチント・アクアチント・ドライポイント）	リトグラフ	スクリーンプリント（シルクスクリーン）・ステンシル・謄写版

2. 版画で使用する紙

版画で使用する紙は，大きく分けて和紙と洋紙がある。和紙は繊維が長く柔軟なため，丈夫でしわになりにくい。洋紙は，弾力性・耐久性・強度に優れ，吸湿による変形の少ない紙が使用されることが多い。版種に応じた紙の選択が重要である。

表2　版画に使用される紙

木版画	銅版画	リトグラフ	スクリーンプリント
バレンの摩擦と絵の具の染み込みに耐える，強度と吸湿性に優れた和紙を使用する。	紙を溝に圧し，詰まったインクを刷りとるため，紙を湿らせて使用する。吸湿性に優れた紙がよい。	インクが紙に染み込むため適度な柔らかさと厚みが必要である。平坦な紙が使用されることが多い。	どのような紙でも刷ることができる。細かな絵柄の場合は表面の平らな紙を使用するとよい。
和紙（程村・美濃紙・奉書紙・純雁紙・鳥の子・新鳥の子）	版画用紙全般・和紙	ベランアルシュ・BFKリーブ・いずみなど	BFKリーブ・アルシュ88・いずみ・かきた・和紙全般

3. 紙版画・木版画・スチレン版画などで使用する主な材料と用具

彫刻刀（図 1）：切り出し刀・平刀・丸刀・三角刀などの種類がある。刃の前に手が出ないように両手で持ち，手前から奥へゆっくり彫る。彫る際は，版木を回転させるなどして彫りやすい方向を調整するとよい。スチレン版画では，ボールペンやヘラなどが使用される。

版木：木版画では柔らかくて彫りやすい「シナベニヤ」を使用することが多い。スチレン版画ではスチレン板，紙版画では厚紙などを利用する。

ローラー・練り板（図 2）：インクは練り板の奥に一文字に出して，少しずつローラーに付けて使用する。版木にはインクが均一にのるようにする。

版画用インク：教育現場では水性の木版絵の具を使用することが多いが，ポスターカラーや油性絵の具を使用することもできる。

作業板（図 3）：版木を彫る際の滑り止めとして，作業板や滑り止めのマットなどを使用するとよい。作業板は，机の縁に引っ掛ける部分と版木を固定する部分がついている。

バレン（図 4）：バレンには，伝統的な製法でひとつずつ手づくりされる「本バレン」と，本バレンの構造を応用して代用素材でつくられる「代用バレン」がある。教育用には主に代用バレンの「普及型バレン」「プラバレン」が使用される。むらなく刷る場合は，木目に沿って細かくバレンを動かし，線や小さな面を刷る場合は，円を描くように動かす。

プレス機：ローラーで版と紙に圧力をかけてインクを写しとる。刷る際は，指などを挟まないよう注意する。（水谷誠孝）

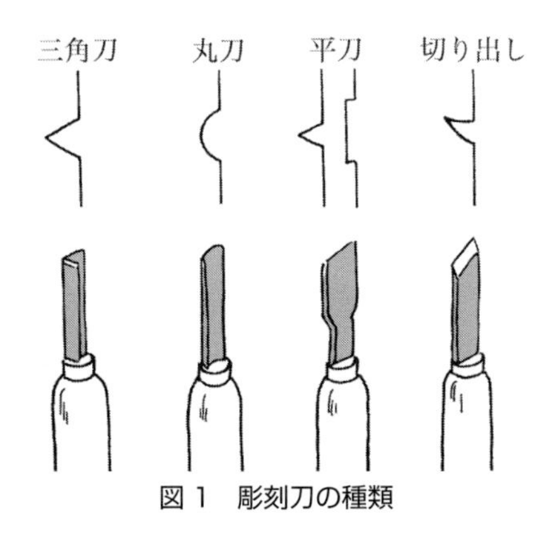

図１　彫刻刀の種類

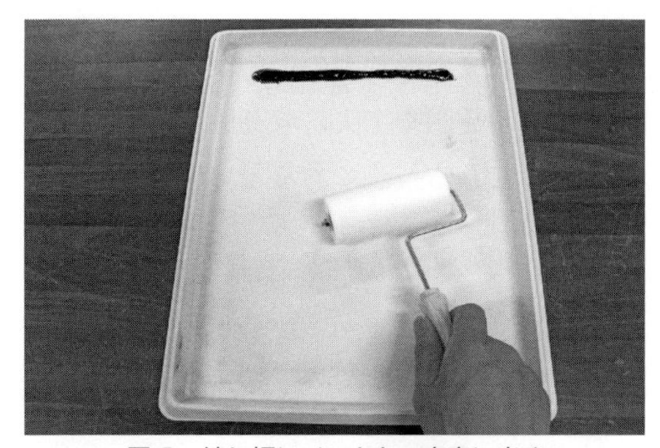
図２　練り板にインクを一文字に出す

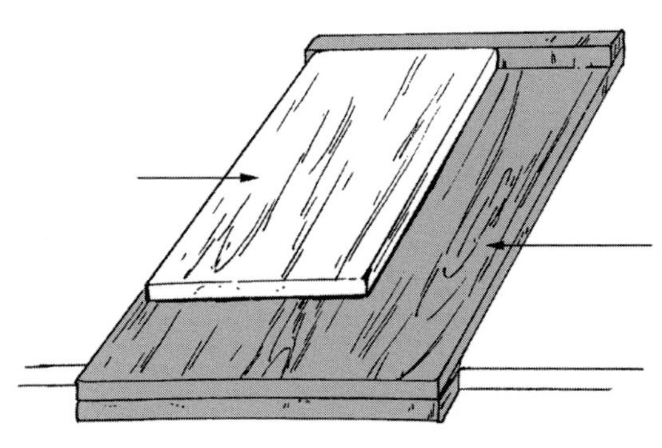
図３　作業板

図４　普及型バレン（左）・プラバレン（右）

3-15 紙版画

1. 紙版の図案・版づくり

紙版画の特徴は，ベースとなる平らな紙の上に，パーツの紙を重ねていくプラスの版づくりである点である。木版画や銅版画など図画工作科や美術科で取り扱われる版種のほとんどが，平らの板に彫刻刀などで凹みをつくるマイナスの版づくりといえよう。

紙版づくりは，はさみを用いて厚めの紙から形を切り出し，それらを重ねてのりで貼ることを繰り返す。ベースとなる大きな形の上に少しずつ小さな形を重ねることによって，紙の厚さによる段差をつくり出すのである。この段差が刷った際に白く残り，線となって各パーツの形を浮き上がらせるのである。この方法では，版づくりの途中で重ねるパーツの形や大きさを変えたり，新たに加えたりすることができる。彫刻刀などで彫る方法では，彫り始める前に下書きを版木に写しとり，その形を忠実に再現する工程となり，途中で工夫を加える余地は少ないといえる。つまり，紙版画では図案の下書きはするものの，パーツを切り出しながら，並べたり，重ねたりしながら完成をイメージし，工夫を加えていくのである。そして，部分的に修正したい場合にははがして貼り直すことができる点も，木版画などとは異なる点である。

また，扱う材料が紙であり，用具ははさみやのりなどの子どもがこれまで慣れ親しんできた物のみでつくることができることから，彫刻刀などを使用する版づくりと比較し，安全に制作活動を存分に楽しめる。また紙以外の身近な素材を切って，ボンドなどで表面に付けることにより，紙の平らな面とは違う表情を生み出すことが手軽にできるのである。このことはまだ彫刻刀の扱いが不十分である小学校低学年から，様々な素材の違いや特徴を子どもの発想や工夫に取り入れて作品化しながら学ぶ中学生以上においても発見や達成感を期待できる技法であるといえる。

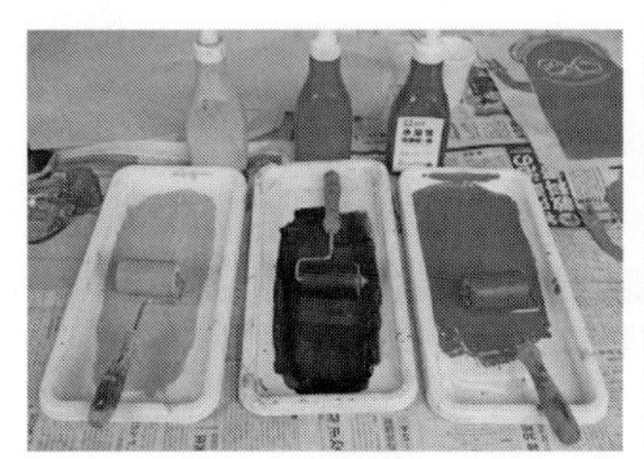
図1　ローラーにインクを付ける

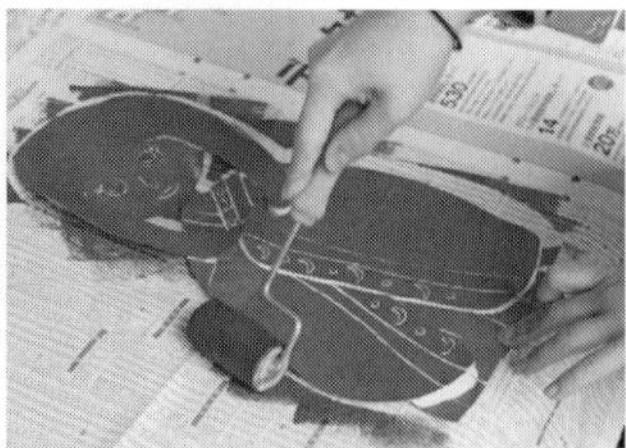
図2　版にインクを付ける

図3　バレンで擦る

2. 刷り・左右反転

版画制作の醍醐味は写しとる瞬間にある。版をつくりながら，でき上がりを予測し，工夫を加え，刷ってみてようやく想像の世界が実現化されるのである。

でき上がった版を新聞紙の上に置き，表面にローラーでインクを付ける（図2）。その際，ローラーには均等にインクを付けておく必要があり，版の中心から外側に向けてインクを広げていく。版全体にインクを均等に広げたら，きれいな新聞紙の上に版を置き替え，刷るための紙を上に乗せる。刷る紙の種類は，コピー用紙のような吸水性の低いものよりは半紙や更紙などの吸水性が高いものが望ましい。版画用の和紙も市販されており，きれいな仕上がりが期待できるが，身近で安価な用紙で写しとることの楽しさを何度も繰り返し感じられることが大切である。版と刷った作品とは左右が反転するため，版づくりの時に子どもが感じていた印象とは若干異なるものに仕上がるところも版画の面白さである。形や模様が反転することによって見え方や印象が異なる点についても作品鑑賞の中で取り上げたい。

3. コントラスト

紙版画では単色で刷ることが多く，色が付く所と，付かない所をどのように組み合わせて画面構成するかが作品づくりの中心となる。白などの明るい色の紙に，暗い色のインクで刷る方法と，黒などの暗い色の紙に，明るい色のインクで刷る方法があるが，完成作品の印象がそれぞれ異なるため，子どもがイメージに合わせて紙とインクの組み合わせを考えられるように支援する。

4. 教材と指導法

版づくりに用いる紙の厚さによる段差が版の凸凹になるため，使用する紙は厚みがあるものが望ましい。また，ボール紙や，しわくちゃにしたり，パンチで穴を空けたりした画用紙など表情のある紙を数種類準備しておくと子どものイメージを広げることができる。ローラーでの着彩は版の中央から外側に均等にインクを広げるように指導する。また，版がインクを吸い込むので，一回目の刷り上がりはきれいに仕上がらないこともあるので，繰り返し刷る活動を試したい。水性の絵の具でも可能であるが，できれば中性の版画用インクを数色準備しておくことで，モノクロだけではない色と形の表現をより楽しむことができる。

刷る活動ではバレンを使うことが一般的であるが，凸凹が大きい場合は使いづらい場合もあるので，和紙の吸い込み具合を確認しながら指先を使って刷る方法も伝えたい。

子どもには，個人作品の制作を存分に楽しませたいが，大きな障子紙や和紙を準備して仲間と協力して共同作品を刷ることでも大きな達成感を生み出す（図4，5）。その際，インクの着いた版を上向きに置き，その上に和紙を置いて刷る活動を行うよう指導する。

（福井一尊）

図４　個人作品

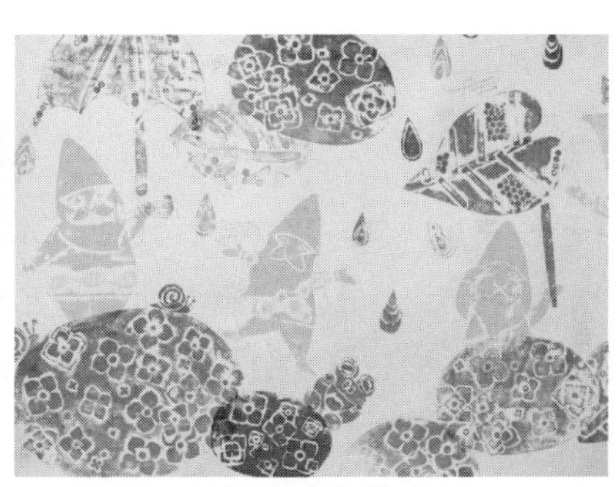

図５　共同作品

3-16 木版画

1. 木版の特徴

木版画とは，小学校で行う版画活動の中心的表現技法であり，表現の可能性は幅が広い。木の板を彫刻刀で彫り，ローラーでインクを塗って，その形や模様を紙に写しとる方法である。「版に表す」学習は，絵の具や鉛筆，パスなどで直接描き表す楽しさとは異なり，何度も刷ったり，色を変えて刷ったりと，版を刷るという間接的な表現ならではの効果を味わうことができる。木版画を通して，木の温かさに触れ，用具の扱い方やその技法の面白さに出会うのである。また，完成までに必要な活動全体をイメージする力や，各工程を計画する力，そして仲間と協力する力など，発達段階に応じたねらいの設定と達成が期待できる。

2. 技　法

小・中学校で学ぶ木版画技法には３つの種類がある。「一版単色版画」では，一色のインクによって着色する箇所と，しない箇所のコントラストのみで画面構成を行う。「一版多色版画」では，一枚の版に部分的に筆でインクを付けて，淡い色から何度かに分けて多色を並べたり，重ねたりして刷る方法である。「掘り進み版画」は，一度刷った版のインクを洗い流し，再度彫刻刀で掘り進め，違う色で刷ることを繰り返し，多色の作品を完成させる方法である。この方法は，彫り始める前には完成作品を想像しにくいのだが，彫ることと，刷ることの繰り返しの工程の中で，子どもの中にイメージが広がり，一人一人の工夫を発展させられる技法である。

3. 彫刻刀の表現効果

三角刀：細い線，鋭い線を彫るときに使う。彫刻刀を寝かせてすくい上げるように彫る。

丸刀：広い部分を彫るときに使う。柔らかい線や，点を彫ることができる。鉛筆を持つように握り，もう一方の手を添えて手前から奥に彫る。

小丸刀：丸刀よりも細い線や，細かい模様を彫ることができる。

平刀：丸刀などの彫り跡を削るときに使う。形の縁をぼかすことにも使える。刃の平らの面を上にして，両手でゆっくり押し出して使う。

切出し刀：刃先を下にし，彫刻刀を立てて引いたり，押したりして材を切る。押す場合は，もう一方の手の親指で押すと力が加えやすい。

4. 教材と指導法

版木教材としてサクラ，カツラ，ホオ，木材チップ版などの材料も手に入れられるが，柔らかさや彫りやすさ，また安価であることからシナベニヤ材が使われることが多い。教師が版木表面に着色をして，彫った部分をわかりやすくしてもよいが，版木表面に着色が施された教材も市販されている。

初めて彫刻刀の活動を行う場合は，子どもを集めて彫り方を見せながら，彫刻刀の安全な使い方を指導する。彫刻刀セットには様々な種類が入っているが，三角刀，丸刀，小丸刀に限定して，直線，曲線の簡単な彫り方の指導をしてから子どもの活動に入るようにする。子どもは彫り方を試しているうちに，彫るコツをつかんだり，彫った模様が何かに見えたり，表したいものが浮かんできたりする。そのように素材と用具を扱う楽しさを経験してから，力加減や刃の角度などの指導を行う。

初めての作品づくりでは線彫りの表現が中心になるが，2回目以降の作品ではインクが付く所と，彫って色が付かない所の「面」のコントラストを意識させた活動に展開することが可能となり，版画の面白さが子どもの中で一気に広がる。彫る感触を楽しみ，彫り方や表し方を工夫したり試したりすることを繰り返しながら構想を形にしていくのである。

中学年では，各種の彫刻刀の扱いに慣れていく過程で，木を削る心地よさを感じ，刷り上げるまでの一連の活動に意欲をもてるよう指導する。また高学年からは，色や形を使った造形感覚が高まるため，じっくりと表す主題に出合わせ，自分なりのよさやこだわりを制作の過程で発揮できるよう指導する。

安全指導では，両手を使って手前から奥に向かって彫ることは徹底させなければならない。木彫台や滑り止めマットの上で作業すると版木が安定する（図2）。刃物を持ち歩かないという約束は必要であるが，木目の方向によっては力を込める必要があるため，その場に立って彫ると力を加えやすいことも伝える。

版にインクを塗る際は，ローラーが適している（図4）。バット（練り板）の上でインクをよく練り，硬さを均一にしてから，版全体に均等に塗ることで模様をはっきり写しとることができる。版の上に和紙を置いたら，中央から端に向かってバレンで刷る。バレンをしっかり握り，写しとるイメージをもちながら，隅まで擦るよう指導する（図5）。

版木から和紙をはがす段階では，紙の二角を両手で持って，ゆっくりと行う（図6）。彫った模様が反対になることや，彫ったところが白く浮き上がることなど，版画の原理を楽しむ。作品全体の構成や，勢いのある線，また面のコントラストや，細かな模様について，それぞれの工夫やうまくいってうれしい点を発表し，鑑賞し合う。（福井一尊）

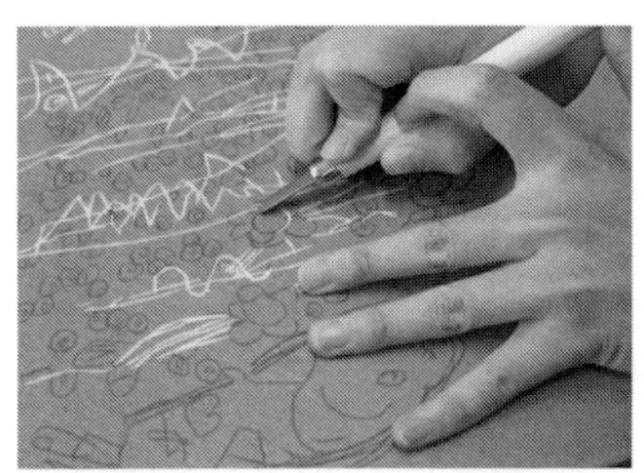
図１　彫刻刀で板を彫る

図２　木彫台を用いる

図３　多様な彫り方

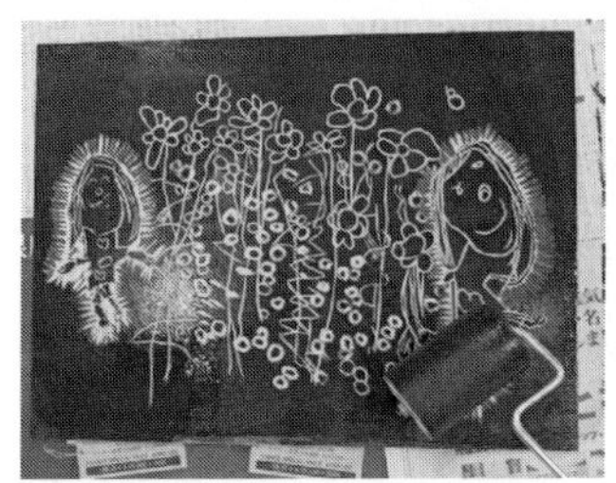
図４　ローラーでインクを付ける

図５　バレンで擦る

図６　完　成

3-17 スチレン版画・コラグラフ

1. スチレン版画

版画の手軽な材料としてスチレンがある。スチレンは生鮮食料品のトレーに使われており，ボード状で表面が滑らかになっている。版画用のスチレンボードを準備する，または，廃材のトレーの底を切り取って使う。油性のペンで線を描いて，先のとがったものでひっかく・刻むことで表現する。材料が軟らかくて加工しやすいが，木版画ほど繊細な線にならない。彫るよりもへこます感じに近い。カッターナイフを使って版の外形を変えたり，中をくりぬくこともできる。材料・用具は，スチレンボード，油性ペン，カーボン紙，先のとがったもの　ニードル，竹串，カッターナイフ，粘土べら，版画用の水性インク，インクをのばす容器，ローラー，バレン，版画和紙，新聞紙，手拭き用の古タオルなどである。

2. スチレン版画の表現方法

(1)　図案の工夫

どのような図案にするのかを工夫する。直接スチレンボードに油性ペンで線を描く。成分によって，油性ペンで描いた部分が少し溶ける。コピー用紙に図案を描いてからカーボン紙で図案を転写する方法もあるが，淡い状態にしか線が写らない。淡い線や筆圧によるわずかな窪みをたよりにしてひっかく。窪みはそれ程目立たないが，刷ったときに白い線となって浮き出るときが多い。版画は，写し取るので，図案と作品とでは左右が逆になる。

(2)　版づくり

スチレン版画は，木版画や紙版画と同様に凸版である。先がとがったものを使って，線をひっかく。ひっかき方によって，線の跡の表現効果が微妙に異なる。ひっかいた部分が窪んでインクがつかないので，刷ると紙の白地がそのまま出る。ひっかかなくて残した平坦な部分には，インクがついて転写される。大きく白地にしたいときには，カッターナイフで切り取ってインクがつかないようにする方法がある。

(3)　刷り

水性インクをトレーに出し，ローラーを動かしてインクを伸ばす。インクのついたローラーをスチレンボードの上に転がしてインクを付ける。インクを付け過ぎると目詰まりの状態になるし，足らないとかすれてしまう。新聞紙に版画和紙を置き，インクを付けたスチレンボードを中央付近にそっと置く。そして，表裏をひっくり返してから，版画和紙の裏からバレンでこする。最後に，版画和紙をめくって，新聞紙の上において乾くのを待つ。

(4)　その他の方法

スチレンボードは軟らかくカーターナイフで切れる。自在な大きさや形に切って，スタンプ遊びの版にすることができる。また，四角いスチレンボードをジクソーパズルのようにいろいろな形に切り，それぞれの断片にひっかく・刻むなどして模様をつくり，パズル版画として即興的に版画和紙に刷る方法もある。

図１　スチレンの板とひっかく用具

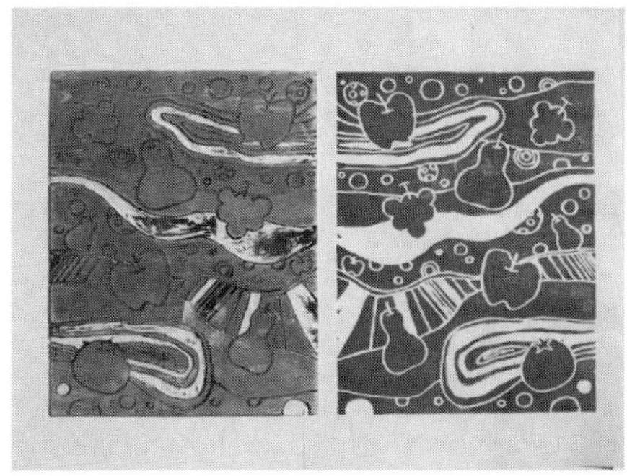

図２　版（左）と版画和紙に刷った作品（右）

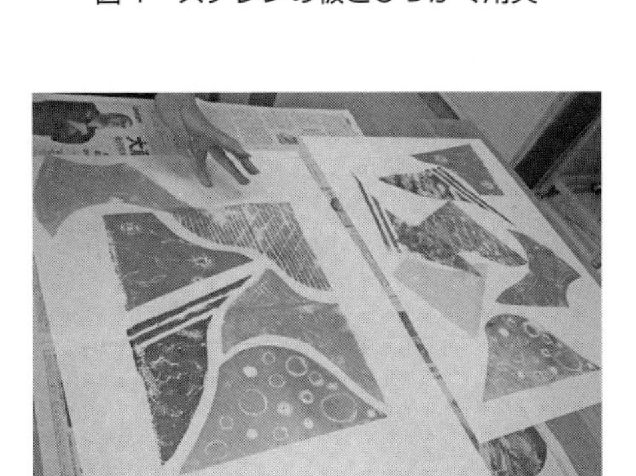

図３　形や色を組み合わせる

図４　色や凹凸を工夫する

3. コラグラフ

コラグラフは，コラージュによる版画で，いろいろな材料を集めて貼り合わせて版にする。材料の凹凸や質感の違いが，版の表現効果になる。厚紙やベニヤ板に材料を切ってボンドで貼り付ける。版づくりのときには，もともとの材料の印象が目立つが，刷ったときには表面の凹凸や質感が強調される。

ローラーで水性インクを付けて版画和紙にバレンを使って刷る。教科書などでは，プレス機を使うように説明されているが，プレス機の圧力が強すぎて凹凸がつぶれてしまうときがある。貼る材料として厚紙，レースのカーテン，テーブルクロス，ネット，麻布，梱包用のプチプチ，麻ひも，毛糸，蚊取り線香などがあげられる。いろいろな材料を集めて貼り合わせるのがポイントである。(長良若葉)

図５　色々な素材を貼り合わせる

3-18 立体に表すねらい

1.「立体に表す」ことの学習指導要領での取扱いとねらい

平成 29 年告示小学校新学習指導要領において「立体に表す」活動は，各学年の内容「A 表現」に「絵や立体, 工作に表す活動」として位置付けられている。ここでの「立体」は，自由に発想して表したいものを表す彫刻やオブジェなどの活動を指し，「工作」は，意図や用途をある程度明確にしたデザイン工芸などの活動を指している。本項では「立体に表す」活動に焦点をあて，そのねらいや加工方法，表現方法に触れてみたい。

「立体に表す」活動においてまず大切なことは，ものに触れてみたいという好奇心をもつことである。素材と関わる中で，自分の痕跡(こんせき)が残ることを確認し，自己効力感が高まる。様々な材料や加工方法を試す中で，「周りの世界は自分の好きなようにつくり変えられる」と子どもたちが実感することが，「立体に表す」ことの最大のねらいであろう。

2. 立体の加工方法と材料

立体造形には大きく分けて 3 つの加工方法がある。① モデリング（形づくる）は，粘土などを盛りつけたり，形を整えながら成形する方法で，素焼き彫刻（図 1）や塑像，またはブロンズ彫刻の原形などで用いられる。② カービング（彫る・削る）は，石や木，蝋(ろう)，発泡スチロールなどを彫ったり削ったりして造形する方法である。黒御影石を削り出してつくられたイサムノグチの「ブラック・スライド・マントラ」（図 2）は，形を磨き上げることで石の力強さや精神の厳粛さを表現している。③ アッサンブラージュ（組み合わせ）は，立体コラージュとも呼ばれ，自然材や人工材などの様々な素材を組み合わせて造形する技法である。「自転車の車輪」（図 3）などのレディーメイド作品で有名なマルセル・デュシャン（1887-1968）は，素材をどう加工するかではなく，どう選ぶかに重きを置いた。

「立体に表す」活動では，石，木，粘土，布，日用品，廃材など多様な材料が用いられる。それぞれの材料は，表したいものや対象年齢によって加工方法や可塑(かそ)性が異なる。木を例とするならば，木切れをボンドでくっつけてつくる活動から小刀やのこぎりを使う高度な活動まである。バルサ材はカッターでも容易に加工でき，木紛粘土は，粘土のような造形性をもつ。このように素材の多様性や有用性に気付かせることで，物事を多面的に捉える思考や柔軟な発想力を育みたい。

3. 切断と接合・接着

立体の加工において，どのように切断して接合するのかは，アイデアを実現するために極めて重要な問題である。例えば切断では，紙や木，石などには目の向きがあり，作業のしやすさや壊れにくさに関係する。

材料同士をくっつける方法としては，接合と接着の 2 種類がある。接合とは，釘(くぎ)やネジ，切り込みなど加工を加えて物と物をつなぎ合わす方法で，接着とは物に加工を加えず接着剤で化学的にくっつける方法である。接合は離れにくいが，接合点に負荷が集中するとい

図１　縄文のヴィーナス
出典：鵜飼幸雄『国宝土偶「縄文ビーナス」の誕生』新泉社，2010，p.9.

図２　ブラック・スライド・マントラ
出典：イサムノグチ，綿引幸造（写真）『イサムノグチの世界』ぎょうせい出版，1998，p.45.

図３　自転車の車輪
出典：Andrea Baernreuther, *Das XX Jahre Hundert*, DuMont, 1999, p.75.

う弱点や道具が必要という手間もある。一方接着は，材料に適した接着剤を選んで使用すれば強力な接着力をもつが，熱や水，重力などの環境に影響されたり乾くまで時間が掛かるというデメリットがある。

こうした切断や接合・接着作業を通して子どもは，自分の発想を立体に表すためには，材料や用具の特徴を捉えること，計画性をもって作業することが大切だということを学ぶのである。

図４　Body Meets Dress-Dress Meets Body Spring / summer 1997
出典：北島敬三，Met Exhibits Stories Rei Kawakubo/Comme des Garçon, *SWITCH* vol.35 No.7, 2017 p. 24.

4.「立体」の様々な表現

今日的な立体表現は，旧来の彫刻やオブジェという枠組みでは到底括（くく）れないほど多岐にわたっている。

ファッションデザイナーの川久保玲（1942-）は，従来の装飾性や着心地を優先した服飾デザインではなく，からだと服を一体の造形物として捉える革新的な表現で，ファッション界だけでなく芸術分野でも高い評価を得ている(図4)。

環境彫刻（ランドスケープアート）や空間芸術（インスタレーション）は，場との関わりの中で生まれる造形表現である。ガブリエル・オロスコ（1962-）は日常的な風景や事物から得るインスピレーションを元に制作を行う。作品の多くは一時的な展示形態を取り，物体としての価値に加え，時間や記憶といったより内省的な美的感性を刺激する（図5）。

図５　Sand on Table 1993
出典：Angelika Nollert, *GABRIEL OROZCO Chacahua*, Portikus, 2000, p.30.

建築物や物体に映像を投影するプロジェクションマッピングは，近年広がりを見せている。チームラボによる「文化の森に憑依する滝」は，参加者の動きが映像に影響するというインタラクティブアート（双方向性芸術）の手法が取られ，現実とデジタル世界の複合表現として注目されている（図6）。（廣瀬敏史）

図６　文化の森に憑依する滝
出典：http://www.21ccic.tokushima-ec.ed.jp

3-19 彫刻・塑像 1

1. 粘土の特徴

粘土は，彫刻材の中でも特に可塑性(かそせい)に優れ，自由度の高い素材である。付けたり取ったりすることが容易な「モデリング」技法で，イメージを素早く形として定着させることができ，制作途中でも自在に形を変えられる反面，素材が柔らかく重いため，不安定で変形しやすく壊れやすい面もある。つくる形や大きさによっては，芯棒などが必要になることもある。粘土遊びの延長として，芯棒を使わずに，手だけでも形をつくることができるので，子どもにとっては，安心，安全な自然素材であり，立体造形の材料として適しているといえる。

2. 土粘土（水粘土）の特徴

土粘土は，天然に産出する粘性の鉱物が主成分であるが，様々な種類の土などを工場でブレンドし，粘土の産地名で販売されているものも少なくない。水と土が成分なので，水粘土と呼ぶこともある。粘土は，適度な粘り気があり，手に付かない程度が最も扱いやすいので，耳たぶ程度の柔らかさになるように水を加えて練り，硬さを調節するとよい。逆に，水を加えすぎるとヌルヌルして扱いづらくなるので注意する。

表面乾燥が早いので，制作中にも霧吹きスプレーなどで水を与えると，柔らかさを保つことができる。乾燥すると表面がひび割れてしまうので，制作が長期間にわたる場合は，水に湿らせて，硬く絞った厚手の布を表面に巻き，その上からさらにビニールを巻いて，水分が抜けないように保管する必要がある。しかし，柔らかな粘土に必要以上の水を与えると，保管中に粘土が崩れ落ちることもあるので注意する。

完全に水分を失い，硬くなった粘土は，バケツに入れ，十分に水を与えて再生したり，木槌(きづち)などで叩いて粉末に戻し，水を加えて練り直したりすれば，元通りの粘土になる。素材の自由度が高い反面，形を残そうとすると，焼成するか，石膏などでキャスティングする（固める）などの方法を取らねばならないのが，欠点である。粘土での制作は，練る，丸める，延ばす，千切るなど，子どもにとっては結構な力も必要であり，ダイナミックに遊ぶことで，指先や手，さらに足や全身の機能訓練にもなる。

3. 粘土遊びから自己表現へ

まずは粘土に触れ，形をつくり上げる楽しみを十分に味わい，素材に慣れてきたところで，芯棒を用いずに身近な動物や昆虫などをモチーフとして制作してみる（図 1 ～ 3）。大きな作品だと乾燥や焼成の時に割れてしまうことが多いため，通常はテラコッタの技法として彫刻の中を空洞にする芯抜き法や手捻(てびね)り法などで仕上げる。しかしながら，造形可能な形が限られてしまうので，手のひら程度のサイズの作品であれば，ゆっくり乾燥させたあと，窯(かま)で焼成し実材にすることも可能である。

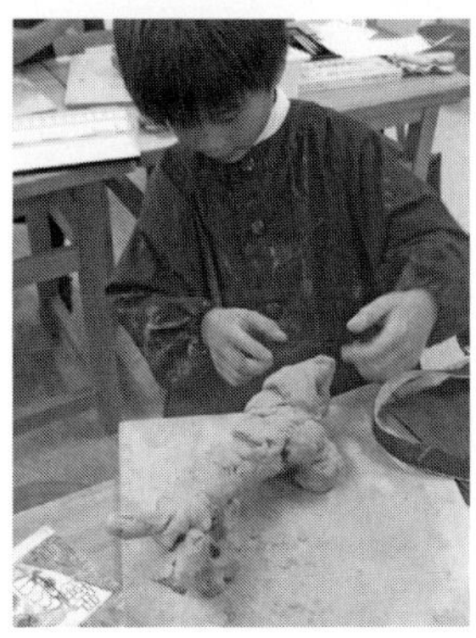
図１　粘土で動物をつくる

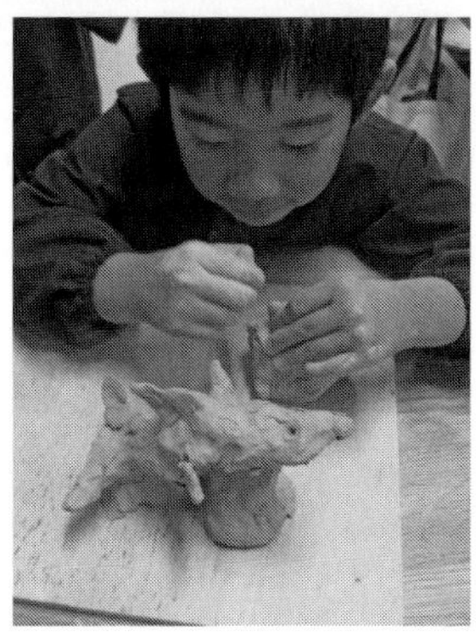
図２　粘土で動物をつくる

図３　粘土で昆虫をつくる

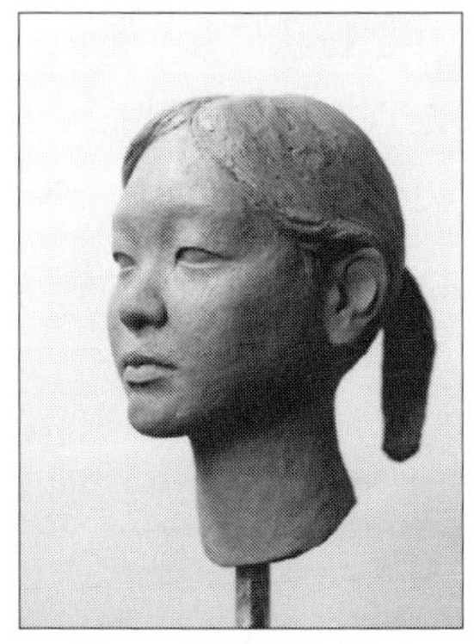
図４　彫刻作品「翠」
佐善圭，2004.

図５　学生作品

図６　首像の芯棒

4. 塑像（モデリング）・手順・指導のポイント

動物や人など，命を感じる具象彫刻に挑戦してみる（図4，5）。

①　対象を見て，スケッチをする。いろいろな方向から見て描いてみる。

②　バランスを考えながら，中心となる骨格をイメージして，針金・木材・板で芯棒をつくる。組みあがった芯棒に，シュロ縄，麻ひもなどを粘土が滑り落ちないように巻きつける（図6）。

③　粘土の粗付けから仕上げ。はじめは，細部にこだわらず，大きな動きや塊として見える量を大まかにつける。大きな形が決まったところで，細部に彫刻を施す。表面の描写だけにこだわり過ぎると，粘土のもつ素材感が感じられない作品になることもあるので，粗付けの勢いや，指先，ヘラなどの痕跡も，作者の感動を伝える息遣いとして残るような制作を目指す。

5. まとめと発展

制作の前には，粘土遊びなどを通して素材に触れ，親しみ，粘土のよさを味わった上で制作に移るとよい。小学校低学年では，心棒を使わず自由な直付け（じかづ）の方法で制作し，対象の特徴が形に表れるように，ダイナミックな表現を心がける。高学年になれば，対象をよく観察し，心棒づくりでイメージを膨らませて制作する具象的な塑像（彫刻）テーマに挑戦したり，立体表現の特徴である，量感，動きを意識したりして，強い生命感や精神性を感じられる作品制作に向かわせたい。（佐善 圭）

彫刻・塑像２

1. 加工粘土とは

学校教育で取り扱われる加工粘土には，主に紙粘土や油粘土，小麦粉粘土，石粉粘土，木紛（もくふん）粘土，ブロンズ粘土などがある。加えて粘土製造会社が独自の技術で開発した加工土粘土があり，その種類は多岐にわたる。油粘土を除く加工粘土の主な特徴は，乾いてもひび割れをしにくいようにパルプ繊維やシャモット（耐火粘土を焼成し，細かく砕いたもの），のり材が入れてあること，乾燥後に削ったり磨いたりする作業が可能であることがあげられる。また子どもにとって彫刻作業が難しい石や木といった素材を粉状にし，それを粘土状にすることで，素材の新しい造形性，作業の簡易化を実現した点も重要な特徴である。その一方，乾燥後は水を加えても再生しない，屋外に雨ざらしにすると次第に崩壊するなどの弱点もある。それぞれの特性を理解した上で，活動内容にあわせて粘土造形を楽しみたい。

表１　主な加工粘土の特性

粘土の種類	特徴と加工法	使用上の注意点と対処	対象年齢
紙粘土	手軽で扱いやすい。乾くと硬化しカッターなどで彫刻作業ができる。着色可能。絵の具を混ぜ込んでカラー粘土にもできる。	乾燥後はひび割れしやすいので，割れた場所に水を付けてから新たな紙粘土をすり込む。	２歳～
油粘土	固まらないので繰り返し使うことができる。粘土べらなどで形をつくる。	長期保存の作品制作には向かない。誤飲に注意する。	２歳～
小麦粉粘土	小麦粉に水を混ぜたものなので，口に入れても安全。細かな作業には不向き。食紅を混ぜて色付けができる。	そのまま放置すると異臭を放ち始めるので完成後はオーブンで焼くとよい。小麦アレルギーには十分留意する。	０歳～
石粉粘土	主原料は石粉とパルプ。きめが細かく乾燥後の彫刻作業やヤスリ掛け，着色が可能。	ブロンズタイプのものは，生乾きのときにブラシなどで磨くとつやが出る。	３歳～
木紛粘土	おがくずにのり材を加えたもの。乾燥後は彫刻作業ができる。着色可能。	仕上がりが厚いと乾くのに時間が掛かるので，木やペットボトルなど芯材を活用するとよい。	３歳～
加工土粘土	天然土をベースにパルプ繊維やシャモット，のり材が混ぜ込んである。土粘土より細部表現にやや劣るが，土の感触は十分味わえる。	芯材を使った活動に向くが，針金に巻く紐が太すぎるとひび割れを起こすので，たこ糸など細いものを使うとよい。	５歳～
樹脂粘土	小物制作に適している。固まっても弾力があり，ひび割れができにくい。	オーブンで焼くタイプは煙が有害なので食品用とは分ける。	７歳～

2. 実践　塑像「○○で○○をする○○」（高学年対象，７時間）

実践のねらい：① 芯棒作りや塑造（モデリング）作業を通して人体の骨格や関節の位置，肉の厚みなどを理解する。② 加工粘土の特性を知り，その可塑（かそ）性や触感を味わいながら粘土造形を楽しむ。③ 人物の表情や服装，動き，装飾物などを工夫して，作品の性格や環境設定を豊かに表現する。

準備するもの：加工土粘土，粘土べら，竹串，針金，たこ糸，木の板，ペンチ，霧吹き，

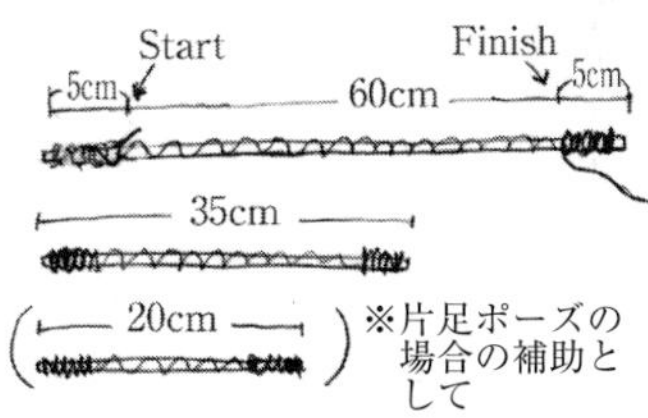

図１　針金を切る

針金を２本（60cm と 35cm）切る（高さ 20cm 程度の人体塑像を想定）。粘土の付きをよくするためにたこ糸を巻く。端から約 5cm の地点から端に向かって巻き始めてＵターンし，反対側の端でもう一度Ｕターンして約 5cm の地点で結ぶ。

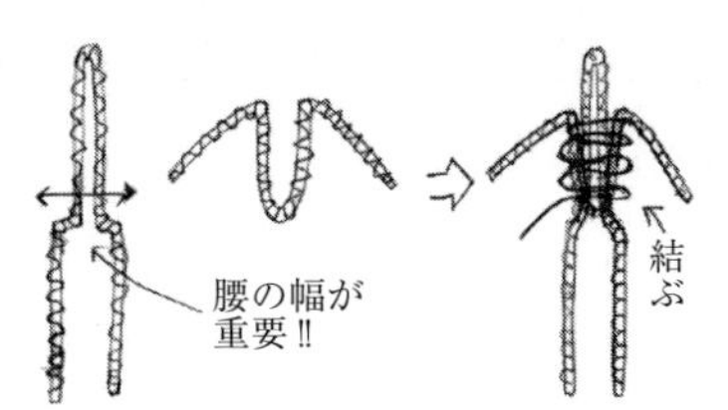

図２　ペンチで曲げる

たこ糸を巻き終えたら２本の針金をそれぞれ上図のようにペンチで曲げる（60cm が左側）。腰の所で多少クランクさせることがポイント。その後，２つの針金を中央で右図のように結んで人体の形にする。

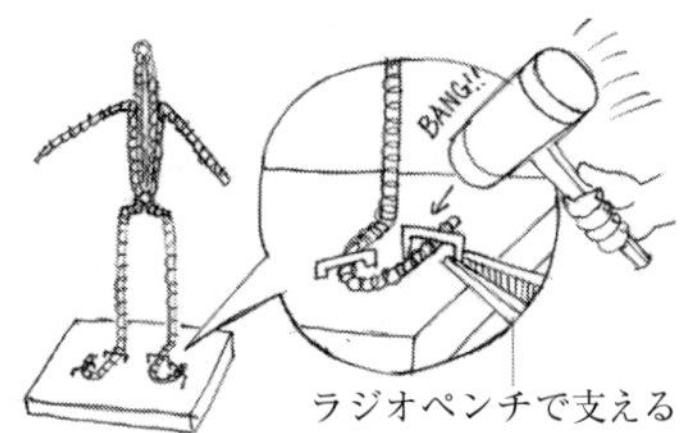

図３　台座をつくる

木の板を適当な大きさにカットして台座をつくる。芯棒の足下をペンチで図のように曲げ，ステップルを打ち付けて固定する。片足ポーズの場合は，予備の針金を図１の要領でつくって補強する。

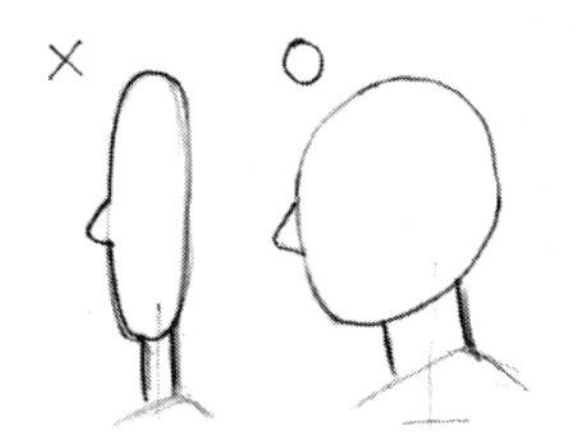

図４　注意点１

正面のみを見て作業をすると，おせんべいのような頭部や薄っぺらい人体になりやすい。

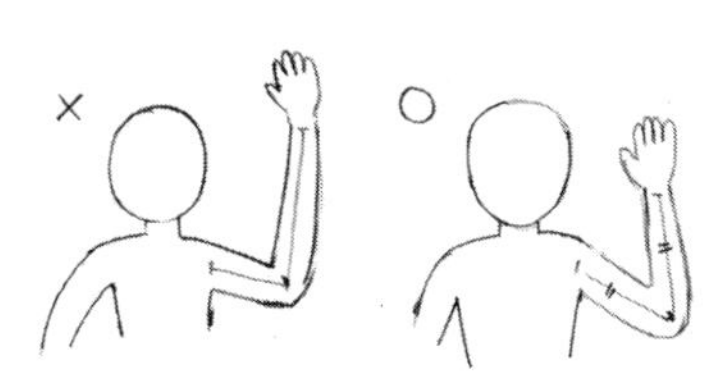

図５　注意点２

関節の位置やからだの部位の長さや比率を意識しよう。実際に腕を曲げたり，伸ばしたり，屈伸運動をして確認するとよい。

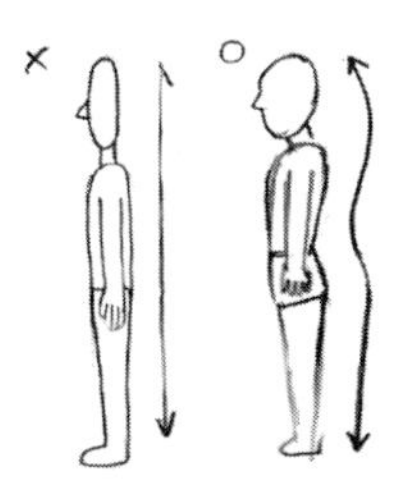

図６　注意点３

棒人間になっていないだろうか？胸や臀部（でんぶ）の厚み，ふくらはぎなど肉のつき方を観察する。

台座用ベニヤ板（コンクリートパネルなど），スケッチブック，鉛筆，消しゴム

実践の流れ：① テーマについて着想し，イメージをスケッチする。② スケッチを元に芯棒を針金とたこ糸でつくり，台座に固定する（図１～図３参照）。台座は事前にベニヤ板を適当なサイズに切っておく。③ 加工土粘土で粘土付けを行う（図４～図６参照）。塑造において特に注意すべきことは，正面からだけではなく横，後ろ，斜めなど多面的に像を眺めながら作業をすることである。そのためにも可能な限り塑造用回転盤を使用して作業を行いたい。また作業が数日にまたがる場合は，霧吹きで水分を粘土に与え，布やビニール袋をかけて保管する。④ 完成後は自然乾燥させる。（廣瀬敏史）

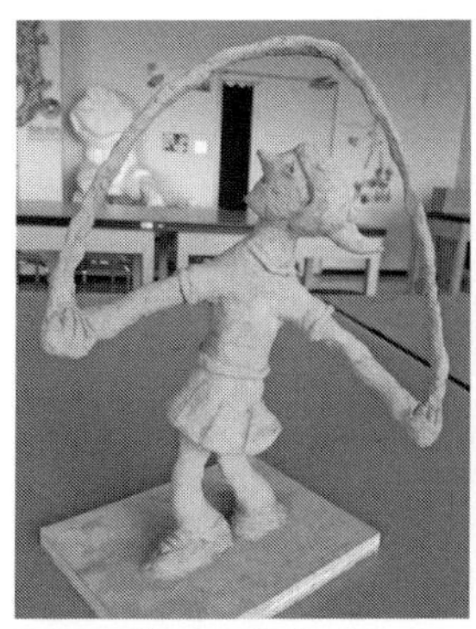

図７　草原で縄跳びをするわたし

図８　ゲレンデを滑るスノーボーダー

展開例「ポップアップカード」

実践の流れ：① 粘土作品をデジカメで撮り，人体を 15cm 程度の大きさで写真用紙にプリントアウトしたものを用意する。② デザインカッターで作品だけを丁寧に切り抜く。③ 作品に合った背景を考えて，スケッチブックに絵の具で色を塗る。④ 切り込みを入れてポップアップの構造にする。⑤ 切り抜いた作品の写真を，切り起こした部分に貼って半分に畳む。⑥ 色紙などで台紙を大きめにつくり，カードを貼付けて完成。

3-21 彫刻：カービング

1. カービング素材の特徴

人々は，太古から身の回りに存在するもので，思い思いのかたちを遺そうとしてきた。代表的な材料は，木や石，そして獲物であった動物の骨や牙である。中でも，木や石は，比較的大きな塊として手に入れることが可能であり（図 1），これら実材は形を外側から中心に彫り進めながら削り出す「カービング」技法によって制作される。彫り出す形が材料の中に存在しているので，材料の形状から表わしたいテーマや形を発想し，見つけ出すこともできる。これらの材料は，粘土のように量を付け足すことが容易ではないので，計画を立て彫り進めるようにするとよい。

実材の彫刻は，すぐに仕上がるものではない。素材の魅力を感じながら作品に向き合い，かたちと対話しながら時間をかけ根気よく完成させることで，充実した達成感が味わえる。

2. 彫刻教材（木材）の特徴

木彫材は，数多くあるが，代表的な木材として比較的柔らかい針葉樹のヒノキ，スギ他，広葉樹では，ケヤキ，クス，サクラなどがある。子どもの教材としては，彫りやすいカツラやヒノキ，また，購入しやすい，柔らかなバルサ材も適している。

図 1　無垢の木材

3. 彫刻教材（石材）の特徴

石彫材は，比較的柔らかな石灰岩や大理石から，硬い安山，花崗岩などがある。初めて石を彫る場合は，柔らかい石灰岩や砂岩，滑石などが身近な彫刻材として利用されている。また，石材ではないが，珪藻土（けいそう）や発泡セメント，石膏ブロックなども柔らかい均質な素材であり，彫りやすい教材といえる。

4. 木や石の彫り方（カービング）・手順・指導のポイント

① 木・石，いずれの素材にせよ，つくりたいイメージや表したいテーマに合わせて形を考える。木や石などの実材は，自然の形に触発され新たな形が発想されることもある。

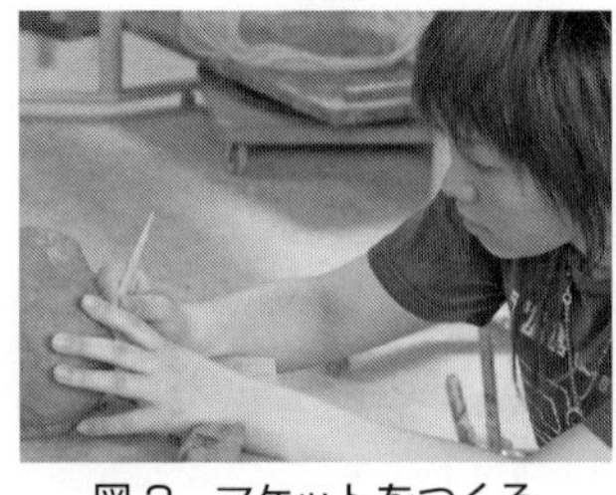
図 2　マケットをつくる

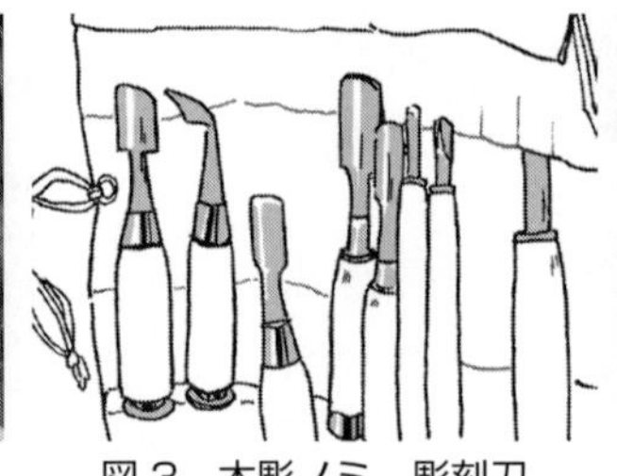
図 3　木彫ノミ，彫刻刀

図 4　木の粗彫り　のこぎりを入れる

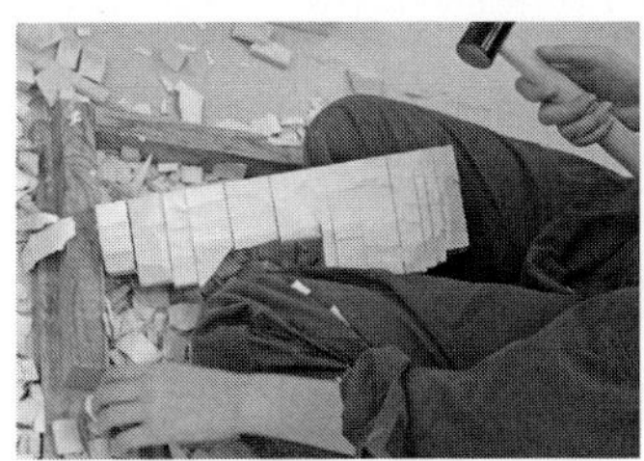
図５　木の粗彫り　ノミで彫る

図６　細部を彫る

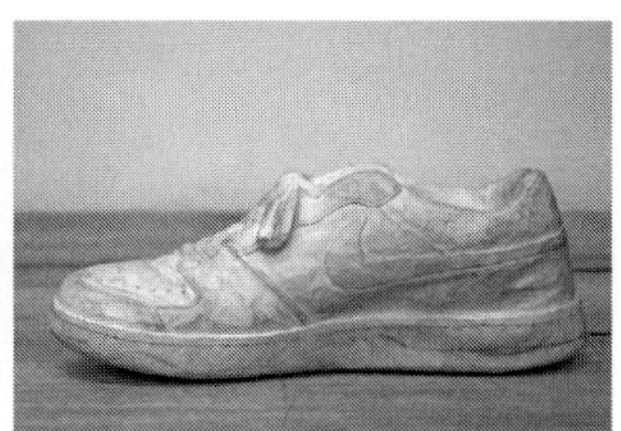
図７　学生作品「靴」

図８　石の粗彫り　タガネで彫る

図９　石の仕上げ　ビシャンで均す

図１０　学生作品「ピーマン」

② つくりたい形をスケッチとして紙に描き出す。

③ スケッチを見ながら，試作のためのマケット（模型・雛型）を粘土などでつくると，完成形を事前に確かめることができ，彫り出す前に形を微調整できるので，つくりたい形がより明確になる（図2）。

④ 材料の各面に，墨汁，チョーク，鉛筆などでデッサンを描く。

⑤ 大まかに粗彫りをする。木材には，節や木目，石材には，積層による石目があるので，彫る方向には注意する。木彫では，のこぎり，チェーンソーで切れ込みを入れ，ノミで不要な部分を削る（図3〜5）。石彫では，ドリルで穴をあけて，セリ矢（石を破砕する道具）で割り落とし，コヤスケ，ノミ，石頭（ハンマー）で不要な部分を削る。柔らかな石の場合は，木彫用の平ノミやタガネ，マイナスドライバーなどを使うこともできる（図8）。彫るとデッサンの線は消えてしまうので，その都度，描き足しながら制作するとよい。

⑥ 中彫りから仕上げ。木彫は，ノミ，彫刻刀で細部を彫り進め（図6），表面を滑らかにしたい場合は，各種ヤスリ，サンドペーパーなどを使う。石彫は，ノミ，ハンマーで彫り進め，ビシャン（表面を平らにする鉄槌）で表面を均一に均す（図9）。その後，表面を滑らかにしたい場合は，砥石で磨く。柔らかい大理石のような石は，耐水ペーパーで研磨すると光沢が出る。道具の手入れを怠らないようにすることも大切である。

5. 彫刻の表現

彫刻は，構造や量感，形のせめぎ合い，面と面のつながりや動き，作品を取り巻く空間を意識しながら表現し，素材や立体造形の魅力などを感じ取ることをねらいとする。作品のテーマ設定によっては，抽象的なイメージ，作者の心情，意図を膨らませ，自分なりの表現について作品完成後に相互鑑賞や意見交換などを行い，多様な価値観に触れるとともに，様々な見方や考え方が広げられるように指導するとよい。（佐善 圭）

3-22 立体造形

1. 紙の特徴

紙は身近な存在であり，扱いやすい素材である。造形素材の中でも特に軽量で可塑（かそ）性に優れ，様々な種類がある。立体の技法である「カービング」や「モデリング」のどちらにも対応し，表現方法の幅からも造形素材の基礎というべきものである。切る，折る，曲げる，丸める，つなぐ，貼り合わせる，しわをつける，型押しする，組み立てる，さらにこれらの技法を用い複合的に加工することで，発想も広がり，様々な形態を試行することができるようになる。平面的な造形から一歩進んだ，空間における造形的な思考力が高まり，立体的な表現を楽しむことができる。

2. オブジェについて

もともとオブジェとは，物や事を表わす仏語であり，20 世紀初頭に伝統的な彫刻などに対抗して，美術の概念に当てはまらない既製品などを日常の使用目的を無視して，そのまま作品として利用したものであった。現在では，広い意味として，自由な表現感覚で素材そのものの美しさや構造を大らかにつくり上げた立体造形や装飾物，置物などを指している。

3. 光のオブジェをつくる

紙そのものの美しさ，存在感を際立たせるために，素材と形を組み合わせる。厚口のケント紙を素材とする実践を通して立体造形のオブジェを制作し，最終的に作品の内部に LED 電球を入れることで，光のアートとして作品が変化することを楽しんでみる。LED 電球を入れると，オブジェから光が漏れ，さらに影の効果が表れる。紙のスリットから漏れる光と壁や天井に映る光と影は，周りの空間に見たことのない幻想的なイメージを拡散させる。

① 切る，折る，曲げる，丸める，つなぐ，貼り合わせる，しわをつける，型押しする，組み立てるなどの紙の特徴と加工方法を学び，実際に平面から立体になることを試す（図 1 ～ 2）。

② 光のオブジェのデザインを考える。LED 電球を入れ，光と影が織りなすイメージを膨らませる。

図 1 紙をつなぐ

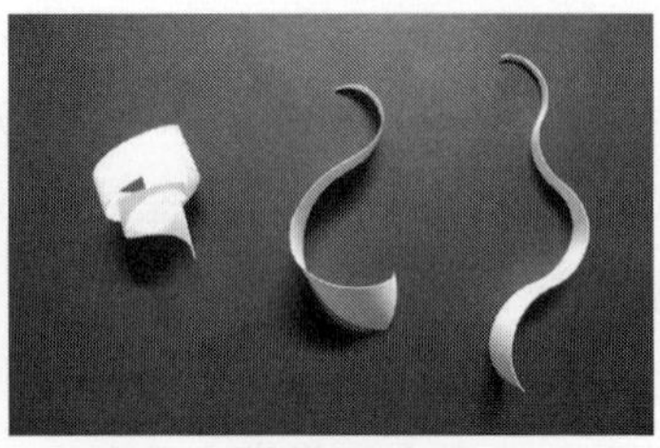

図 2 紙を曲げる，丸める

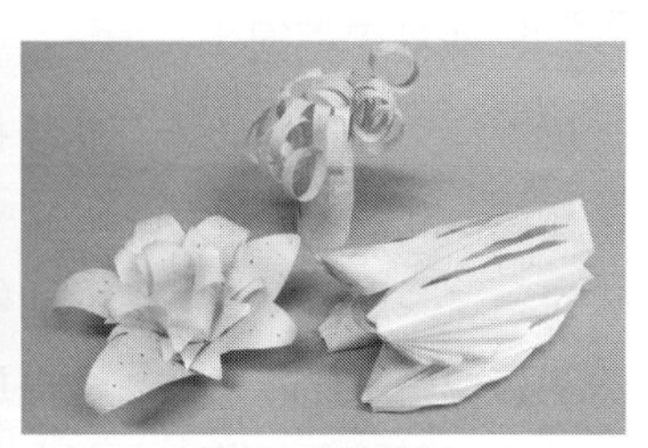

図 3 学生作品

図４　でき上がりにLEDライトを入れてみる

図５　部屋の明かりを消し，光のアートにする

図６　立体を吊り下げ，大型モビールに展開する

③　デザインが決まったら，コピー用紙などで，試作のためのマケット（模型・雛型）をつくると，完成形を事前に確かめることができ，つくり出す前に形を微調整できるので，つくりたい形がより明確になる。

④　ケント紙で作品を制作し，仕上げる。作品が仕上がったら，まず，全員がそのままの状態で鑑賞する（図3）。次にLED電球を入れ明かりを灯し（図4），最後に部屋の明かりを消して，変化するオブジェを光のアートとして楽しんでみよう（図5）。

4. 空間に浮かぶモビール

紙でつくる工作や立体オブジェなどを組み合わせ，空間に浮くモビール（吊るして飾る作品）にすることで，壮大な作品にも展開することができる（図6）。モビールは，アメリカの彫刻家アレキサンダー・カルダー（1898-1976）が，動く彫刻として好んだ手法であり，立体造形が様々な動きを見せ，光と影を巻き込んだ，視覚的にも強いインパクトを感じさせる作品となる。

5. 紙コップで大きな立体造形をつくる

普段使っている紙コップを素材として利用し，造形遊びの展開として，大きな立体造形をつくってみよう。友だちとつなげたり，組み立てる形や構造を考えたりしながら協力して一つの作品をつくってみる（図7）。紙コップを並べる，積む，組み立てる活動は，接着を必要としないため，いろいろな組み合わせを試しながら容易に挑戦することができる。お互いの活動を見合いながら，イメージを膨らませて工夫してみよう。様々な立体の形や内部の構造を観察し，気付きから新たな造形表現の楽しさに導くように指導する（図8）。

また，作品をつくることによって生まれる感情をからだで表現し，作品の中に自ら入り込むことで，造形活動を楽しむようになり，自然に心から作品の魅力を感じられるようになる（図9）。（佐善 圭）

図７　紙コップで様々な立体をつくる

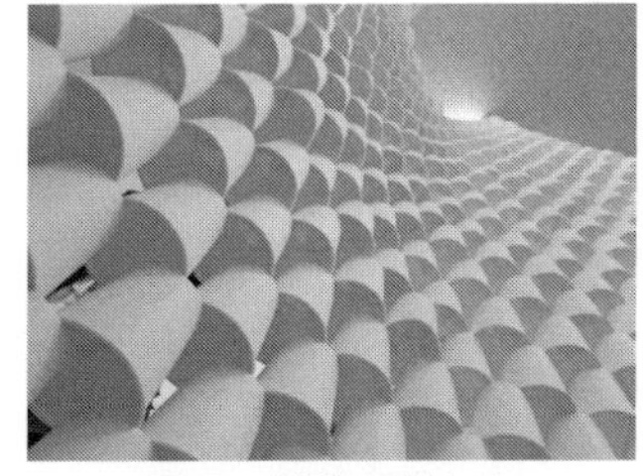

図８　構造の美しさ

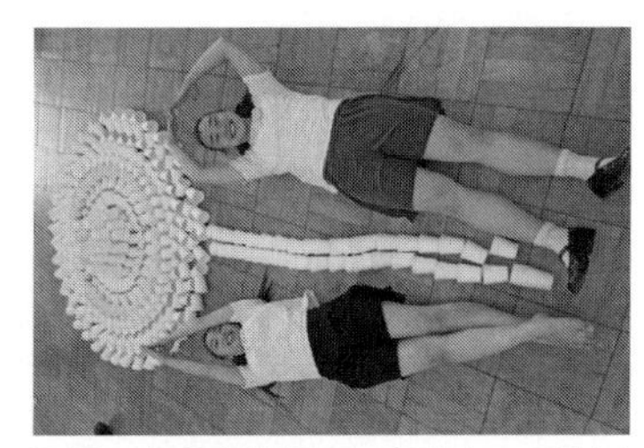

図９　自らも作品の一部となってみる

レリーフ

1. レリーフの特性

レリーフとは，絵画のように一方向から見られることを前提としたモチーフ（絵柄）に，多少の凹凸感をつけることで，彫刻的な立体感や空間感をプラスアルファする造形表現である。丸彫り彫刻程の厚みはなく，立体を圧縮して表現することから，錯視的造形効果をもつことが特徴の一つである。背面から浮き出している陽刻（ポジティブ）表現と沈んでいる陰刻（ネガティブ）表現があり，浮き出し方によって高肉彫り（たかにくぼり），中肉彫り（なかにくぼり），浅肉彫り（あさにくぼり）と分類される。使用される素材も木，石，粘土，紙，銅版など多様である。

ここでは小学校の教材として気軽に取り組むことができるペーパーレリーフと，カービング（彫り）による粘土板レリーフの実践を取り上げる。

2. 実践　ペーパーレリーフ「ホワイト・マスク」（中・高学年対象，3時間）

実践のねらい：① 折る，切る，曲げるなどの紙の特性を理解し，造形に生かす。② 凹凸の深さや切り込み，台紙との距離でできる陰影を活用し，顔の表情や立体感を表現する。③ 固定観念にとらわれない自由でオリジナルなマスクをつくる。

準備するもの：ケント紙，カッターナイフ，デザインカッター，はさみ，カッティングマット，のり，テープ

実践の流れ：① 世界中の先住民族のマスクの写真などを見せて，多様な顔の表現があることを知る。② 切り込みを入れて曲げる，半切りでの山折り谷折り，紙のウェーブ，つまんで盛り上げるなどの技法を紹介して，加工の可能性を示す。色は付けないので，凹凸の影がマスクの立体感や印象に影響することを説明する。③ 材料を切り始める。はさみで顔の基本形態（丸，細長，四角など）を切り，そこからデザインカッターやはさみで細部を加工していくと作業がしやすい。切り込みを入れてから縮めてテープやのりで固定すると，盛り上がりが生まれ，平面的にならずにすむ。④ 別につくったパーツをくっつけてもよいが補助的に留め，あくまで一枚の紙を変形させることをメインに考える。⑤ マスクが完成したら，のりで台紙に接着するが，あまりぴたっとつけ過ぎず，浮かすことでもレリーフ効果が上がることを説明する。

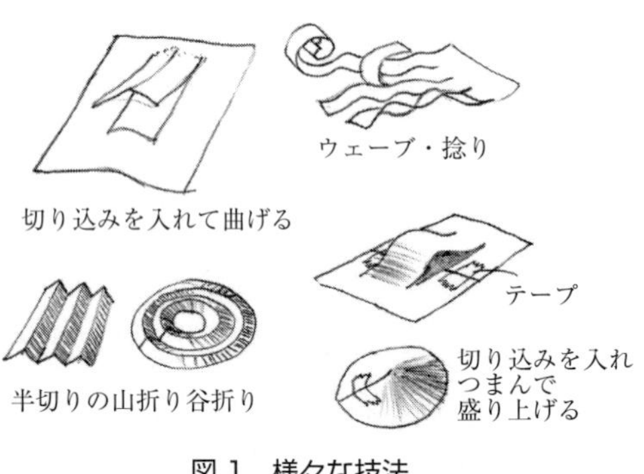

図１　様々な技法

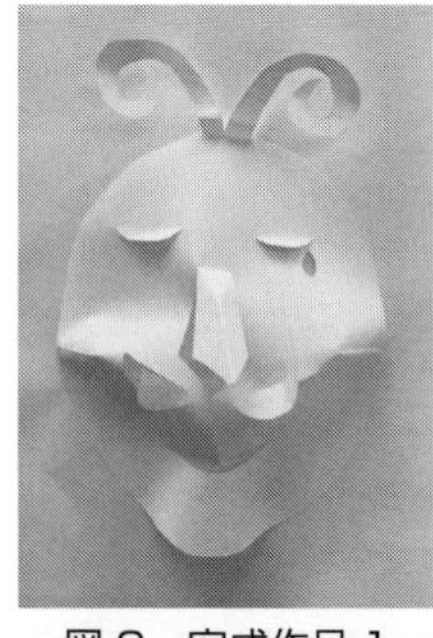
図２　完成作品１

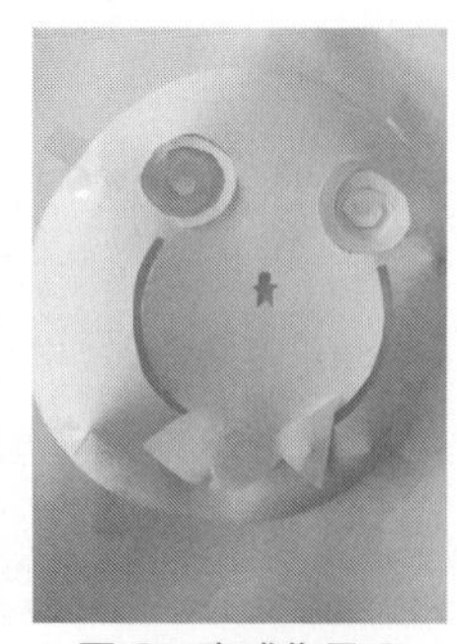
図３　完成作品２

3. 実践　粘土板レリーフ「わたしのお気に入り ～my favorite things～」(高学年対象, 7時間)

実践のねらい：① 粘土をモデリング（塑造）ではなく，木版画のようにカービングしながら造形するという活動に親しむ。② 手前から背面までの奥行きを理解し，圧縮による半立体（レリーフ）の空間表現をする。③ 化粧土や陶芸用絵の具による着色や，素焼き後の色や大きさの変化について学ぶ。

準備するもの：陶芸用粘土，化粧土，陶芸用絵の具，彫塑べら，丸線かきべら，粘土板，粘土切り用ワイヤー，タオル，霧吹き，ビニール袋，粘土のべ棒，小割り（2cm 厚），竹串，スケッチブック，小皿

実践の流れ：① テーマ，レリーフの特徴，粘土の性質，作業の流れについて説明する。② スケッチブックに「お気に入り」の下絵を描く。③ 粘土をワイヤーで切り取り，作業板の上に置く。左右に 2cm 厚の小割りを置き，のべ棒を転がして粘土板をつくる（図 4）。④ 端を切り取り 23 × 23cm 程度の正方形に整える。焼成による約 15%の縮小を想定し，少し大きめに板をつくることにする。⑤ 1 ～ 2 日程度布を被せて日陰で放置する。粘土の状態を少し固めにしておいた方が，カービング作業がしやすい。⑥ 決めておいた図案を見ながら竹串で粘土に線を付ける（図 5）。⑦ 丸線かきべらで粘土をカービングし，背面を沈み込ませる（図 6）。今回は約 1cm 幅のフレームをつけることとした。なお壁に掛けることを想定する場合は角や上部に穴を開けておくとよい。⑧ かきべらや彫塑べらで細部を造形していく。作業途中で日にちが空く場合は，乾燥を防ぐため霧吹きで水を吹き，布とビニール袋を被せておく。⑨ 造形作業が終了したら，水に溶いた化粧土や陶芸用絵の具を筆に付け，色付け作業をする（図 7）。⑩ 2 ～ 3 週間日陰でゆっくりと乾燥させる。そり（弓なりに曲がること）を抑えるためには，乾燥時に作業板と作品の間に新聞紙を挟み込んで均等に乾かすとよい。⑪ 焼成を行い完成（図 8，9）。（廣瀬敏史）

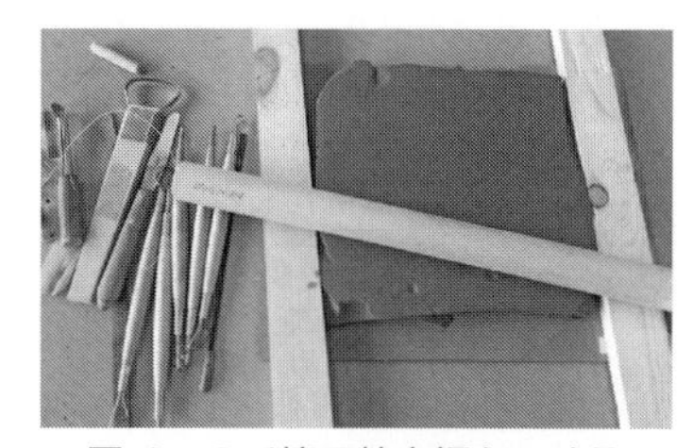

図４　のべ棒で粘土板をつくる

図５　竹串で粘土に線を付ける

図６　かきべらでのカービング作業

図７　筆を使った色付け作業

図８　完成作品１

図９　完成作品２

3-24 デザインのねらい

1. デザインにおける創意工夫

デザインは，絵画・彫刻・工芸と並んで，美術の一つの分野であるという理解の仕方がある。ところが，もう一つ，創意工夫すること，思考することをデザインと呼ぶことがある。したがって，絵を描くとき，彫刻をつくるときにも，いろいろな工夫や思考をすることから，デザインをしていることになる。自分らしい表現を生み出すためには，モチーフ・主題・材料・用具・表現方法などについて，選択・判断・思考・発表する知識や技能が求められる。このように造形に関わる試行錯誤や自分らしさを見つけるデザインの経験は，図画工作科・美術科の授業だけでなく，将来の生活においても役立つ。

2. デザインを通して感性を育む

近年の学習指導要領では，鑑賞活動を通して美術文化を理解することが取り上げられている。ただし，美術作品についての知識を蓄積したからといって，美術文化を理解したとは限らない。美しい造形に出会うと，心をうたれる。美しいものを見て感じる心，すなわち感性を培うことが美術教育の役割の一つになっている。自然界にあるものには，造形性や色や形に関する規律のようなものがあり，それによって美しく見える。シンメトリー，グラデーション，リズム，ハーモニーなどは，自然界にも存在している。シンメトリーをはじめとした造形性及び造形要素について学ぶことによって，自然の美しさ・不思議さ・すばらしさを，より鋭敏に感じ取ることができる。

3. 子どもからのデザイン

車や電気製品に見られるように，製品をつくるときには，色や形のデザインが重要な要素となる。このような商品開発のデザインでは，新鮮味があって購入されること，使いやすいこと，適切な価格で生産できることなどが課題になる。社会におけるデザインと図画工作科・美術科におけるデザインの内容とは，もちろん相違があってもよいが，美術教育の歴史では，産業発展を支えるためのデザイン能力の育成が要請されてきた。けれども，大量生産に支えられた企業社会の時代は，既に行き詰まりを見せている。これからは，社会の要求や大人の考え方を子どもたちにおろす方式ではなく，子どもたちや若者の興味・関心に沿ったユニークな発想から学ぶ姿勢，ボトム・アップの方式が必要になっている。例えば，チームのユニホーム，公園の遊具，住んでみたい家のデザインなどを子どもたちに委ねてみてはどうだろうか。基本構造やコストといった点は別にして，子どもならではの夢がある，楽しさが感じられるデザインが生み出されるはずである。

4. デザインにおける個性的な発想

絵画や彫刻を自己表現，デザインや工芸を適応表現と呼び，適応表現では，使う目的や用途にあった造形活動が望まれた。けれども，画一化・類型化した中で創造性は育まれず，むしろ自分らしい個性的な発想を生かしたデザインが求められているといえる。スマートフォン，コンピュータ，全自動洗濯機をはじめ，身の回りにある機器のアイデアは，当初は個性的で実現不可能な発想であったはずである。こんなものがあったらよいという夢や希望であったものから始まり，長年の試行錯誤を経て，製品として生み出されたものが多い。実現できるはすがないと思い込むのではなく，ユニークで奇想天外な発想を生かしたデザインをすることが，将来の新たな発明をもたらすに違いない。

5. 視覚伝達のデザイン

いろいろなことを人に伝えるのに，言葉で話したり，文章を書く。同様に，文字，マーク，イラスト，映像といった視覚的な情報によって，よりわかりやすく，親しみやすく伝えるために視覚伝達のデザインとして工夫し，意味や気持ちを伝える。従来までは，目的や用途に沿って，明確に伝わりやすいことが視覚伝達のデザインの条件であったが，今日では，必ずしもそうではない。テレビや新聞を見ていると，直接伝わりやすいメッセージよりも，むしろ，何だろうと思わせる内容の方が，印象が深く興味を引き付けられる。同様に，視覚トリックを使ったポスターなどは，すぐに意味が伝わらないことが多いが，知的好奇心を高める効果がある。視覚情報があふれた状況の中で，人々の興味を引き付けるデザイン，より親しみやすい造形はどのようなものかを意識することになる。メディア時代において，視覚的な情報を適確に読み取り，積極的に活用できる力を子どもたちに培ってもらいたい。

6. 装飾としてのデザイン

装飾品を身に付けたり，化粧してからだを飾るということは，時代や民族を越えて普遍的に行われてきた。また，現代の人間は流行の色や形に敏感で，服装や日用品など身の回りを飾ることに強い興味をもっている。一方，多くの学校では，服装・持ち物・身なりなどが校則で制約され，個性的でおしゃれな美的感覚は，内に隠れた状態になっている。けれども，身の回りを飾りたいと思うのは，特に若者にとって自然な願望である。おしゃれに関する気持ちや美的な感性を，造形表現やデザインとして生かす。

7. 人へのやさしさ・思いやりのデザイン

現代では，情報通信技術が発展し，オートメーション化したり，瞬時に情報が伝達される。ところが，機器が発達した便利な時代になればなるほど，人間味あふれた心が求められる。例えば，高齢者・幼い子ども・障がいのある人への優しさや思いやりの心である。優しさや思いやりは，経済的な支援だけでなく，身近な生活デザインの視点からも行われる。ユニバーサル・デザインの分野では，高齢者・幼い子ども・障がい者といった人々の立場になって,使いやすい日用品の開発や住環境の改善をしている。日用品や建築物の色・形・大きさ・材質のデザインを工夫することによって,快適に生活できることが多くある。人への優しさや思いやりの心から色や形の工夫をする姿勢や方法を学ぶことが，図画工作科・美術科においては必要である。（長良若葉）

平面構成

1. 進出と後退による構成

図３　構成例１

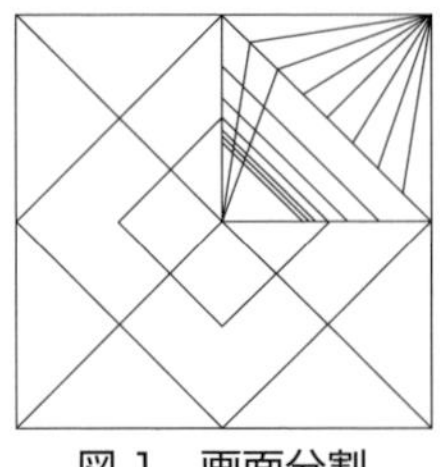

図１　画面分割

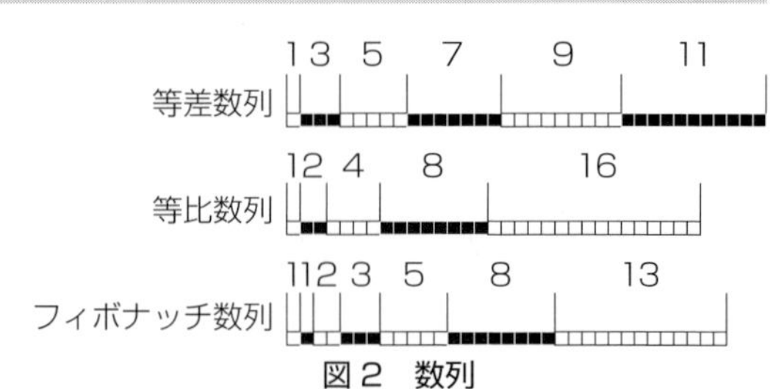

図２　数列

図４　構成例２

平面構成は，視覚造形の基本である構図や配色だけでなく，意図や個性を伝えるための技能訓練として主に中学校で行われてきた。特に画面分割（図１）とグラデーションによる構成では，幾何学形態の規則性と色相，明度，彩度を含めた配色の効果が問われ，デザイン的な造形思考の基礎となる。例えば，正方形に対角の補助線を引き，円形や菱形で画面を大きく分割，円弧や菱形の四辺を一定間隔で区切り，４つの角へ向かって放射状に収束させる。分割には，等差，等比，フィボナッチなどの数列（図２）を使って格子状に塗り分ける。グラデーションは両端の色から計画的につくる。手前は明度を高く，遠方は明度を低くすると図形が手前に出たり奥に後退したりしているように見え，立体感が出る（図３，図４）。

2. 階調の分割による構成

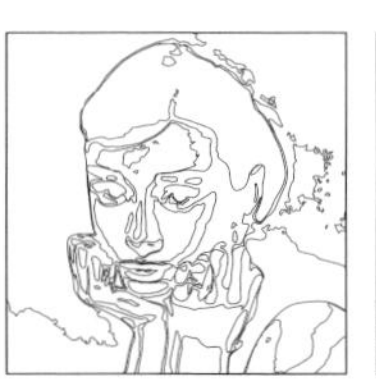

図５　階調の分割による作成

図６　構成例３

図７　構成例４

滑らかな階調を分割して彩色すると，写真にはない劇的な肖像の表現が生まれる。人物の顔（できるだけ大きな顔がよい）の白黒写真を拡大コピーして原図とし，トレーシングペーパーを覆い，同じ明度の色域で等高線を描くように６段階の境界線をトレースしてゆく。カーボン紙を使ってケント紙に転写したものを下図とし，人間の顔の明暗や，肌や目，髪の色をどう配色するかを工夫する。必ずしも肌色や髪の黒色を使う必要はないが，色相と明度のバランスや明度差の順序が立体感の演出に関わるため，配色カードを使った色彩計画が必要であろう。よく馴染みのある人物の顔を使った場合，配色によっては驚きが増す。

3. 立体透視による構成

図 8　書体の見本

SUZUKI
AYANO

図 9　正方形の中に文字を描く

2 点透視図法を用いてアルファベットの立体文字をつくる。サンセリフ体の太字の見本を参照し，2 つの正方形の中に左半分と右半分に文字を描く。正六角形中央を縦線で分割し，これを正六面体に見立てて，手前 2 面に文字を貼り付けるようにトレースする。2つの消失点から文字の字画の角に投射線を結び，平面的な文字を突出させる（図 10）。配色は左，右，上，下の各面の 4 色を使用するが，計画的な明度差の配置によって光源の位置が演出され，立体感が強調される（図 11）。

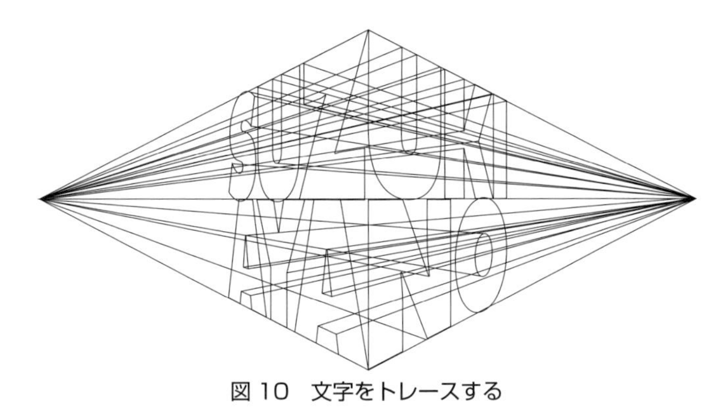

図 10　文字をトレースする

図 11　構成例 5

4. リズム感による構成

図 13　構成例 6

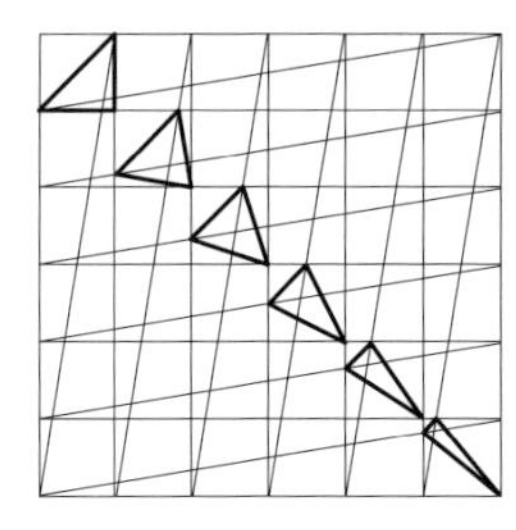

図 12　画面を分割する

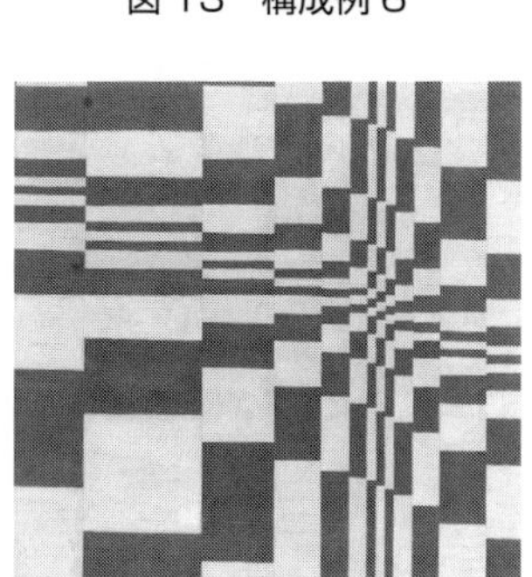

図 14　構成例 7

平面構成においては，画面を規則的に分割したり，矩形（くけい）や三角形などの幾何学的な要素を繰り返して配置したりするため，リズム感が生じる。画面を縦と横，斜めに分割する際に，フィボナッチ数列なども使いながら分割線の交点を規則的に結んでいくと，新たに小さな連続する三角形や四角形が現れてくる（図 12）。幾何学的な図形の連続配置は，繰り返し模様をもつラッピングペーパーや洋服の生地がそうであるように，一定の美しさをもつだけでなく，目を楽しませる効果がある。また，形や色によってあえて規則性を崩したり段階的な強弱をつけたりすると，整然としたリズム感の魅力が強調される。少しずつ変化しながら連続するパターンによって，ゆらゆらと揺れるような錯視の効果が得られる場合もある。（山本政幸）

3-26 視覚デザイン

1. 線の役割

「線」は，絵画・デザインを問わず画面を構成する最も基礎的な造形要素の一つである。数学的には線は長さがあって幅の無いものとされるが，造形表現的には幅をもって描かれる。紙の上に鉛筆を触れると点ができ，そのまま少し引くと線が現れる。線には，直線，短線，曲線，折れ線，円弧，自由曲線などがあり，3本以上の線の両端が接して全体として閉じた形式をもつときに「面」となる。線によって面の形がゆがめられるとき，空間表現が可能となる。そして面が組み合わされ周囲が限定された状態になるとき，立体が現れるのである。

視覚表現においての線の働きは，大きく分けて次の6つに分類される。① 感情表現：描いた人物の感情や動き，スピードを線から読み取ることができる。② 方向・誘導：動きの方向を示したり，視線を誘導する③ 形・シルエット：抽象形態，具象形態，ピクトグラム（絵記号）など。④ 材質感：物体としての性質や表面の触感的な肌触りの表現。⑤ 模様・リズム：パターンの繰り返しで模様をつくったり，リズムを表す。⑥ 空間表現・境界・3D（立体）・イリュージョン（錯視）：奥行きや前後感，図と地（ポジティブとネガティブ）の境界，立体的な量感表現，錯視画，不可思議図形など。

2. 実践 「自由な線の世界」（中・高学年対象　4時間）

実践のねらい：① 様々な線の機能や明度コントラストの効果を理解し，効果的に用いて画面構成を行う。② 偶発的に生まれた線や形の面白さに気付き，その中に自分の意図した操作を組み合わせる。③ 竹ペンや墨汁の素材性や特性を知り，それらを使った制作活動に親しむ。

準備するもの：竹ペン（無ければGペン，かぶらペンなど），筆，墨汁，硯（すずり），画用紙，筆洗，ウエス

感情表現　　方向・誘導　　形・シルエット

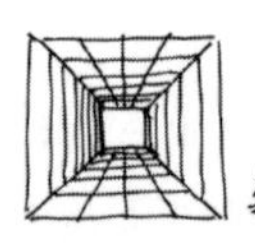

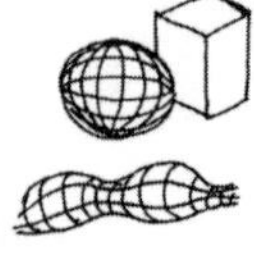

材質感　　模様・リズム　　空間表現・3D・前後・境界・イリュージョン

図1　様々な線の機能

実践の流れ：① 線の役割を理解するために，図 1 に記した機能をそれぞれ各自実践してみる。② 一通り線の機能を試したら，画用紙に自らのイメージに合わせた模様を描いていく（図 2）。本事例では線に面白みを出すために竹ペンを使用した。手順としては，まず大まかな構図（縦，横，クロス，流線型，ジグザクなど）を決めて基準となる線を引く。次にその線を元にいろいろな方向や形，パターンに派生させて模様を描いていく。自由な世界なので，あまりゴールを決めたり特定の意味をもつ形態を描きすぎないようにする。線（1 次元）から面（2 次元），そして立体や空間（3 次元）へのつながりを意識しながら画面を構成する。③ 線が描けたら部分的に筆で黒く塗りつぶし，明暗のバランスを整えながら画面を仕上げる。白と黒のトーンだけでなくグレートーンを組み合わせてもよい。

図 2　制作の様子

図 3　思いや意図を発表する

図 4　学生による作品 1

図 5　学生による作品 2

3. 実践　オプティカル・アート「浮き上がるカタチ」（高学年対象　5 時間）

オプティカル・アートとは，錯視や視覚の原理を利用した絵画のことである。広い意味での「だまし絵」（トロンプ・ルイユ）の一種。

実践のねらい：① 線による空間表現を活用し，ストライプの布の下に隠れた形が浮き上がって見えるというオプティカル・アートを実践する。② 中身の形の凹凸感を想像しながらストライプの線を引く。③ 透明水彩絵の具でストライプの色や影を表す。

準備するもの：水彩絵の具，水彩紙，鉛筆，筆，パレット，筆洗，モチーフとなるもの（想像で描いてもよい）

実践の流れ：① 浮かび上がらせたいモチーフを決める（手やバナナなど，なるべくシンプルでわかりやすい形を選ぶ）。② モチーフの形を画面の中央に描く（わかりやすいシルエットで）。③ そのモチーフが布の下に隠れていると仮定して，凹凸感を想像しながらストライプで描く。④ 水彩絵の具でストライプの色と影部分を塗ることで，完成となる（図 5，6）。

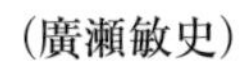
（廣瀬敏史）

図 6　浮き上がるドーナツ

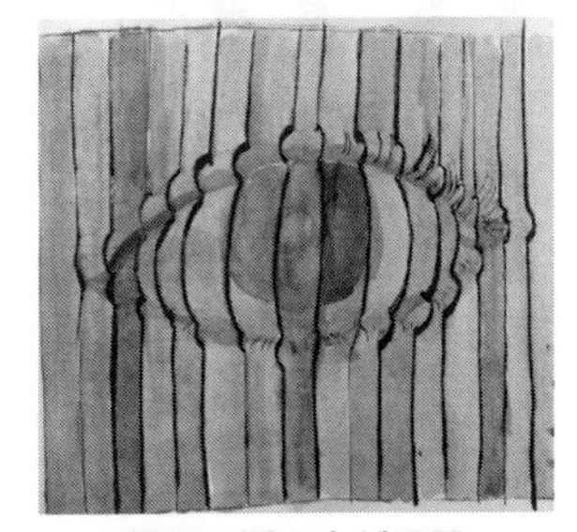
図 7　浮き上がる目

3-27 文字デザインとタイポグラフィの基礎

1. レタリングの意義

新聞や雑誌，書物，街中のポスターや看板，PCから携帯端末にいたるまで，私たちの身の回りは文字であふれている。印刷物や画面表示の中の文字には様々な形があり，用途に応じて使い分けられている。こうした文字の形を忠実に再現したり新たにつくり出したりすることをレタリングまたは書体デザインという。正しい文字の形を知ることはその国や地域の文化理解につながるとともに，文字を使った新しいデザイン表現の基礎にもなる。

2. レタリングとタイポグラフィ

図1 字体と書体

字体とは「A」や「B」などの文字の種類をあらわし，誰が書いても共通である。一方書体とは字体を包む輪郭であり，同じ「A」でも様々な形状となる（図1）。人間でいえば字体（glyph）は骨格，書体（typeface）は肉付きや衣服であり，それぞれが異なる個性をもつ。書体は活字や写植，デジタルでつくられるひと揃いのフォントとなり，個々に名前がつけられ，違った用途を備えることになる。

レタリング（lettering）とは主に手書きで文字の形をつくることで，既成の活字を忠実に再現する製図だけでなく，書道のように筆勢を生かした創作も含まれる。他方タイポグラフィ（typography）とは，文字そのもののデザインと文字の配置によるデザインの2通りの意味をもち，前者が書体のデザイン，後者は文字を使った誌面のレイアウトのことを指す。

3. 和文書体の特徴

図2 明朝体の例

和文書体には大きく分けて明朝体とゴシック体がある。中国の明から清の時代にかけて完成したとされる明朝体は，主に細い横画と太い縦画で構成され，筆勢を様式化したウロコ，ハネ，ハライに特徴がある。横画と縦画ともに均一な太さのゴシック体はウロコをもたない。和文書体の最大の特徴は，漢字・かなともに仮想ボディと呼ばれる正方形の枠線に収まること，そして横組み，縦組みのどちらにも自由に文章の方向を組むことができることである。仮想ボディの中にバランスよく，読みやすく，そして美しくレタリングすることが望まれる。

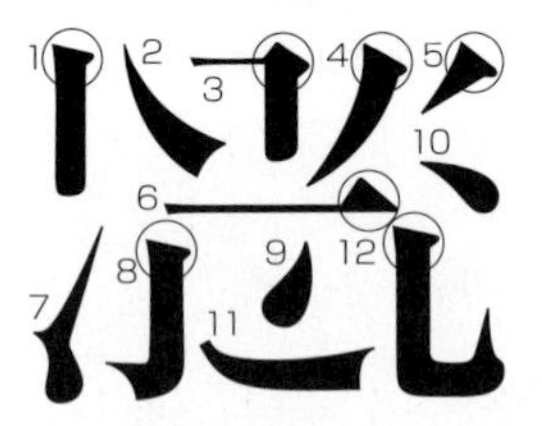

1たてかく　2みぎはらい　3かぎ
4ひだりはらい　5とがり　6よこかく
7はねあげ　8たてかくはね　9ぎゃくてん
10てん　11よこはらい　12まげはね
○はウロコの部分

図3 明朝体のパーツ

和文書体においては，特に字面の面積，上下，左右のバランスが重視される。正方形，菱形，円形，三角形は，同じ文字の高さに描くと面積が異なって見える。正方形は小さめに，菱形は大きめに描き，上向きと下向きの三角形は上下に少しずつずらすとバランスがとれる。

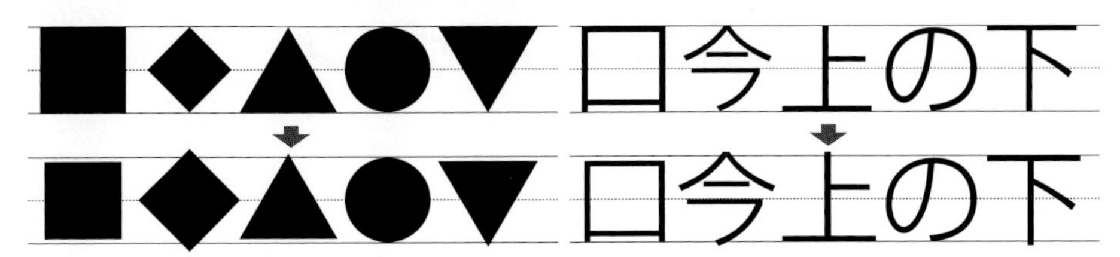

図４　和文書体でのバランスのとり方

4. 欧文書体の特徴

欧文書体の主なスタイルにはローマン体とサンセリフ体がある。ローマン体は古代ローマ時代に大文字が完成し，中世に小文字を加えた。和文の明朝体に似ており，バーと呼ばれる細い横画にステムと呼ばれる太い縦画，これら字画の末端に尖ったセリフがある。セリフをもったローマン体は小説など長い文章の文字を目で追う際に可読性に秀でる。サンセリフ体は 19 世紀はじめに完成し，広告印刷とともに発展した。シンプルな構造をもち，明瞭かつ現代的で，ポスターやサイン看板など遠方からの視認性に優れる。

欧文書体の場合，文字の並びを助ける補助線が通常 5 本あり，大文字と小文字はこの補助線を目安にしてつくられる。ベースラインを基線としてその下に突き出たディセンダーライン，小文字の高さを示すミーンライン，大文字の高さを示すキャップライン，その上に突出した小文字の高さを示すアセンダーライン，という 5 つの補助線がある。文字の間隔はレタースペースと呼ばれ，空間面積が視覚的に均一になるようバランスを調整する。

図５　欧文書体の特徴と補助線

5. 書体のスタイル

和文書体

書体デザイン　明朝体
書体デザイン　楷書体
書体デザイン　ゴシック体
書体デザイン　教科書体
書体デザイン　丸ゴシック体
書体デザイン　草書体

欧文書体

Lettering　オールド・ローマン体
Lettering　ファットフェイス体
Lettering　モダン・ローマン体
Lettering　サンセリフ体
Lettering　エジプシャン体
Lettering　スクリプト体

図６　書体のスタイル

和文書体では明朝体とゴシック体の他に，字画の末端を丸めた丸ゴシック体，筆勢を強調した楷書体，正しい字画を再現した教科書体，筆跡を残した草書体などがある。欧文書体にはローマン体の中にも古いスタイルのオールド・ローマン，幾何学的な構造をもつモダン・ローマン，四角いセリフをもったエジプシャン，重厚なファットフェイス，優雅なスクリプトなどがある。レタリングをする場所や用途に応じて，適切な書体のスタイルを選ぶとよいだろう。（山本政幸）

3-28 欧文書体のデザイン

1. フォント

フォントとは，印刷物や画面表示に使うために統一されたひと揃いの文字である。パソコンや情報端末には通常インストールされており，用途に応じて選択できるようになっている。書体デザインはロゴやマークとして単語を固定することが多いが，文字を入れ替えて文章を組み上げるフォントは並びによって表情が変わるため，書体の魅力がいっそう増す。ここでは，様々な視点から構想された学生によるオリジナル欧文フォント作品を紹介する。

2. 幾何学的につくる

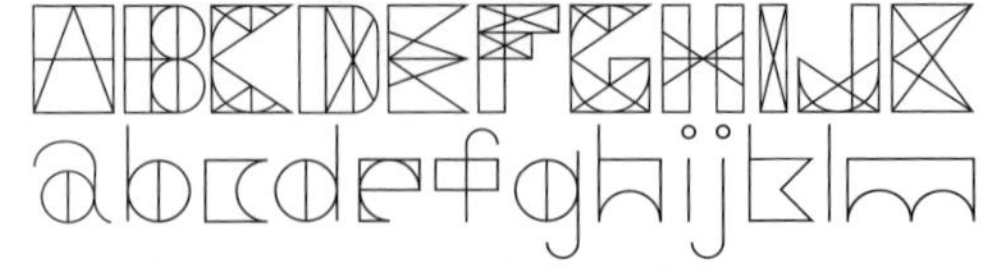

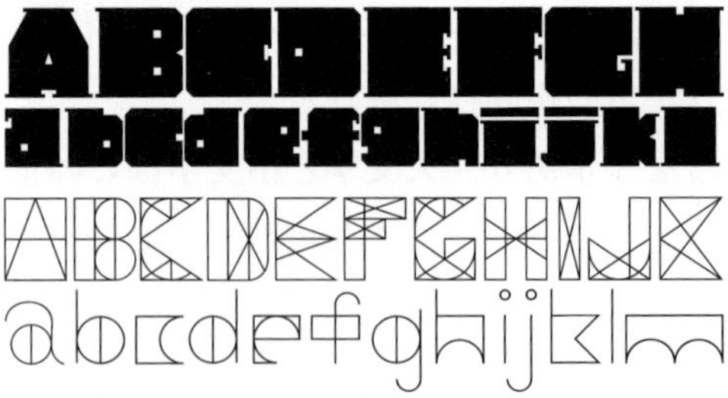

図１　幾何学的な書体デザイン

定規やコンパスを使い，直線や円弧などの幾何学図形で文字を組み立てる方法は，ルネッサンスの時代から行われてきた。プロポーションを黄金比で分けたり，円や矩形を組み合わせたりしながら字画を構成するため，読みやすさよりも規則性が優先される。

3. アウトラインでつくる

図２　アウトラインでつくった書体デザイン

アウトラインを描いた書体も歴史的に多い。サンセリフ体を下絵にしながら字画をひねるように裏返した表現や，輪ゴムのようにひと筆書きの閉じた曲線で文字の特徴を捉える表現はシンプルかつ個性的である。

4. モノを文字に見立てる

図３　モノの形を見立てた書体デザイン

モノの形を文字に見立てる方法は子どもにとって楽しい作業であり，構造がシンプルなアルファベットでは実践しやすい。金物店の様々な小物や曲げた針金，洋服のタグを組み合わせた表現は，意外性が強調される。

5. 動物を文字に見立てる

図４　動物の形を見立てた書体デザイン

動物の形をアルファベットに見立てる方法は，中世ヨーロッパの写本で行われていた。ペリカンやウミウシ，タコの手足やからだを曲げて文字をつくるのは比較的容易だが，読みやすさに配慮する。

6. パターンをつける

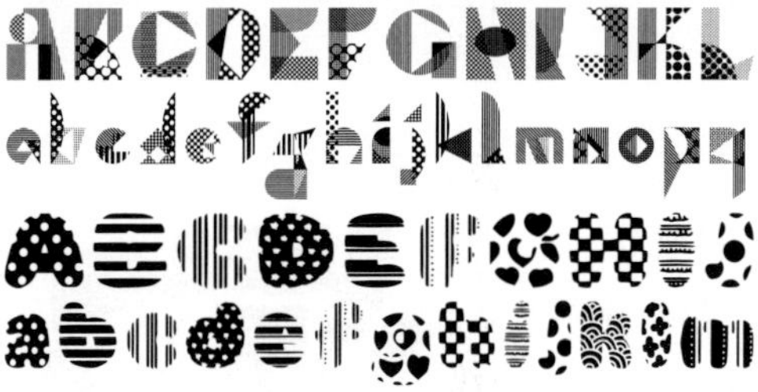

図５　パターンをつけた書体デザイン

フォントは印刷原稿になるのが前提のため基本的に色をもたないが，白黒階調で模様やパターンをつけることはできる。水玉や水平垂直のストライプ，格子状の繰り返し模様を文字の形に切り抜くと，隣り合わせた文字の質感を引き立たせ，楽しい雰囲気を創出する。

7. 装飾する

図６　装飾された書体デザイン

文字に装飾を加えて誘目性を高めたり特定のイメージをもたせたりするのは，広告印刷の発展した 19 世紀から盛んになった。サンセリフ体やローマン体を基本として，植物，水の流れや滴り，吊るされた星形など，有機的なモチーフの装飾は文字に調和する。

8. 書き文字でつくる

図７　カリグラフィのような書体デザイン

15 世紀に活版印刷術が発明される以前は，手書きのカリグラフィで書物がつくられていた。葦や鳥の羽根で平らなペン先をつくり，強勢をつけながら文字を書いた慣習が活字書体に受け継がれた。字画を強調しながら美しい書体に仕上げている。

9. 壁や黒板で組版する

図８　書体をデザインする

図９　書体を壁に貼る

図 10　小学生による書体デザイン例

手描きでデザインした書体の原図をコピー機で複製して裏面に磁石またはテープをとり付け，黒板や壁に並べて貼ってみると，文字組版のような体験ができる。一つ一つの文字が読みにくくても，単語に組んでみると，意外と読めることに気付く。小学生など，ひとりでフォント全体をつくるのに負担が大きい場合は，数文字ずつ，分担してつくり，組み合わせてもよい。（山本政幸）

3-29 映像メディア表現への着目

1. 写真の教材化

映像メディア表現において，写真は，瞬間を切り取り，映像としてフレーミング（枠付け）した平面作品，静止画像として捉えられる。一枚の写真を撮るには，構図（アングル），明るさ（露出），焦点の合う範囲（被写界深度），色調などを考慮し，自分が表現したい気持ちや光景を再現する手法を用いた創作行為が目指される。それはじっくりとモチーフを見て描く絵画表現と似ている。違うのは，シャッターを切れば写真になるといった即時的な表現として，対象となる光景の大まかなイメージを瞬時に捉えることができる点だろう。さらに制作過程では，何度も撮影して，写真のバリエーションを増やしたり，やり直したりもできる。フィルムを用いた撮影であれば，形や色がシルエットとして浮かび上がってくる現像プロセスに創作の可能性もある。また写真をデータ化すれば，デジタル上で画像の加工・編集をして，制作途中のものや，完成した作品をすぐに印刷・公開し，他者と作品を共有したり，創作し合ったりすることもできる。そこには，手作業による描画表現だけでは捉えきれない発想の広がりや，写真が示すイメージによる学びの可能性がある。図2の連画は，連想ゲームのように，一枚の写真の印象を読み取り，そこから発想して別の写真を提示することを複数人数で展開する創作活動である。個々の写真が有するイメージが，見る者と作る者の間に生まれる主題を書き換えながら移り変わり，次々と発想が共有されていく場面には，創造的なフィールドが広がっている。日常の瞬間を捉えたインスタグラム（写真共有アプリケーション）なども，イメージが示すよさや美しさの連なりを見出す造形感覚の下で，発想や構想への道が示された教材といえるかもしれない。図3は，窓から見た風景，窓から見られる風景といった，窓を境目に行き交う世界の面白さを，写真を媒体として追求した教材である。図1に示す自分の思いが込められた写真を撮影，選択し，これをモチーフとして窓を捉えた構成を考える。奥行きや水彩表現による立体感などから，視覚効果をねらった表現の工夫もみられ，既存の水彩による絵画表現から発展した空想的な構成には，写真を描画表現の素材として活用する教材の可能性が示されている。

図1　お気に入りの写真
学生作品

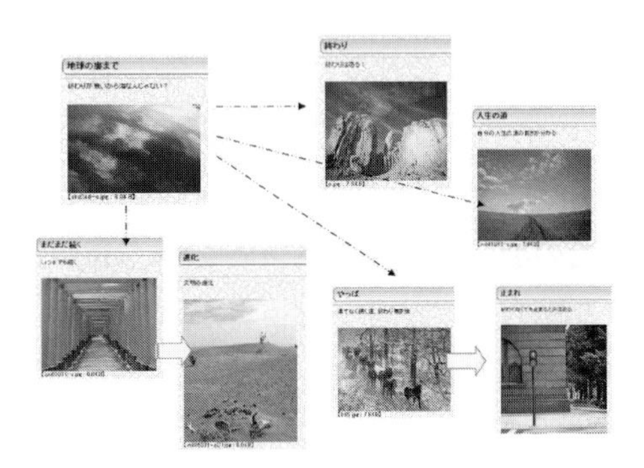

図2　連画の参考事例（生徒作品／中学校）
「終わる」イメージから様々な思いが瞬時に綴られている。

図3　私の窓
図1の写真を用い，水彩表現とあわせて窓を描写している。

図４　江戸 story
学生作品

図４は，染色した和紙のモビール（平竹と刺繍（ししゅう）糸で吊るした立体構成）を写真撮影したものである。「風に揺れる形」，「江戸」をテーマとした配色で全体の動きやストーリーを構成している。完成した写真は，夕暮れ時に街頭で撮影し，江戸の賑わいや情緒，雑踏の音といった日本の歴史や文化的な要素を含み，江戸の情景を現代の風景に重ねた表現が印象的である。このように，写真という瞬間の映像（イメージ）が示す意味を，メディアとして媒介させる制作プロセスによって，学習者が自らのイメージを身近に捉え直し，社会化する方向性に，写真という映像（イメージ）を教材化する観点があるといえる。

2. 教材と指導 ―映像の造形性を踏まえて―

図５　ふるさと美術館をつくろう
上段：五高記念館の外観，下段：館内の一室に水前寺公園を再現
学生グループ作品

図工・美術で扱われる映像メディア表現は，映像（イメージ）をつなぐメディア（媒体）によって表現するものといえる。現代において，子どもたちの日常には，ネイティブなメディアとして，先の写真に加えて，ドラマ，映画，アニメーション，ゲーム，SNS などにより配信・交流される動画や先端芸術など，視覚的に創作された映像による魅力的な表現が溢れている。授業展開で，これらの映像に“創る”行為を通して関わる時，主題にそって意味付けられる場面ごとの，映像としての色彩や情景，映像情報としてのキャラクター，文化的・歴史的な文脈などのありようが，造形的な要素として，その都度，見るものに想いを連ねさせ，これまでにはない発想や構想を導き，物語や心情を形づくっていく経緯が重視される。図５は，3D シミュレーションゲームソフト「マインクラフト」を用い，ブロックアートとして，仮想空間に歴史的な建造物（五高記念館）を再現したものである。“ふるさと”を主題とするグループワークで，館内に地域の名所・旧跡，名産品ギャラリーなどを構想し，地域の美術館として館内のアートツアーをそれぞれに企画・実施する学習活動の一場面である。地域の現地調査を踏まえた実際の建造物とウォークスルー（3D 映像）での造形にみられる美的な表現の違いには，映像を交えて仮想と現実，過去と現代をマルチに行き来する新たな実感を伴う経験世界が示されている。また，現地調査での記録や，アートツアーの様子をアーカイブズやドキュメンタリーとして編集し，クラス全体で鑑賞し，語り合う行為には，地域理解や郷土愛を深めるための映像を通した“ものの見方”を洗練する全人的な学びがある。このように，映像メディア表現の学習指導においては，メディアの機能や技法に留まらず，映像となる題材が有する環境や文化的・社会的背景などから導かれる造形的な観点を踏まえた領域横断的なカリキュラムが重視される。また映像メディア表現は，視覚を主として，音，身体，言葉，環境などと結び付いた複合的なイメージの表現媒体でもある。映像を題材とする教師には，子どもたちが興味深く多様なイメージに触れ，そこから人間形成に至る確かな事象のつながりを見出していける教材開発への視野と授業構成力が望まれる。（赤木恭子）

3-30 コンピュータの活用

1. ドローイングとペイントの機能から

ドローイングは線を描くこと，ペイントは色を塗ることを中心とした表現である。コンピュータ上で様々なアプリケーションを活用すれば，こうした描画表現とともに，画像を加工・編集することができる。昨今では，コンピュータの他，携帯性や通信性に優れたタブレットやスマートフォンなどでも描画を作成・加工・編集することができる。これらを用いれば，制作現場にこだわらず，思いついたその場でその都度，制作した絵やイラスト，漫画，写真などを加工し，制作過程や作品の相互交流もできる。windows（OS）のシンプルなペイント機能，グラフィックソフトとして有名なadobe社のIllustrator，Photoshopなど，アプリケーションごとに機能の差はあるが，概ね次に示すような学習活動の可能性が認められる。①線画の補正機能によって，自分が描いた線の微妙なぶれを補うことができる。また，既存の図形や文字，イラストなどの利用により，図1のようなマークやキャラクター，レタリングなど，形の編集に関する制作支援が得られる。②画像を層で扱うレイヤーやマスク機能により，絵を重ねたり，抽出したり，透かしたりといった表現ができる。例えば，前景と背景を別の層にして図案全体の位置関係や印象を操作すれば，新たな発想や構想を導く手立てともなる。③モチーフの移動・拡大・縮小，回転，複製機能などによって構図を構想しやすい。④ペイント機能の筆の種類，色彩，ペンタブレットによる筆圧の表現や描画機能の拡張などにより，描画を様々なスタイルで，手書きに近い感覚で再現できる。⑤ぼかす，にじませる，こする，陰影を付けるといった様々なフィルター効果により，絵画表現の質的な広がりに触れることができる。⑥以上の作業の繰り返しや，やり直しをスピーディに行えることから，失敗を恐れず，自分のイメージを追求できる。このように，コンピュータを活用した描画表現には，「試し」の可能性や，描くものに対する「表現の幅」が認められる。そして，以上に示す機能を活用した創作プロセスには，描画に関する基礎的な造形感覚を養い，苦手意識の克服にもつながる教育支援や，実世界に対してものの見方を深める映像を通した学びの機会が示されている。

図1　ペイント機能を活用したキャラクターデザインの例
学生作品

2. コラージュ

コラージュは，様々なモチーフを組み合わせて作品を構成していく芸術的な創作技法の一つである。コンピュータ上では，前掲の画像加工の機能を備えたアプリケーションを用いて，多様な画像の再構成から新たな印象の連なりを生み出し，作品を創作することができる。これは静止画像や動画を組み合わせたメディアコンテンツの展開を含む。実践では，既存の写真などを組み合わせた平面作品の他に，実際に手作業で制作したモチーフを再編成した造形作品や絵本などの出版物もあげられる。図2に示す制作展のポスターは，「せん」という一つのテーマで展覧会に関わる者たちが，それぞれの描材で表現した個性的な“線”

を組み合わせ，平面作品をコラージュしている。主題に沿って一つのつながりを意味付けていく過程には，制作者たちが表現し，鑑賞する活動に，協働し，創意工夫する場が生まれている。またコンピュータ上でコラージュした作品を印刷物として複製し，公に発信する行為には，日常にある身近なメディアを用いた学習展開も示されている。留意点として，コンピュータ上で完結する造形表現は，実在の多様な用材を用いて創作するコラージュに比べて映像処理に特化され，五感を交えた精彩な捉え返しが捨象された表現が助長される可能性もある。そのため，実践においては，主題やモチーフとなる用材とメディアの機能の取り扱いから，映像のコラージュとして変容するイメージを，実感ある世界につなぐ経験的な創作プロセスとして，題材設定や学習内容を具体化することが重視される。

図２　「せん」展ポスター
学生作品

3. 動画編集

動画編集は，先のコラージュと同様に，画像の切り貼りによる構成が中心の創作活動といえる。映像の主題に沿った脚本展開や絵コンテによるカット割，ストーリー構成などによって，瞬間と時間を踏まえた動画としての美的な表現と物語を紡ぎ出していく創作過程がある。またそこには，写真などの静止画像とは異なり，動画像によって常に変容する曖昧なイメージを即時的，横断的に捉え，外的な環境へ広げていく意味生成の場がある。実践では，動画編集を交えた活動内容は，図３に示すようなストップモーション（多様な描材によるコマ撮り，アニメーションを含む），記録・振り返りとしてのブログ，ドキュメンタリー，脚本から創作していくようなフィルム（映画・ドラマ），プロモーション系の CM，ミュージックビデオの制作など，多岐に及ぶ。撮影機材には，先述したスマートフォンやタブレット，身体（からだ）や物に装着可能なウェアラブルカメラ，映像品質の高いデジタルビデオカメラなどがあり，制作工程によっては，臨場感のある映像を用いたインタラクティブな動画編集も期待できる。図４では，アニメーションの一場面を下絵としてアレンジした墨絵のカット割りから，表現と鑑賞において物語る学習展開が認められる。このように，動画編集では，アナログとデジタルが有機的に循環する学習行為の中で，ワンカットと連続する映像の印象をつくり込むことや，美的な体験や感動の共有を目指した映像の動的な創作行為が重視される。またそうした場で，学習者が，彼らを取り巻く世界に見出す多様なイメージや事柄を主体的に再構成していくプロセスに，動画編集を用いた映像メディア表現の学修の可能性が拓かれている。（赤木恭子）

図３　元素記号 rap
元素記号を覚えるための歌を紙粘土や文具で表現したストップモーション。
学生作品

図４　水墨画障子でつながる世界
既存のアニメーションを題材として過去と現在をつなぐ物語を水墨画で表現。パズル状の型枠をカット割のパーツに見立て，個々人で制作。障子のお気に入りの場所に型枠をはめ，構成する。完成した障子を適した環境に展示し，鑑賞者で新たな物語を創作する。学生作品

3-31 工作・工芸で表すねらい

1. 学習指導要領での取り扱い

平成 29 年告示小学校学習指導要領において「A 表現」の内容では，発想や構想に関する事項と，技能に関する事項の 2 つが大きな柱であり，双方を関連付けて指導することが明示されている。また，工作に表す内容を，絵や立体で表す内容と同程度の授業時間で計画することとされる。

平成 29 年告示中学校学習指導要領では，感じ取ったことや考えたことを基に発想や構想する絵や彫刻の活動と，目的や機能を基に発想や構想するデザインや工芸とに分けて記載されている。そして原則として両方の発想や構想の能力は，創造的な技能と相互に関連させて，子どもが創造性や個性豊かに表現できるよう指導することが記されている。

2. 発想や工夫

工作・工芸での発想や工夫の仕方は，絵や立体で表す活動とは異なる部分がある。その制作のプロセスは素材に向き合い，道具や技法を用いて変化させる中で発想したり，行為を繰り返す中でコツをつかみ，自分なりの工夫やイメージの広がりに発展させたりするのである。就学前の子どもたちが，感触や行為自体が楽しいから行い，作品は楽しんだ結果として残るものであることと通ずる部分がある。素材に触れる中で，その特質に触れ，用具の扱い方やその技法の面白さに出会うのである。しかしながら，就学前の子どもの活動と異なり，工作・工芸では，完成までに必要な活動全体をイメージする力や，各工程を構想する力が必要となる。そのような力も繰り返し行わないと育たないため，素材や技法と向き合い，試行錯誤を重ね，素材の操作にのめり込む時間の保障が大切である。

3. 材料・用具の体験

紙：紙素材は最も身近で思い通りに変化させられる素材である。それは，はさみやカッターナイフで切ったり，のりで貼ったり色を塗ったりして，形や色を変化させるだけではない。平面である紙を折ったり，曲げたり，吊るしたりすることで立体に表すことができるのである。平面作品だけでなく，空間に変化を与えられる立体造形の楽しさは，様々な気付きや発見，意欲を子どもに与えてくれる。

木：木材は子どもが関わりたくなる素材であり，できるようになったことがつぶさに表せられる素材である。ひたすら削る，ひたすら切る，ただ釘(くぎ)をたくさん打つ，ただつるつるに磨く。それだけでも楽しく，色々な気付きや発見ができるが，その活動を通して，道具の扱い方のコツをつかんだり，イメージを膨らませることができる。

土：粘土はいくつになっても作者を夢中にさせてくれる素材である。感触を楽しみながら，子どもは想像した世界を自由に再現することができるのである。大量の粘土と全身で格闘したり，バランスやマッス（塊）を感じながら立体的に表したり，レリーフ状につくったりと，表現の可能性は広い。焼いて粘土の変化を楽しんだり，コップやお皿など自作の焼き物を生活の中で使うのもよいだろう。

金属：金属は硬い印象があるが，石やガラスや陶器のように割れることはなく，曲がるという特性をもっている。つまり粘りをもった軟らかい素材であるといえる。そのような金属は鉄，銅，アルミなど実に多くの種類が存在する。低学年ではアルミホイルを変幻自在に変化させたり，中学年になると針金を曲げたり，ねじったり，つないだりして立体的なオブジェを誕生させられる。太さや色も色々な種類を準備しておくと子どもの個性は開花していく。高学年から中学生になると，薄い鉄板を使って金属素材ならではの立体作品をつくることができる。給食用の缶詰を解体して，焼きなました（金属を軟らかくする熱処理。高温で熱し，少しずつ冷ます）ものを金づちで少しずつたたきながら切ったり，曲げたり，つなげたり。立体にするための接着にはリベットやクルーガンを用いる。扱いが大変な素材だけに子どもは正面から素材と向き合うことができ，作品が完成したときの表情からは感動や達成感が溢れ出るのである。

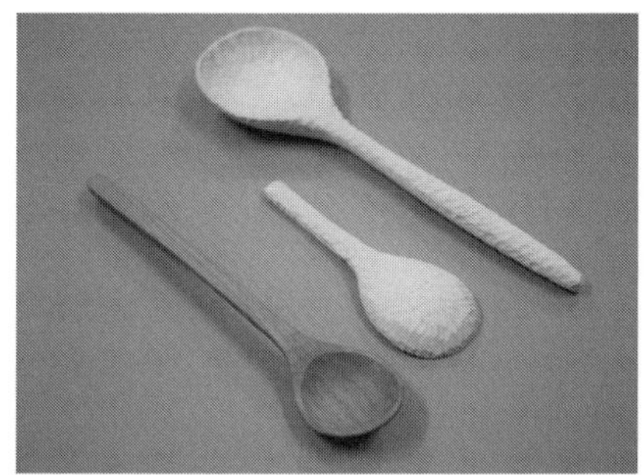

図１　木：木を削ってスプーンづくり

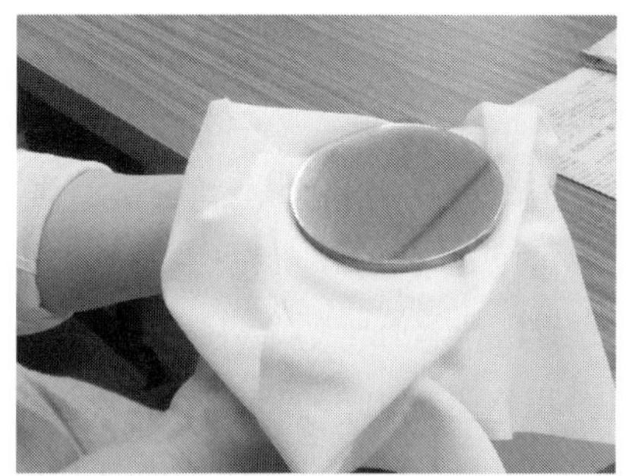

図２　金属：ひたすら磨いて銅鏡をつくる

4. ものづくり文化

平成 29 年告示小・中学校の学習指導要領では，ものづくり文化からの学びと，そこに注がれる眼差しの大切さが強調されている。日本人が磨き上げてきたものづくりとは，使う側に立つ視点と独自の美意識，感性により，単なる機能美を超える「用の美」を，職人や匠（たくみ）らが無意識に人々の日常の中に組み込んできたのである。西洋でも「アート」は技と美の両方を語源にもつが，それらは神や支配者に対してつくられた物に対する意味であり，日常の物にまで広がる概念ではない。「用の美」という言葉は，日常にありふれたものづくり（技）に潜む美である。美術の一分野として位置付けられる「工芸」も，近代美術が生活とのつながりから距離を置き，自立と精神性を追求する分野となってからは，いわゆる美術とは異なる性格をもち，また工業製品とも異なった概念を有する。これら装飾性と生活との融合が「工芸」概念といってよい。そして工芸表現の特徴は，作者の自由な発想を具現化する手段として材料や技法を用いるのではなく，材料やそれに関わる行為そのものが作品誕生に密接に関わる分野と捉えることができる。日本人ならではのものづくりへの眼差しは，単に図画工作科や美術科の教科内だけに生かされるものではない。日本の技術開発，技術融合，そして環境保全や省資源への日本的技術発想の根底には，気候や風土，気質に根ざした，長い歴史をもつものづくり文化が支えている。子どもには日本の工芸文化に根ざしたものづくりを大切にする眼差しを体験的に育んでもらいたい。（福井一尊）

3-32 紙工作 1

1. 紙の種類と性質

紙は大きく和紙と洋紙に分けられ，奉書紙（ほうしょし），障子紙，書道半紙などの和紙は，楮（こうぞ），三椏（みつまた），雁皮（がんぴ）などを主原料とし，製法には伝統工芸品のような手すきと，大量生産可能な機械すきがある。繊維が長く水分をよく吸う性質をもち，長期の保存にも耐える。

上質紙，新聞紙，画用紙などの洋紙は，木材パルプ，わらパイプなどを主原料とし，繊維を細く切断し薬品や染料などを加え，紙すき機械にかけて製造される。高密度であることから水を吸い込みにくく，表面が滑らかであることが特徴的である。

印刷に耐える強度をもたせた新聞紙，何層も重ねて丈夫にした段ボール，コーティングにより防水された牛乳パック，化学繊維や石油由来の原料からつくられる紙など，私たちの生活の中に原料や加工に特徴をもつ紙が多数存在している。

2. 紙の規格

紙には，国際標準規格のA判と美濃紙を基準とした規格のB判があり，それぞれ全紙を裁断することで規格化されている（図1）。一方，画用紙には別の規格もあり，四六判（四六全判）を基準に，縦長に切ったものを半切，その半分が四ツ切（382 × 542mm），さらに半分が八ツ切（271 × 382mm）になる。八ツ切とB4判（250 × 353mm）の大きさが近いので目安とするとよい。紙の厚さは，その重さによって，薄口，並口，厚口，特厚口と表記され，洋紙は千枚の重さをkgで表記し，一般的に重い紙ほど厚くなる。

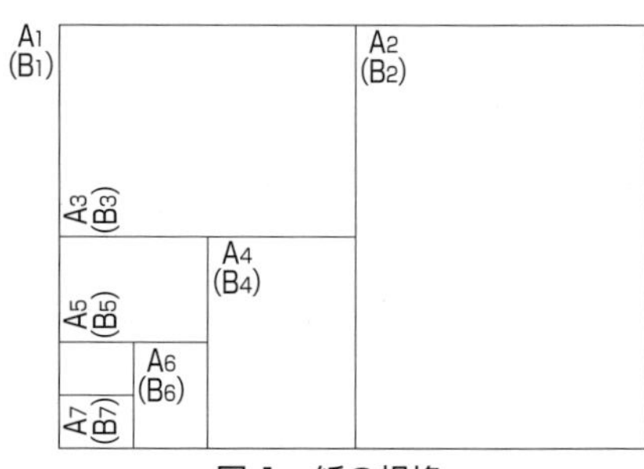

図1　紙の規格

3. 縦目と横目・表と裏

紙は，製造の過程で繊維の方向が揃う。繊維に平行の縦目と繊維に直角の横目があり，紙を破ったり，折ったりする際に，縦目の方向には素直に加工できるが，横目では抵抗があり，曲がって切れたり，折り目がジグザクになったりする。また，横目は腰が弱く曲がりやすいだけでなく，伸縮も大きく水に濡れると両端が丸まる。

表と裏は，一般的にエンボスマーク（高級紙などにある凹凸加工）が読める面や滑らかな面が表であるが，例外もあり，デッサン紙などは両面を使うことができる。

4. 紙の特性を生かした加工

造形材料としての紙の一番の利点は，加工のしやすさであるといえるだろう。紙に加える変化は，ちぎる，切る，折る，しわを寄せる，こすって形を写しとるなど多様で，丸めたり，組み合わせたりすることで立体的にもなる。また，和紙など水を吸い込む性質を利用して，染料や絵の具を吸い込ませ，にじませたり，ぼかしたりして表現したり，のりなどを染み込ませて固めて形をつくることもできる。

5. 破いたり，丸めたり，着てみたりして表現する活動

新聞紙は，加工方法の多様さや着たり頭にかぶったりできる手頃な大きさに加えて，多量に準備することができ，造形遊びに適した素材である。活動の中で，ちぎったり折ったりして紙の目を感じたり，手に付いたインクの色や匂いから新聞紙ならではの特性に気が付いたり，身にまとうことで紙の保温効果を感じたりするなど，自分の感覚を働かせて関わることができる素材である（図2）。

図２　新聞紙を使った表現例

6. 光を通す性質を利用した造形

紙には光を通すものと通さないものがあり，障子や行灯のように，和紙には通した光を柔らかい明かりに変化させたり，四方に拡散し周囲を明るく見せたりする効果もある。和紙と折紙を用いた照明（図3）は，明かりを点灯させると染めた和紙が光を通し，切り紙をした折紙は黒い影となり同じ紙でも異なる表情を見せる。また，光を通す紙を何枚も重ね光にかざすと，同じ色の紙でも重ねた枚数により色の濃さが変わって見える（図4）。

図３　和紙による作例

図４　色紙を重ねた作例

7. 水を吸う性質を利用した描画

吸水性のある和紙は，折った所を染料に浸す板締め染め（図5）や，絵の具をつけたビー玉を転がす（図6）など，偶然生まれたにじみやぼかしを使っても面白い表現ができる。逆に，吸水性がない紙や表面がコーティングされた紙は水や絵の具が染み込まないので，紙の上で絵の具を直接垂らして折り，絵の具をのばすデカルコマニーなどが楽しめる（図7）。

（五十嵐史帆）

図５　板締め染め

図６　ビー玉ころがし

図７　デカルコマニー

3-33 紙工作 2

1. はさみ

はさみは子どもにとって最も身近な工作用具の一つである。紙を曲線で切るときに，はさみを持つ方の手を線に沿って曲げて横向きに切り進めないよう指導する。そのような子どもには，はさみを持つ側の脇を締めるよう指示し，もう一方の手を使って，切っている紙を回すよう促す。カッターナイフ，彫刻刀，包丁など他の刃物も全て同じである。

刃面にテープの粘着材や絵の具やのりが付着すると切れ味が鈍くなったり錆の原因になったりするので，汚れが付いたらすぐにきれいに拭うよう指導する。他の道具も同様であるが，特に刃物は床に放置しないよう指導し，使用しないときは箱などにしまうことを徹底させる。

以下にはさみを使った実践事例を紹介する。

紙袋や封筒を使ったお面づくり：紙袋は丈夫にできているので，お面などに加工して，被って，演じる活動への展開が容易である。学年や演じる目的に合わせて活動内容を発展させられる（図 1）。

七夕飾り：切ったり，折ったり，つなげたりして立体的になった色紙を吊るして，机上とは違う見え方を楽しむ（図 2）。

図 1　紙袋を使ったお面づくり

図 2　七夕飾り

風車（かざぐるま）：紙素材でつくった風車などの回る工作作品で，目には見えないはずの風をつかまえたり，風をおこしたりして，環境との関わりを楽しみたい。

フリスビー：牛乳パックなどの丈夫な紙を用いることで，投げたり，受け取ったりして全身を使った身体活動につなげることができる。

フォトコラージュ：雑誌やチラシなどの写真を切って貼ることで，新しい絵の世界をつくることができる。また，オリジナルのフォトフレームやうちわなど生活で使えるものをつくることができる。

2. カッターナイフ

直線や，はさみで切ることが難しい大きな紙，段ボールなどの厚く丈夫な紙などを切る際にはカッターナイフが適している。切れない刃は，子どもが力を入れすぎることになり，ケガにつながるため，切れにくくなったらすぐに刃を折って常に切れる状態を維持する。

机や床を傷付けないようにカッティングマットの上で使うようにする。また，直線を切る際は，定規をあてるが，目盛りのない側面に刃をあてて切るよう指導する。

以下にカッターナイフを使った実践事例を紹介する。

廃材を使った自動車や船などの動くもの：牛乳パックなどの丈夫な紙を使えば，動かして遊べるものをつくることができる。ペットボトルのキャップやストロー，竹串を使って車輪を取り付ける。輪ゴムや磁石を用いれば，タイヤやプロペラを動かすことができる（図3）。

図３　動かせる工作

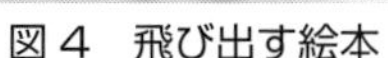

図４　飛び出す絵本

図５　モビール

飛び出すカード：カッターナイフを使いこなせれば，切り絵や，影絵をつくり出せる。さらに発展させて，折った紙を広げると，立体的に飛び出すカードや，飛び出す絵本の画面をつくることができる（図4）。

巨大紙相撲：紙相撲のキャラクターに色々な個性をもたせても楽しい活動ができる。さらに段ボールを使えば等身大の力士をつくることができる。コンパネ板などを少し浮かせた弾むステージ（土俵）の上に乗せれば，巨大紙相撲大会を開催することができる。

モビール：ビジュアルのきれいさや，面白さとともに，バランスを考えながらのモビールづくりも楽しい。様々な色画用紙を用いて，鮮やかに吊るしたい。紙でつくった立体作品を加えても面白いであろう。小学校中学年から中学校まで，これまでの経験や平成29年告示小学校学習指導要領のねらいに合わせた授業を展開することができる（図5）。

つくった作品を飾ったり，生活に使ったりできることが紙工作の大切にしたい性格である。低学年の指導では，紙の大きさ，形，色などから新たに発想をするので，つくりながら遊び，遊びながら新しい発想をし，自らの手で新しい形を生み出す喜びの姿を認めたい。そのため，多くの条件を与えた活動ではなく，つくり方を試したり，発見したり，他者と関わりながら学習できる指導を心がけていく。

中学年では，より生活に使えたり，より楽しめたりするものをつくろうとする意欲が活発になる。またその意欲をスケッチなどにし，計画を立てて，素材や色を生かすことができる。したがって，用途や飾り方などの目的を明確にする指導内容を取り入れ，計画を基に制作を行い，状況に合わせて計画を変更したり，作品に修正を加えたりして，その子ならではの工夫を重ねる姿を認めたい。

高学年では，これまでの素材や用具の経験を踏まえ，伝えたいことを主題にした題材設定を行っていく。中学年までにはなかった，周囲との関わりから芽生える意欲や思いを実現させるための，紙の特性や色，用具の生かし方を構想させる。また，紙以外の工作や描画による表現への発展も歓迎し，連続的な学びの姿を認めていきたい。（福井一尊）

3-34 糸・布の造形

1. 素材としての糸や布

織る，編む，染めるという造形は，「手芸」のイメージが強く，図画工作科や美術科の表現素材としてはあまり多くは取り上げられていない。しかし，糸や布は扱いが容易で加工の幅も広く，表現素材として大変魅力がある。何より毎日身に付ける衣服に代表されるように，子どもの日常になくてはならない身近な素材である。

糸は，そのままの形だと一本の線であるが，織ったり編んだりすることで，平面や立体になり造形の幅が広がる。布は，種類も豊富で，加工や彩色の方法も簡易なものから高度なものまで多様である。これらを粘土や木材と同じように素材の一つとしてみることで，図画工作科や美術科の表現題材の可能性が広がるだろう。

2. 織る

織りは，縦糸（経糸）と横糸（緯糸）を秩序正しく組んで面（布地）をつくることである。縦横の糸を組む様式を織物組織といい，その違い（例えば，平織，綾織，繻子織など），色糸の用い方，模様の配置などによって図柄や装飾が現れる。織るための道具や機械の構造は世界の広い地域で共通しているが，つくられる装飾には文化的な特徴が見て取れ，幾何学模様から地域や民族の信仰の対象を表したものまで実に様々である。

織りには，一般的に道具や機械を用いるが，産業用や伝統工芸品などに用いる大掛かりなものから，手づくりできる小さなものまであり，簡易なものであれば空き箱や段ボールなどでもつくることができる。

3. 編む

編みとは，1本の糸をループ状の編目にし，それを連鎖して形をつくることである。一般的に編むというと，毛糸やレースなどがイメージされやすいが，草木や蔓，麻ひもやクラフトテープ，ナイロンテープなど，様々な素材で編むことができる。編む技法（組織化）についても，自分の指を使った手軽なものから，道具や機械を使用するものまで多様である。また，織りと比べると，糸の密度が小さく組織化が緩やかで隙間が多い。また，織物は製織中に自由に幅を変えることは難しいが，編物は幅や形を途中から変更できるなど自由度が高く，立体的な形もつくりやすい。

4. 染める

布を染める染料には植物や貝，昆虫などの天然染料と，化学合成染料がある。天然染料のうち，草木の葉・樹皮・花・実などを使用したものを草木染めという。草木染料は，色止めや媒染（媒介する溶液に浸して染色する方法）などが必要で，化学合成染料と比べ一般的に淡い色味で染まるが，染色過程での色の変化や材料独特の香りなどが楽しめる。化学合成染料やカラーインクでの染めは，鮮やかな色で染めることができ，失敗が少ない。

染める方法には，布に直接筆や刷毛などで模様を描く直接法と，染料が入らないように防ぐ防染による手法がある。防染法は，染料の浸透するところとしないところをつくって図柄を表現する染め方で，防染のやり方には，糸やひもで布を縫ったり縛ったりする（絞染め），染料をはじく蝋を用いた（臈纈染め），型を使って模様や色を染め分ける（型染め），二枚の板の間に布を挟み締め付けて防染する（板締染め）などの方法がある。

5. 道具をつくって，織ったり編んだりする

織り機や編み機は，身の回りにある材料でもつくることができる。箱やペットボトルの底に穴をあけ釘や竹串などをさすと，リリアン編み機になり筒状の編み物をつくることができる（図1）。糸を足して長くしたり，円の直径を変えることで，マフラーやアームカバー，帽子などをつくることができる。

図2は，段ボールに切り込みを入れて織り機をつくり，割り箸でつくった杼（横糸を通して織るための道具）に横糸を巻き，縦糸の上と下を交互に通して織った例である。コースター程度の小さい作品から，段ボールの長さや幅を変えることでいろいろなサイズのものが織れる。

身近な材料で織り機や編み機をつくれることへの驚きや，一度つくって織ってみると，織りそのものの構造が理解でき，「今度はこんな風に織ってみたい」「こうしたらどうなるかな」と工夫の幅が広がる題材である。

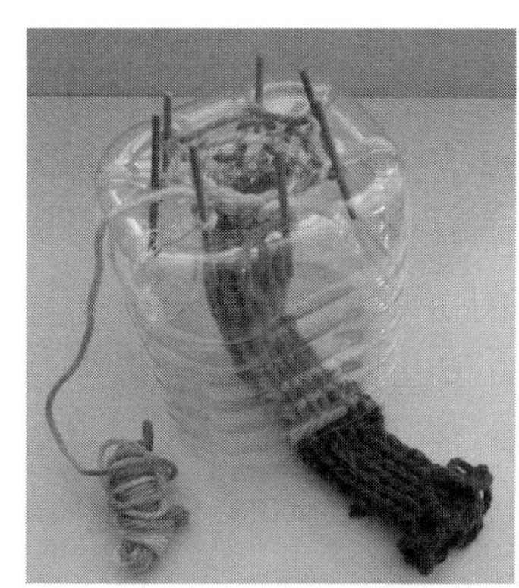

図1　ペットボトル編み機　　図2　段ボール織り機

6. 家の中の材料を用いた染色

草木染めは，自然の花や葉だけでなく，キッチンにある玉ねぎの薄皮やコーヒー，紅茶の葉，冷凍ブルーベリーなどを材料にして染めることもできる。染まり具合は，淡い色合いではあるが，香りも楽しめ，嗅覚にもはたらきかけ，身体を存分に働かせた造形活動が期待できる。

7. 絞染めによるTシャツの装飾

絞染めは，布を縫ったり縛ったりして，染料が浸透する部分としない部分をつくって染める方法である。図3は，Tシャツの布をビー玉や石を包むようにして輪ゴムで縛ったり，糸で縫い縮めたりして染液につけたり，途中まで染料につけたりして染めた。絞ったところを解くと，予想した通りの模様だけでなく，想像していない形や線が浮かび上がり，同じ色で同じ絞染めの方法で行っても，様々な模様が浮かび上がり面白い。（五十嵐史帆）

図3　Tシャツの絞染めの例

3-35 木の造形 1

1. 木の性質と種類

日本は森林が豊富なこともあり，木は古くから生活の中で使用され，親しまれてきた素材である。

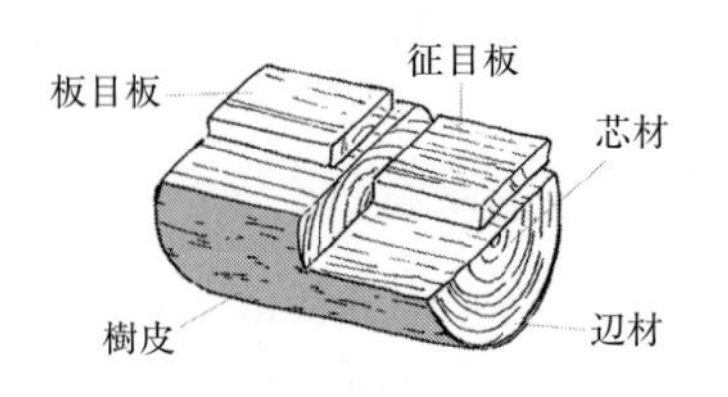

図 1　各部分の名称

木には大きく 2 つの種類がある。スギ，ヒノキ，マツなどの針葉樹と，カシ，ナラ，ブナ，サクラなどの広葉樹である。針葉樹の材は柔らかく，広葉樹の材は硬い。製材した部分により名称が異なる（図 1）。柾目(まさめ)板は，木目が板面に対し平行で収縮や反(そ)りなどのくるいが少なく加工もしやすい。板目(いため)板は，木目が板面に対して曲線や斜線であり，柾目板より割れにくいが，収縮や反りがあり加工しにくい。

木材を輪切にした内側が芯材，外側を辺材と呼び，芯材は辺材に比べ硬く耐久性がある。

2. 切るための方法と道具（のこぎり・万力・クランプなど）

木を切る代表的な道具であるのこぎりは，刃の形状は主に 2 種類あり，縦びき（木目に平行に切断）と横びき（木目に直角あるいは斜めに切断，図 2）があり，切る方向に合わせて刃を選ぶ。また，刃の形状の違いにより，切断するものが異なるので用途に合わせて使い分ける（図 3）。

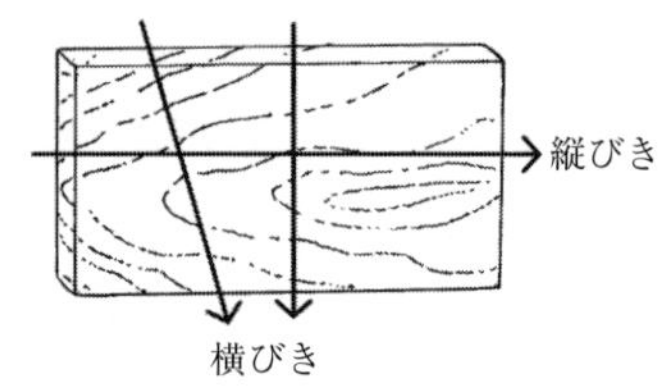

図 2　縦びきと横びき

① 両刃のこぎり：縦びきと横びきの刃が付いている。

② 胴付きのこぎり：横びき専用で，のこ身が薄くあさりが小さい。切断面がきれいである。

③ 手びきのこぎり：刃が細く，小さな細工や曲線，真ん中をくりぬいたりするのに使用する。

④ 万能のこぎり：木目に対し縦，横，斜切りが可能で，合板，竹，塩ビパイプなど多様な材料を切るのに適している。替刃式もある。

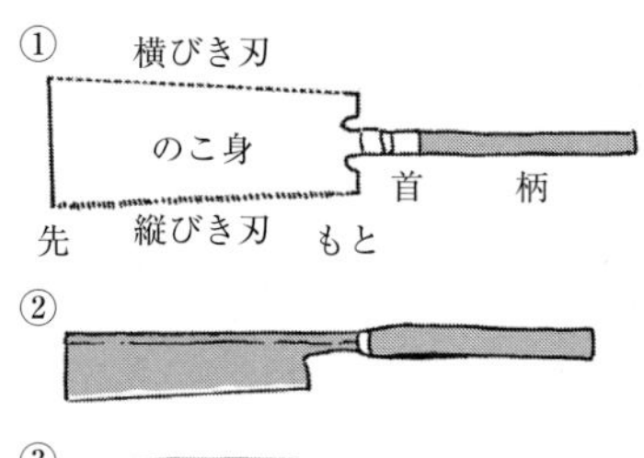

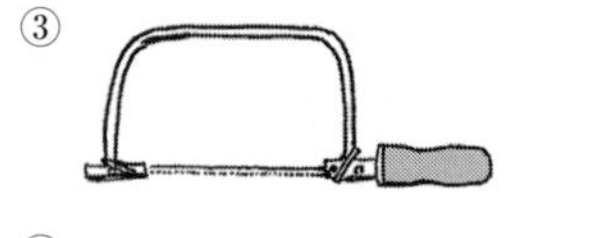

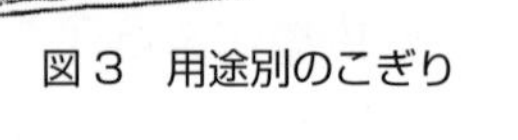
図 3　用途別のこぎり

切断する際は，材料をしっかりと固定することが重要で，友だちに押さえてもらったり，道具（万力・クランプ）を使用したりすると切りやすい（図 4）。切り始めは，のこぎりの首に近い部分を持ち，切り線にあわせて軽く溝を付ける。溝が付いたら引き込みの角度を 15 ～ 30° にして曲がらないようにのこぎりを引いて，からだは材料に正対し，まっすぐ引きながら切っていく。

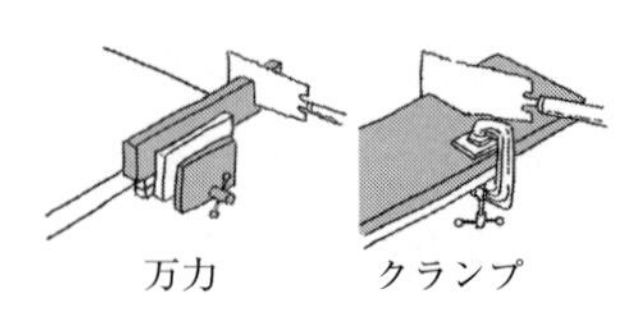

図 4　材料の固定

3. 削る・彫るための方法と道具（小刀・彫刻刀など）

小刀は，小さい道具であるが刃が鋭利なのでケガをしやすい。指導の際は，持ち方や動かし方（図 5）を徹底し，収納場所や個数の確認など安全への配慮も必要である。

彫刻刀は，木版画を彫ったり，装飾をする際に使用する。鉛筆と同様に持ち，自分のからだと反対方向に押し出すように使う。木目と平行（または，ならい目方向）に動かすと削りやすい。彫刻刀はケガをしやすいので注意が必要である。

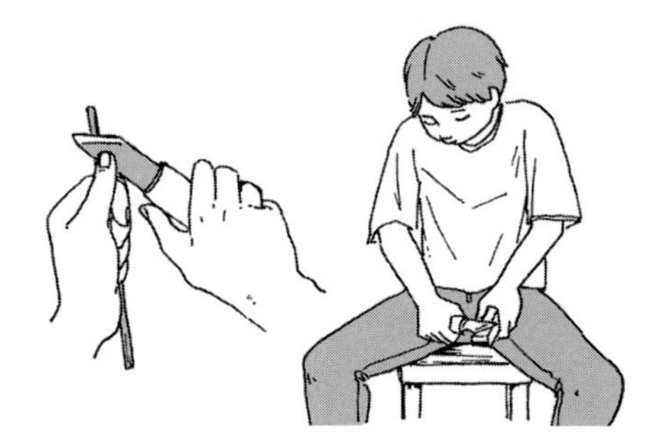

図５　小刀の持ち方と動かし方

4. つなげるための方法と道具（金づち・キリ・グルーガン・接着剤など）

木をつなげる（接合する）には釘やネジで止めたり，接合材（ダボやビスケットなど）や接着剤を使用したり，あるいは，それらを組合わせる方法が一般的である。

釘やネジを打つ時は，木が割れないように，あらかじめキリなどで導き穴をつくるとよい。釘の打ちはじめは，指で釘を押さえ，金づちやげんのうの柄の中央を持ち，金づちの平らな面で釘を軽く叩き，釘が固定されたら指を離し，柄の後方を持ち真っ直ぐに打つ。打ち終わりは，げんのうのふくらんでいる面を使い，板に傷をつけないようにして最後まで打ち込む。

接着剤は，多くの種類があるが，木材に使うものとしては，主に酢酸ビニル樹脂系（木工ボンドなど）と合成ゴム系・合成樹脂系（セメダインなど）がある。酢酸ビニル樹脂系は，固まるまで器具などで固定することが重要である。合成樹脂系は，硬化が始まるとすぐに強度が出るため，時間がない時は便利だが，使用の際は換気に十分気を付ける。

強度を必要としない場合は，ひもやグルーガン（溶熱接着機）でも，簡易的につなげることができる。特別な技術や待つ時間が必要なく，複雑な形でも固定できる（図 6）。グルーガンは低学年でも使用できるが，やけどに注意する。

図６　木材をひもでつなげた例

5. 整えるための方法と道具（木工やすり・紙やすり・塗料）

保護や装飾のために，木に何らかの塗膜をすることを塗装という。塗料は，どのように仕上げたいか，どこで使うかなどにより使い分ける。テーブルの上板など水に濡れたり傷がつきやすいものには，硬質ラッカーなどの保護性の高いものを選び，保護を必要としないものや木の質感を残したい場合はオイル仕上げなどが適している。子どもが使用する際は，換気や安全性から水性の塗料を使用すると安心である。

塗装の前には，木目に沿って紙やすりをかけてよく磨き，必要があれば砥の粉（砥石を粉砕し，粉末にしたもの。表面を滑らかにするために使用する）を塗る。紙やすりは，数字（番手といわれる）の小さいものから（粒度が粗いもの）かけ，次第に大きいもの（粒度が細かいもの）へと変えて仕上げる。（五十嵐史帆）

木の造形 2

1. 木の特徴

木に触れると優しく，温かいぬくもりを感じる。これは，木の柔らかな素材感と熱を逃しにくい特性であり，特有の香りは，人の気持ちを落ち着かせてくれる効果や防虫・抗菌作用のあるものもみられる。世界中には色や形や硬さなど，多種多様な木材があり，作品のでき上がりの色や姿，工作のしやすさなども考えると木の造形も楽しくなる。紙ほど容易ではないが，子どもにも安全に使いこなせる材料であり，興味をもって，様々な種類の木材を体験するうちに，用途に合わせた材料を選択できるようになる。

木は，大きく広葉樹と針葉樹に分けられ，自然木を切り倒した塊(かたまり)の無垢材から，製材されて加工材となる。加工材は，様々な形状の角材や板材，さらに薄い板材を接着剤で固めてつくられた集成材や合板などである。木の特質を知り，適切な用具，道具を使用して創意工夫をすれば，あらゆる造形を生み出すことができる。

2. 電動糸のこぎり

手で扱う糸のこぎりを電動化したものが電動糸のこぎり盤である。板材をスピーディーに切り抜ける機械工具は，作業性，操作性が大きな魅力であるが，扱い方を間違えると大きなケガにつながりかねないので，教師は安全な扱い方に慣れておく必要がある。子どもに指導する際には，基本的な直線切りや曲線切りを多く経験させ，自信をもって作品に向かわせることが大切である。

刃の取り付け方は，まず，糸のこぎり刃の刃先を下向きにセットする。はじめに下部のネジを止め，次に上部の調整ノブを押さえながらネジを止めて（図 1），刃の張り具合を調べる。板を切る前に板押さえを調整し，板が振動しないようにする。切り方は，両手で板を押さえ，糸のこぎりの速度に合わせ，無理をせず，ゆっくりと押しながら切る（図 2）。曲線を切るときは板を回し，刃に負担がかからないようにするとよい。

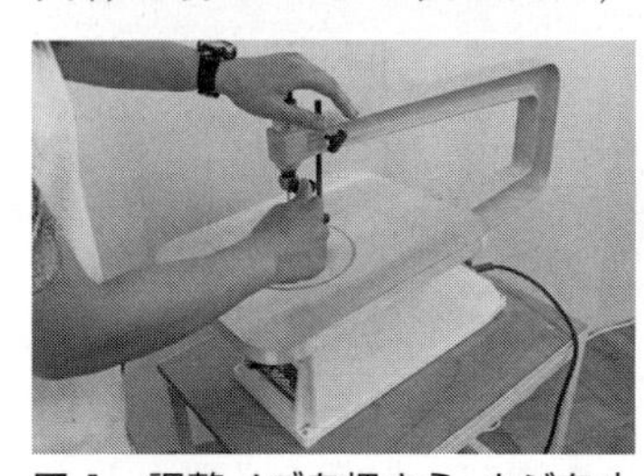
図 1　調整ノブを押さえ，ネジを止める

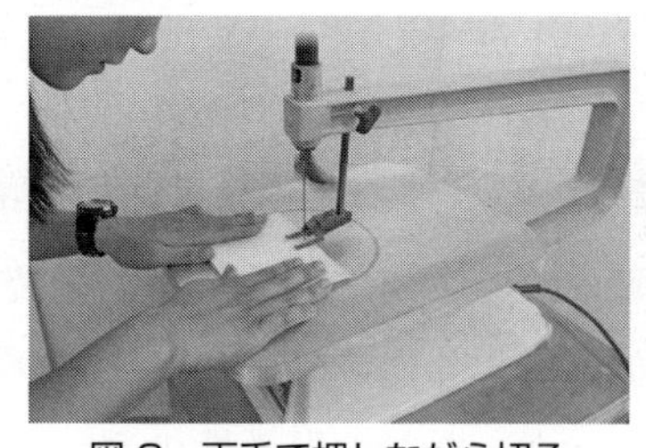
図 2　両手で押しながら切る

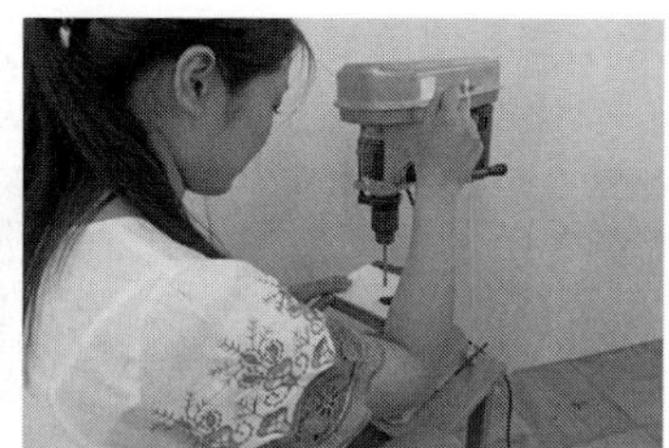
図 3　電動卓上ボール盤で穴をあける

3. 電動卓上ボール盤

穴をあける電動のドリルには，手で本体を持つハンドドリルと，固定式ドリルのボール盤がある。ボール盤は，効率よく正確に垂直の穴があけられる（図 3）。加工する素材に合わせて先端工具（ドリルビット）を取り換えることができるので，木材，金属，樹脂など，様々な素材に必要な深さの穴をあけることができる。材料は，固定具（バイス，クランプなど）

で止めると安全に作業ができる。

4. パズルをつくる

シナベニア板（5.5mm）を材料として用い，一層のパズルから，何層にもわたる物語性の高いパズルに挑戦してみる（図4～7）。シナベニア板は，ラワンのベニア板より表面が平滑で，ささくれや木材の節なども少なく，加工のしやすい材料である。テーマを決めてオリジナルデザインのジグソーパズルを制作し，玩具づくりの楽しさを味わう。

① パズルの図案を考える。テーマを工夫する。
② 図案が決まったら，はがせるスプレー糊で板に図案を貼りつける，または，カーボン紙を使い板材に転写する。
③ 卓上ボール盤で板材の一か所に穴を開ける。
④ 穴に糸のこぎりの刃を通し，電動糸のこぎりで順にピースを切る。
⑤ 切り抜いた板をサンドペーパーで研磨し，着色する。

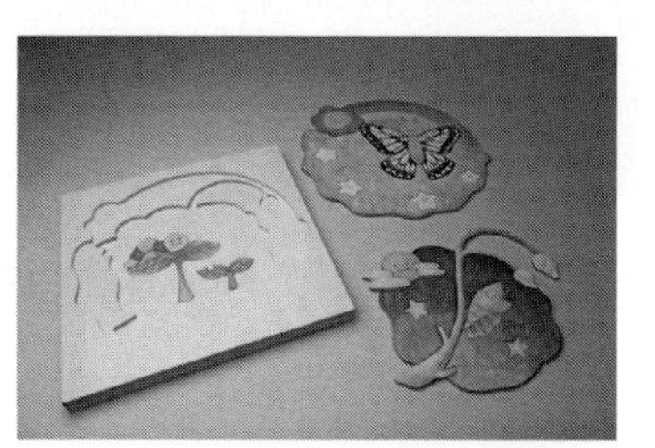
図4　パズル 三層重ねの作品

図5　学生作品「めぐみ」
杉山あかり

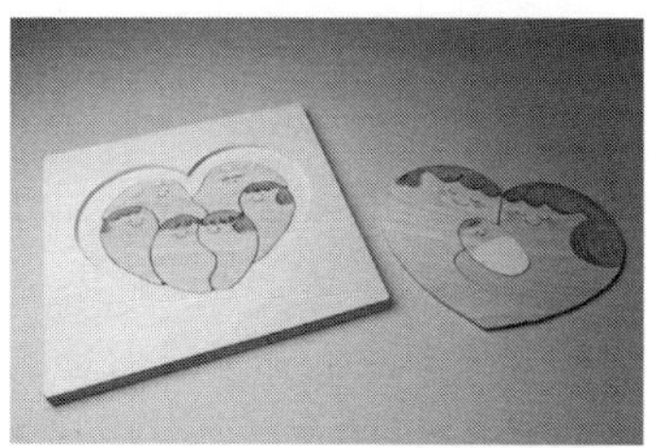
図6　パズル 二層重ねの作品

図7　学生作品「ぬくもり」
杉山あかり

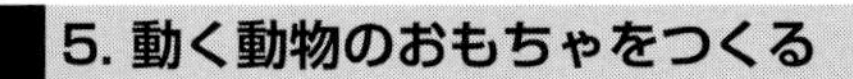

5. 動く動物のおもちゃをつくる

同様にシナベニア板（5.5mm）を材料として，動物の形で動きのあるオブジェに挑戦してみる（図8～10）。好きな動物や自宅で飼育しているペットなど，思い入れのある作品を制作する。

① 動物の側面の姿の図案を考える。
② からだ，手足，頭部，首，尾などに分け，はがせるスプレー糊で板に図案を貼り付ける，または，カーボン紙を使い板材に転写する。
③ 各パーツは，2枚の板を重ねて電動糸のこぎりで切る。
④ 首，尾の板を中心にして，からだ，次に手足の順に外側に重ねる。関節の箇所に電動卓上ボール盤で3mmの穴をあけ，板の枚数×板厚に切った木丸棒を差し込む。

（佐善 圭）

図8　参考作品「犬」

図9　参考作品「ゴリラ」

図10　学生作品「恐竜」

3-37 土の造形

1. 土の造形・陶芸の過程

子どもは，自然の土の感触が本来好きである。ところが，外遊びをしなくなったり，汚れるといった理由から，触れる，丸める，積み上げるといった原体験をする機会が少なくなってきている。近年は，軽い粘土や土に近い色を付けた合成粘土が教材用として扱われているが，自然の土からつくられた粘土の感触や量感を体験したい。

本焼きにいたる陶芸の主な過程は，以下になる。

土練→成形→加飾→乾燥→素焼き→絵付け→施釉（せゆう）・釉掛け→本焼き→完成

まず粘土に水を加えながら成形しやすい固さに練る。荒練りで成分や固さのむらをなくし，菊練りで空気を取り出す。子どもの場合，丸める・たたくなどしながら，土の感触に親しむようにする。次に，つくるもののイメージや用途に応じて，土に力を加えて成形をする。手びねり，板づくり，ひもづくりといった技法がある。大学の陶芸の実技などでは，電動ロクロを回して成形をする。

自然の土でつくったものは，ひび割れたり，水分を含むとこわれてしまう。日用品や作品として長い間保存するには，陶芸かまなどを使って焼成する必要がある。土から成形をして焼くことから焼き物と呼ばれる。乾燥後 750 ～ 800 度程で素焼きをすると，固くなり水にも耐える。赤茶色をした植木鉢がこの状態である。茶碗や湯飲みのようにするには，素焼きをした後に，ガラス質の粉である釉薬（ゆうやく）を塗る施釉をして，さらに 1200 ～ 1300 度で焼成する必要がある。高温によって釉薬が溶けて，表面がガラスのような状態になる。

子どもたちの身の回りは，完成品の陶器に恵まれている。安価で良質のものもあるので，簡単に茶碗や湯飲みがつくれるものと思い込んでいる。教科書でも，焼成の各段階が省かれて，完成作品の図版が掲載されている。手づくりの場合には，それぞれの過程を経る必要があるし，実際には初心者のうちは思ったように成形や焼成ができない。ただし，焼き物には，工夫や苦心が必要なことを体験的に知ることにも意味がある。

2. つくり方と指導上の留意点

授業実践の際には，板づくりと手びねりによる場合が多い。細長い形の粘土によるひもづくりは，つくりやすいが乾燥時に隙間ができることが多い。板づくりの場合には，あらかじめ厚さを 1cm 程に調節するために，厚さの違いによる破損が少ない。粘土のかたまりを手で押す・たたくなどして，平らな厚さ 1cm 程の粘土の板をつくる。のべ棒や厚みが 0.8cm のたたら板を使うと平らにしやすい。

板からうつわや鉢の形にするには，主に三つの方法がある。第一に，新聞紙の芯をつくっておいて，そのまわりを粘土の板で包むようにして成形する。第二に，ビンやペットボトルを仮の芯にして，粘土の板をそっと巻き付ける方法である。そして，第三は，バスケッ

図１　土の感触に親しみながら立体にする

図２　新聞紙を丸めて芯にして，土の鈴にする

図３　穴をあけて土のあかりをつくる

図４　自分だけの器をつくる

トボールや樹脂のボールなど丸い型をとりやすいものを用意し，球面に粘土の板をかぶせる方法である。ビン・ペットボトル，ボール・丸い面のある樹脂の容器を仮の芯や型にして粘土の板をかぶせる方法は，後で型を抜くだけなので手軽である。ただし，型にするものが同じであると，子どもたちの作品も同じ大きさや形になってしまいやすい。新聞紙を丸めて芯にして，それを包み込む場合には，新聞紙を取り出すことは難しいが，新聞紙の芯の大きさや形によって，一人一人の発想を生かしやすい。乾燥後焼成すると，素焼きの段階で新聞紙が灰になり空洞状態になるので，後で灰を取り出す穴があれば大丈夫である。板づくりから成形ができたら，表面に指で凹凸を付ける，粘土べらや竹串で模様を付けるなどして加飾をする。表面に粘土をくっつける場合には，しっかり押さえ付けるなどしないと，乾燥時にとれてしまう。粘土をつまみ出す方が，上から別にくっつけるよりは，とれてしまうことが防げる。

成形・加飾が済んで形がつくれたら，２週間程乾燥させて，陶芸かまで素焼きをする。陶芸かまの棚板の上にそっと作品を並べる。支柱を使用することで，棚板の段を増やすことが可能である。中の温度は温度計で表示されるが，半日から１日かけて徐々に温度を上げ，予定の温度になったらスイッチを切れるようにする。高温なので安全に留意する。温度が下がってから作品を取り出すと，変色し表面が固くなっているのがわかる。テラコッタ粘土の場合には赤茶色，信楽（しがらき）粘土のような陶芸用粘土の場合には白味の色に焼き上がる。オブジェや鉢のような作品では，素焼きの状態で完成になる。本焼きをする場合には，絵付けや施釉をしてから，再び陶芸かまに入れて焼成をする。（長良若葉）

3-38 ビニールの造形

図画工作科・美術科において使用する主なビニール材料として，ビニール袋・ビニール傘・スズランテープなどが上げられる。袋状のものは，中に空気や水を入れることによって，立体的な膨らみをもたせることができる。袋やテープは軽量なので，フワフワ・ユラユラとした動きをつくるのに適している。教材用にカラフルな色彩の袋やテープがある。袋や傘の表面には，油性ペンで彩色や描画をすることが可能である。このように立体にする，空中に浮かす，組み合わせる，色を付ける，描画をする，光りを通すといった造形活動ができ，比較的安価なので，図画工作科・美術科の材料として利便性がある。

1. ビニール袋

ビニール袋は，ポリエチレンが原材料なので，正確にはポリ袋である。生活用品として様々な大きさや形のものがある。教育現場では，傘袋のような細長い袋にカラーペンで絵を描いてから，空気を入れて形の変化を楽しむ題材が普及している。また，共同制作として，大きめの袋をセロテープでつないでおいて，扇風機や送風機で膨らませて大きな立体オブジェをつくる題材がある。フワフワ・モコモコといった擬態語でタイトルをつける場合，目や口，ひれやうろこの模様をつけて，大きなサカナづくりにする場合がある。ここでは，立体オブジェの発展としての巨大風船の実践について紹介する。

教材用のカラーのポリ袋７色を準備し，端をはさみで切って広げた状態で体育館などの広い床面に並べる。ビニールの縦・横をそろえて幅の広いセロテープで次々とつないで大きな風呂敷の状態にする。そして，半分に折って縁をセロテープでとめていくと大きな枕やクッションのような形ができあがる。そのときに一か所空気を入れる箇所をとめないで残しておく。そこに大きめの段ボール箱をとりつけて業務用の大型の扇風機で空気を徐々に入れる。大きなものだと体育館の天井近くの高さまで膨らむ。膨らんで巨大風船になったら段ボール箱のところから中に入ることができる。巨大風船の中は，大きなドーム状のような形で，カラフルビニール袋を通して光りが差し込み，不思議で美しい感じを楽しむことになる。巨大風船をみんなで持ち上げて，浮遊感を体験することができる。

図１　巨大風船で遊ぶ

図２　巨大風船の中

2. ビニール傘

透明のビニール傘を準備する。傘を広げて油性のカラーペンで絵や模様を描く。四つ切り画用紙と比べると，丸い大きな画面である，透明である，回転するという特徴があり，新鮮さが感じられる。クラス全体の傘を並べる・組み合わせることによって，場所や環境の変化を楽しむことができる。太陽光を透かせて，白いコンクリートや壁に色を映すと，カラフルな映像が浮かび上がる。テントや屋根のようにして下に佇(たたず)むと，不思議な空間になる。

図３　ビニール傘に絵や模様を描く

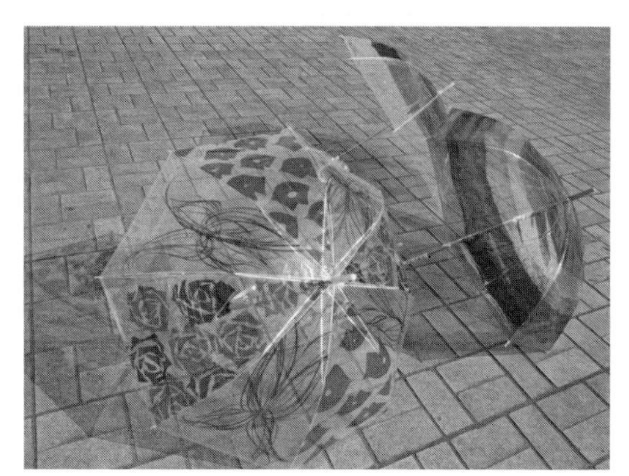

図４　カラフルパラソル

3. スズランテープ

スズランテープは，切る・結ぶ・組み合わせるといった操作ができ，ユラユラ・フワフワとした感じで風になびく。ジャングルジムのような遊具，藤棚，木の枝などに結び付けることで，空間に色の線を表現したり，普段とは異なるカラフルな風景に変えることになる。強い風が吹くと，音を出しながら舞い上がる。鉢巻きやベルトのようにからだに取り付けて，装飾にする使い方もある。（長良若葉）

図５　色のテープを上から吊るして浮遊感を出す
大阪教育大学附属平野小学校

図６　テープで風の動きを表現する
大阪教育大学附属平野小学校

3-39 発泡スチロール・プラスチック

1. 発泡スチロール

発泡スチロールは，梱包用として日常的に使われている。けれども身近な人工材料であるにもかかわらず，造形表現に十分に活用しているわけではない。切断・接着・彩色などにおいて，紙の材料よりも手間や工夫がいる。発泡スチロールは軟らかいので，カッターナイフで切る，ヤスリやサンドペーパーで削ることができる。ただし，表面がボロボロになりやすい。表面を滑らかに切りたいときには，電動の発泡スチロールカッターが適している。細い金属線に伝わる熱で切れる仕組みになっており，曲線や複雑な形でも，比較的簡単に滑らかに切れる。

スチロールカッターの使用で，発泡スチロールを手軽に切れる。厚さのある塊や板でも，溶かすようにして滑らかに切れるのは，意外な感じで面白い。曲線や色々な形をつくり出す体験をする。そして，様々な形や大きさの断片を組み合わせてみる。台紙に貼り合わせると，抽象的なレリーフ・半立体の表現になる。積み上げるように接着するとタワーのような作品になる。画用紙に色々な材料と組み合わせて貼ることによって，平面表現からの発想の広がりが出てくることがある。また，発泡スチロールの板から文字・イラスト・マークを切り抜いて，装飾デザインなどに使う方法もある。熱で溶かして使うので，換気や安全に留意したい。

発泡スチロールの接着では，揮発性の成分の入ったボンドや，高熱のホットボンドなどは溶けてしまうので，適していない。発泡スチロールの接着の際には，発泡スチロール用のボンドを使用すると，透明で仕上がりもきれいになる。木工用ボンドでもよいが，接着までに少し時間がかかるが，量を使うときには適している。発泡スチロールへの彩色は，一応可能であるが，描画材料や塗り方を試す必要がある。水を多く含んだ水彩絵の具は，はじいて色がつきにくい。先にメディウム（絵の具などを均質に塗ったり，固着するための媒介剤）や木工用ボンドを塗ると，水彩絵の具を上塗りしやすい。水を少なめにしてアクリルガッシュ（不透明調の絵の具）などで塗る方法もある。クレヨンやパスは，やや塗りぬくいが色は付く。油性カラーペンは，揮発性のため，試し塗りをするとよい。

図１ いろいろな発泡スチロールを組み合わせる

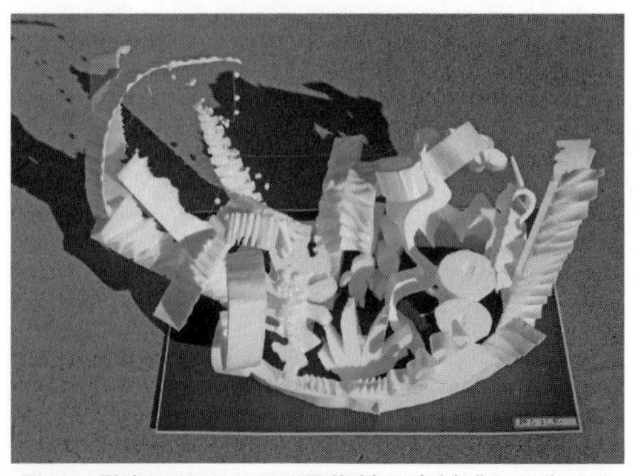

図２ 発泡スチロールの可塑性や素材感を工夫する

発泡スチロールは，軽い材料で水に浮く。土・石・木といった立体表現に使う材料は重く，大きな塊だと容易に移動できない。発泡スチロールは大きなものでも軽いので，その特徴を生かした造形活動を工夫したい。例えば，空間に立体を設置したいときに，天井から釣り糸やピアノ線を使って上から吊るす，接着面にガムテープやボンドを付けていくつかの立体を重ねるといった表現が可能である。

図３　友だちと乗っても水に浮かんでいる

図４　手づくりのボートで遊ぶ

2. プラスチック

プラスチックも化学的な加工をした身近な人工材料である。ただし，プラスチックの板を切る・曲げるという造形には，特別なのこぎりやヒーターを使用する。図画工作科・美術科の授業で使いやすいのは，ペットボトル・カップ・玉子パックなどであろう。美しい色水をつくり，ペットボトルに入れて並べてると，色の組み合わせや太陽光による透明感を鑑賞できる。ペットボトルをテープでとめて，水に浮かべるもの面白い。また，ペットボトルをはじめとした色々な形や大きさの容器を使って接着し，スプレーなどで彩色をすると，宇宙船や立体オブジェに変身する。玉子パックは，切る・貼り合わせる・彩色するといった造形操作がしやすい。油性カラーペンで模様を描き，光を通すと，美しい映像が得られる。プリンの容器や樹脂コップをストックしておいて,「造形遊び」のように並べる・積み重ねる・組み合わせるといった活動をすると，子どもの発想が引き出される。容器やコップをいくつも並べる・組み合わせるうちに，空間の中に透明や白色のオブジェができる。（長良若葉）

図５　透明シートでステンドグラス風のかざりをつくる

図６　ペットボトルを接着して宇宙船をつくる

3-40 金属の造形

1. 金属の魅力

私たちは様々な金属に囲まれて日常生活を送っているといっても過言ではない。しかし，それらを造形活動の材料の一つとして意識することは実にまれである。

金属には，紙，土，木材にはない造形材料としての魅力がある。重たかったり軽かったり，柔らかかったり硬かったり，光沢があったり鈍く輝いたりなど，これほど多様な表情を見せる材料は他にない。また，一口に金属といっても鉄，銅，アルミニウムなどの種類によって異なる特性をもつ。

それら金属は，紙や粘土などの子どもにとって手軽に扱える材料と比べると，曲げる，切る，接合するなどの抵抗は格段に大きくなる。しかし，高学年以降は，表したいことを表現すること，主題の実現に向けた多様な材料の一つとして，金属を扱うことを意識したいものである。

2. 針金などを用いて

平成29年告示小学校学習指導要領では，小学校高学年に“多様な材料の一つ”として針金が登場する。素材による特性の違いや接合・切断の方法，太さや硬さに応じた力加減や用具の活用を含めて，実感を伴って得られる知識と創造的な技能とが一体となった活動（図1～3）が期待できる。アルミニウムなどの柔らかい針金だけでは，針金を線材としてではなく粘土のように扱ってしまうケースも想定される。表したいことに合わせて，ペンチなどの道具を駆使しながら，針金ならではのよさを表現できるようにすることが大切である。また，これまでの経験を踏まえつつ線材のもつ魅力を感じとれるようにするとともに，一人一人の創造的な技能が発揮されるような題材の設計を意識したい。

金網やボルト，リングプルなどの針金以外の金属を組み合わせる実践（図4～6）では，表したいことの実現に向けて材料の形の特徴に着目したり，組み合わせ方や接合方法を工夫したりしながら資質・能力を発揮する“姿”が見られた。

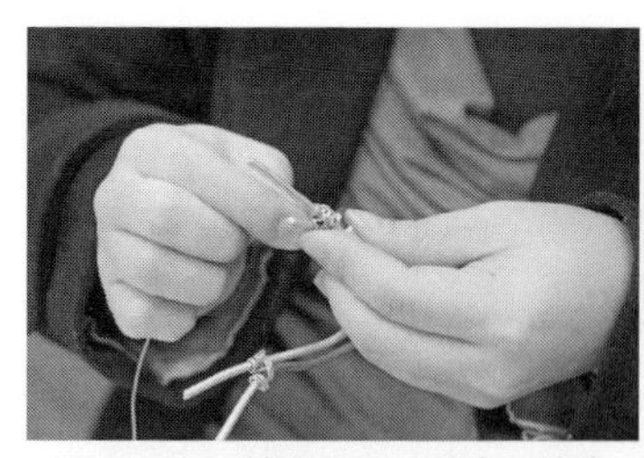
図1　太い針金を細い針金で接合

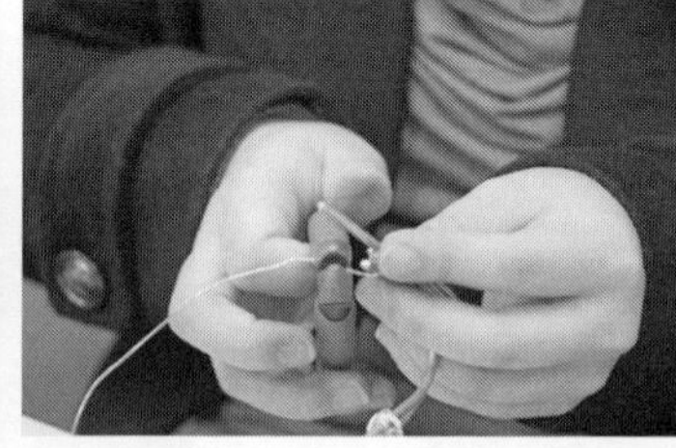
図2　安全のためにペンチを使う

図3　切断面を処理

3. その他の金属の指導の可能性

金属工芸の技法は，「金属を溶解して型に流し込む鋳金の技法，金属を板に展延し，これをつち打ち加工する鍛金の技法，金属をたがねで打ち出し，彫る彫金の技法の三つ」に分類[1]される。しかし，塩化第二鉄液などを用いた表面処理やミョウバンや塩・タバスコなどの

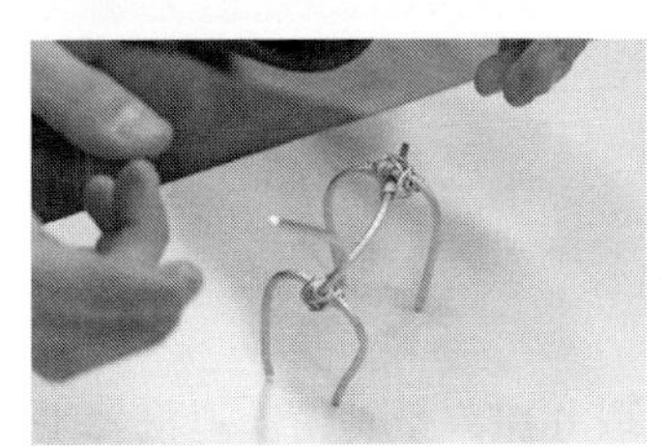
図４ 骨格をつくる

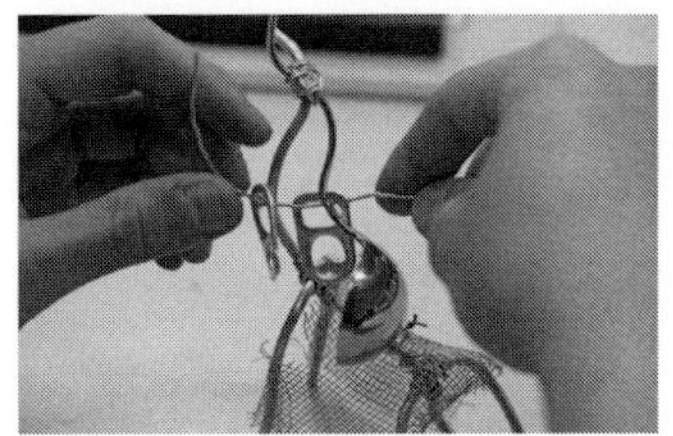
図５ 色々な材料を組み合わせる

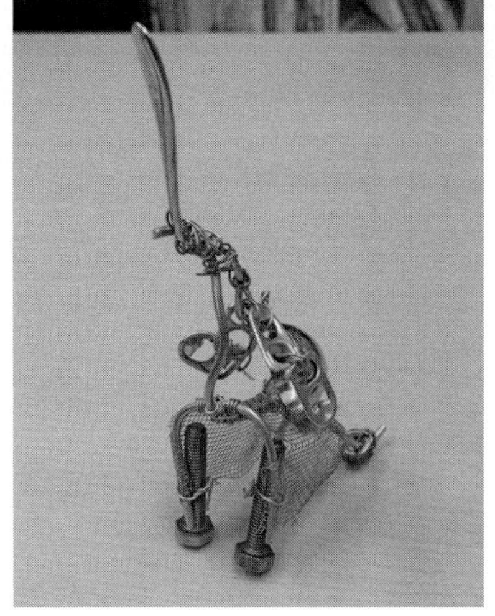
図６ 完成

身近なものを用いた着色なども魅力的である。

小学校や中学校の授業では，銅板打ちだしの実践報告は見かけるが，鋳金の実践報告はほぼないといってよい。そこで，錫（すず）などの低融点合金を用いた鋳金の実践について触れたい。

鋳金にも様々な方法があるが，作成した鋳型に溶かした金属を流す（図7）のが一般的である。しかし，工程が複雑なものが多く，図画工作科や美術科の授業で実践を想定した場合，彫刻刀などを用いて鋳型を彫っていく惣型鋳造技法（図8）と原型を石膏取りした込型鋳造技法（図9）が相応しいと考えられる。本実践では鋳型を石膏型とし，金属はホワイトメタル（1種）を使用している。

石膏での型取りと乾燥にあてる時間的余裕がある場合は，細かな形や質感などの再現に適した込型鋳造技法を勧めるが，厚紙でできた紙箱などを用意し，ボール紙を貼り合わせて文字や文様を意匠とした型を用いる方法もあり，彫刻刀を扱えない低学年の子どもでも取り組むことが可能である。

日常的に固体として存在する金属が溶融し，それに触れる体験は子どもたちにとっての非日常であり，それ自体が感動体験となり得る。溶融した金属を横口レードルですくう時には，ほとんどの子どもがその重さに驚いたり，感動したりする姿が印象的である。また，鋳型から取り出された自身の作品を，ヤスリなどを用いて“育てる”行為は，より作品への愛着が強まっていく体験を提供することにつながっていくのである。磨き上げた作品を大切に持ち帰る姿などからもこの体験で得られたことが，子どもたちにとっての「宝物」となるのであろうと推察をするものである。液体状のものを型に流し込んで固めるということだけで言えば水性樹脂に金属粉を混ぜるなどして代用することも可能である。（花輪大輔）

図７ 石膏型に金属を流し込む様子

図８ 子どもの作品

図９ 大学生による試作作品

引用文献
1）福田隆眞他『美術科教育の基礎知識』建帛社，2010，p.126.

3-41

鑑賞のねらい

1. 鑑賞教育の実際

美術教育において鑑賞は年々重視され，意欲的な鑑賞授業の取り組みや美術館連携による実践報告も多数見られるようになった。しかし，これまでの観賞は創造的な自己表現を主眼とした教育課程の中では従属的な位置付けにあり，表現活動へとつなげることを前提としていた。

2. 鑑賞授業目的と方法

観賞教育がこれまでどのように展開されてきたのか，鑑賞（授業）の代表的な四つのパターンをみていく[1)]。

一つめは教養主義的な鑑賞教育である。作品を前に，作者，時代背景，主題，エピソードなどについて説明され，理解するという，作品についての知識を獲得することを目的とした鑑賞の授業である。現在でも多くの人が抱く鑑賞のイメージと重なるものである。

二つめは，感動主義の鑑賞の授業である。作品など（名画，名品）を前にすることで，誰もが自然に気持ちが高揚し，自由に思いを巡らせ，心動かされることを期待し，作者の気持ちに思いを重ね共感しながら，自分なりの見方と感想を生み出すものである。作品に対する自由な見方や感想は尊重されるが，逆に「何も感じない」「よさがわからない」などの感想が受け入れ難く，無理な感動や感想を強いてしまう危険性もある。

三つめは，美術のアカデミックな領域からアプローチする鑑賞の授業である。創造表現のみならず，美術史，批評，美学などの学問からのアプローチを含めることで，知的な側面を強調し「美術」の教科としての明確な位置付けをねらったDBAE（学問分野に基づいた美術教育）の影響を受けている。はじめに作品を提示し，形・色彩・テクスチュアなどがどのようになっているか客観的な言葉で記述し，作品の表わす世界の構成要素を観察し，内容的，形式的にどのように制作されているかを理解する。さらに，鑑賞後の作品制作を通して，理解の確認（評価）と，子どもの学びの実感につなげるものである。

四つめは，ニューヨーク近代美術館（MoMA）の教育プログラム（VTS：Visual Thinking Strategy）をベースにした，「対話型鑑賞」である。鑑賞者は主体的に作品と向き合い，鑑賞者同士（子ども，教師，学芸員）が一緒に楽しみ共感し合うことを通して，各自が作品の本質に迫り，作品理解という問題を解決していくことを目的とした鑑賞活動である。ここでは既にある作品の意味を探すのではなく，鑑賞する過程でそれぞれが作品の意味を生成していくことを目的としている。したがって，教師や学芸員は作品の解説者や正解へ導く先導者ではなく，ともに鑑賞する場の構成員であり，対話を組織化し交流を形成する進行役でもある。

3. 見ることの経験としての鑑賞（美的発達段階を手掛かりに）

前述した鑑賞の方法はどれも間違いではないが，学校教育での鑑賞を考える際には子どもの特性や発達を無視することはできない。そこで，アビゲイル・ハウゼンの美的発達段階に注目したい。ハウゼンは，「何を知ったか」ではなく，「知っていることをいかに活用したか」に着目し，実証的データを基に鑑賞者の美的発達を5つの段階に区分した[2)]。

第1段階（説明）では，鑑賞者は自分の感覚や記憶，個人的な連想を用いて個別に観察を行っている。作品をじっくり見るというよりも，自分の知っていることや興味に合わせたり，連想を飛躍させながら「作品の中でどんな出来事が起こっているのだろう？」といった物語を創作するように作品を鑑賞するという。鑑賞者に必要なのは，作り上げた創作を語ることやそれを肯定的に受容する場や他者の存在である。

第2段階（構成）では，自分自身の認知力（直感）や社会的・道徳的・因習的な世界の価値観で作品を理解するための枠をつくり，それに当てはめながら作品を鑑賞しているという。作品に接する機会が増すにしたがい，作品をよく観察するようになり，自ら知識や情報を探したり求めたりするようになる。鑑賞者に必要なのは，それらに対する手助けである。

第3段階（分類）では，流派や様式，時代背景など美術の専門的な用語で作品を鑑賞するようになり，第4段階（解釈）では，専門知識に自分の感覚を加えて解釈を行うようになる。第5段階（再創造）では，作品と対話するような深い思索ができるようになるのである。ハウゼンによれば，この発達の特徴は，身体的・精神的発達，つまり「大人になる」ことで段階が進むのではなく，鑑賞経験が大きく関わっており，上位段階への到達には，鑑賞を重ねることと専門的教育を受けることが必要であるという。また，ハウゼンの調査によれば，被験者のほとんどが1～2段階で，よく美術館に行く人たちにおいても2段階を超える鑑賞経験をもつ人は少なかった。

これらに倣(なら)えば，鑑賞の授業で必要なことは，子どもたちが興味やからだ，記憶を入り口に作品と関わり，自身の言葉で作品について語り合う場を保障することと，自ら学び続ける機会を提供していくことであるといえるだろう。

4. コミュニケーションとしての鑑賞

鑑賞の活動は，作品からイメージを読み取り，自分の中に新しいイメージを生み出すという創造とイメージを言語にして他者に伝え，他者の人の思いを読み取るというコミュニケーションが同時に混在する。

平成29年告示小学校学習指導要領では，図画工作科の鑑賞の内容から「感じたことを話したり，友人の話を聞いたりする」という文言は削られてしまったが，このような鑑賞を否定するものではない。むしろ，今後は子どもが，友だちや教師，学芸員，さらにはアーティストとともに考えを述べ合い，認め合う多種多様なコミュニケーションの場としての鑑賞が期待される。（五十嵐史帆）

引用文献

1）金子一夫『美術教育の方法論と歴史 新訂増補』中央公論美術出版，2003，p.74.

2）上野行一『私の中の自由な美術－鑑賞教育で育む力』光村図書，2011，pp.101-106.
フィリップ・ヤノウィン，京都造形芸術大学アートコミュニケーション研究センター訳『学力を伸ばす美術鑑賞　ヴィジュアル・シンキング・ストラテジーズ』淡交社，2015，pp.14-31.
柿崎博孝・宇野 慶『博物館教育論』玉川大学出版部，2016，pp.12-13.

3-42 鑑賞と表現の一体化

1. 鑑賞と表現の一体化

近年の小学校などで行われる美術鑑賞教育は，説明型鑑賞よりも対話型美術鑑賞が多く行われるようになった。小学校学習指導要領（平成 29 年告示）解説 図画工作編では「表現と鑑賞は本来一体であり，相互に関連して働き合うことで児童の資質・能力を育成することができる。このことから「A 表現」及び「B 鑑賞」の指導については関連させて行うことを原則とすることを示している。例えば，一つの題材において，造形活動と鑑賞活動とが往還するような学習過程を設定し，児童が表現したことを，自身で味わったり，友人と交流したりすることにより，表現が深まったり，広がったりするように配慮することが大切である。鑑賞の場面においても，表現と分けて設定するのではなく，味わったことを試したり，表現に生かしたりすることができるような学習過程を設定することが考えられる」[1] とし，鑑賞活動と表現活動の関連を図り，一体化された活動が求められている。ここでは，表現活動につながるような対話型美術鑑賞の実践活動を紹介する。人物画の鑑賞を行うことで，子どもたちは人物表現の面白さや人物の内面表現の多様性を発見し，自らの表現活動の活性化へとつなげている活動である。

2. 鑑賞と表現をつなげた活動名：クロッキー制作　〇〇な友だちを描こう

（1）　活動のねらい

小磯良平の「二人の少女」を鑑賞し，小磯良平の二人の娘さんへのまなざしを想像し，描かれた人物の気持ちや性格をどのように表したかを探る。鑑賞後，友だちをクロッキーで描く。その際に，モデルの性格や気持ちが表現できるポーズを工夫し，人物の生き生きとした姿の表現に取り組む。

図 1　二人の少女
出典：小磯良平『小磯良平画文集 絵になる姿』求龍堂，2006，p.36.

（2）　小学校中学年の子どもたちが鑑賞した作品

作品名：二人の少女　作家名：小磯良平
所蔵：神戸市立小磯記念美術館　制作年：1946 年
油彩・キャンバス　79.4 × 60.0cm

小磯良平（1903-1988）は，神戸に生まれ晩年まで神戸で制作を続けた画家である。当時の神戸に漂うモダンな雰囲気の人物画を数多く描いた。「二人の少女」は，小磯が第二次世界大戦の終戦時に神戸市須磨区塩谷町にあった洋館で仮住まいをしていた時に二人の娘さんをモデルとして描いた作品である。1945（昭和 20）年の神戸空襲で小磯はアトリエと自宅を失い，戦後の苦しい時期だったが，家族とともに過ごせることへの安堵の気持ちが作品から感じられる。

鑑賞と表現をつなげた活動の流れを次に紹介する。

小磯良平の「二人の少女」を見ての対話型美術鑑賞活動	教　師：ここに描かれている二人はどんな関係かな？（なげかけの言葉） 子ども：おそろいの服を着ているから姉妹かな？ 仲良しさんかな？ 教　師：絵の中の二人のポーズを誰か真似してくれませんか？ 代表の二人の子どもが，絵の横に立ち描かれている少女のポーズを真似る。 教　師：絵と同じポーズをとってくれている二人に，感想を聞いてみましょう。絵と同じポーズをとってみて，二人はどんな気持ちがしますか？ 子ども：思ったより，二人の距離が近くて，少し恥ずかしいけれど，あったかい。（ポーズをとっている右の子ども） 子ども：隣の子が寄りかかっていて少し重たいから後ろの壁に寄りかかりたくなる。（ポーズをとっている左の子ども） 子ども：二人が仲良しじゃなかったら，きっとこんなにくっついていられないよねー。 教　師：そうか，この二人はこんなに近くに寄りかかっていられるくらい仲良しなんだね。じゃあ，描かれている二人は，それぞれどんな気持ちかな？ 子ども：右にいる本を読んでいる子は，本を読むのに熱中していて，左の子は，体をダランとしてこっちを見ている。 教　師：この絵を描いた小磯さんは，どんな気持ちで二人を描いたと思う？ 子ども：二人の女の子たちの仲がいいことや，それぞれの子の性格や気持ちも表したいなーと思っていたと思う。
鑑賞から表現につなぐ活動	教　師：この絵を皆で話し合いながら鑑賞することで，そこに描かれている二人の女の子の気持ちや性格まで感じることができたね。今度は，皆がお友だち同士，お互いにモデルになってもらって，モデルさんの性格や気持ちまで描いてみよう。
お互いがモデルになってクロッキーを行う	モデルになってもらう友だちのポーズは，その子らしさが出るようにポーズを考え，描く。クロッキー作品の題名に「○○な友だち」といった題名をつけ，モデルの性格や特徴が表される題名を付ける。
クロッキー作品鑑賞会	クロッキー作品をお互いに鑑賞し合う。描かれているクラスメートの特徴や性格，気持ちに注目して話し合い，描く際に工夫したことなどを発表し合うとより鑑賞が深まる

人物クロッキーを授業で実施する際に，性格や特徴など，お互いに知っているクラスメートをモデルとして描き，その子らしいポーズに工夫をすることで，人物の内面表現にまで迫るような作品制作につなげることができる（図2～4）。また自分たちの作品鑑賞を通して，クロッキー制作は人体の形を写しとるだけでなく，友だちの内面性までを描くことの大事さに気付くことができるだろう。（勅使河原君江）

図２　かっこいいポーズをとるＯ君

図３　恥ずかしがり屋な友だち

図４　ほうきを持ったポーズをとる友だち

引用文献

1）文部科学省『小学校学習指導要領（平成 29 年告示）解説 図画工作編』2017.

3-43 比較鑑賞

1. 比較による作品鑑賞のねらい

鑑賞の授業では，美術作品の見方についての手がかりを示すことも必要となる。その方法の一つとして，比較鑑賞があげられる。子どもは，単に美術作品を提示されただけでは，どこにどう着目していいのかがわからない。子どもは「どうみたらいいのかがわかりません」と戸惑うことになってしまうため，対策として複数の作品を並べ，比較をしながら鑑賞する方法が有効となる。この比較鑑賞では，作品間の共通点や相違点に着目することで，子どもは美術作品をより意識的に見ることとなる。単にひとつの作品を見る場合よりも，子どもがそれぞれの作品について深く理解することが期待できる。

また比較鑑賞には，子どもが活動の主体になるという特徴もある。子ども自身が美術作品の共通点や相違点を発見する活動は，教師から知識を受けとる方法とは異なった魅力がある。子どもの自発性を引き出し，活発な鑑賞を行うという指導観を大切にしたい。

2. 比較の視点

① **モチーフ**：モチーフは作品理解の重要な要素である。教師からの「作品に共通して何が表現されていますか」といった問いかけは，鑑賞に慣れていない子どもにも答えやすい。

② **技法・材料**：絵画作品における油彩や水彩といった各技法による表現の違い，彫塑(ちょうそ)作品の材料におけるブロンズの力強さと大理石の柔らかさなど，様々な視点がある。

③ **部分の特徴**：同じモチーフでも，作家ごとに表現方法は似たり異なったりしている。部分に着目することで特徴がみえてくる。形や線，色などに着目させるのもよい。

④ **時代様式**：様式ごとに異なった特徴があり，多くの相違点をみつけることができる。例えば，印象派と写実主義の作品比較では，線や色の違いがわかりやすい。

⑤ **東西比較**：制作された国，地域によって作品の特徴は異なる。東西の比較は，日本美術への理解や他国の文化への親しみにつながることも期待できる。

⑥ **同一作家**：同一作家による作品群は，一見すると同じようにみえるがそれぞれ異なった特徴がある。年齢をもとに，青年期・壮年期・晩年期の作品を比較してもよい。

3. 比較鑑賞の展開　ー作品間の共通点・相違点を探すー

図 1 の葛飾北斎(1760-1849)「神奈川沖浪裏」と図 2 のギュスターヴ・クールベ(1819-1877)「波」を鑑賞の対象とし，展開の実践事例を示す。上記でふれた「③ 部分の特徴」を重点的に比較させ，作品鑑賞を進めた。

発問 1：ふたつの作品には，共通して何が描かれていますか？

→海，浪（波），雲が描かれている。

発問 2：浪や雲が描かれていますね。作品における表現で似ているところはありますか？

→浪が飛沫をあげる様子が描かれている。飛沫は 2 つの作品とも白色で細かい。

図１　神奈川沖浪裏 葛飾北斎
出典：MOA 美術館『葛飾北斎　富嶽三十六景』メシアニカゼネラル，1983，p.14.

図２　波 ギュスターヴ・クールベ
出典：国立西洋美術館学芸課『国立西洋美術館名作選』国立西洋美術館，1989，p.62.

発問３：では，異なる点はありますか？ どうでしょう？
→北斎の作品は浪が激しい。クールベの方も荒だってはいるけど,比べると穏やか。
→北斎の作品では，飛沫が変わった形をしている。枝分かれしているみたい。

発問４：浪の形に異なった特徴があるようですね。まだありますか？
→北斎の作品は浪の内側が縞々(しましま)の模様になっている。クールベの方は塗りつぶす感じ。
→クールベは様々な色を使って塗っている。北斎の作品では，主に青と白と水色といった少しの種類の色しか使われていない。
→クールベの作品には人がいない。北斎の方には船に乗っている人がいる。
→雲も違う。クールベの作品では細かく描かれ，北斎の方はモワッとしている。

発問５：様々な意見がありましたね。これらの作品は何を表現しているのでしょう？
→北斎の作品は浪の迫力を強調して描いた。浪に勢いがあり，飛沫も枝分かれしている。船が飛ばされそうになっているところからも，浪の力強さを感じる。
→クールベの作品は，迫力もある飛沫に加え，雲の様子なども細かく描かれている。曇った空と，波が押し寄せてくる様子から，自然の怖さを感じる。

4. 実践にあたり

比較鑑賞では，美術作品の特徴に応じた視点を効果的に用いたい。比較を手がかりとし，より深い作品理解や，子ども個々の解釈が進むように指導することが大切である。

発展として，それぞれが発見した共通点や相違点を語り合い，作品の見方を共有する展開もねらいたい。発見を言葉として具体的に友だちに伝えることで，言語活動の充実や協働的な学習を期待できる。例えば，アート・カードの中から共通点のある作品をみつけだし，ペアをつくる活動などが考えられる。また，比較作品の提示方法も工夫したい。一度に複数の作品を表示できる電子黒板や，様々な運用が可能なタブレット端末を活用することも有効である。

（山田唯仁）

図３　アート・カードによる似た作品さがし

図４　タブレット PC の活用

3-44 対話型美術鑑賞の方法

1. ファシリテーターとは

近年の美術館や学校等での美術鑑賞活動は，鑑賞者（子ども）が対話をしながら美術鑑賞を深める対話型美術鑑賞が数多く行われている。この対話型美術鑑賞を行う際に，対話を促進する役割をファシリテーターという（ナビゲーターともいう）。美術館では学芸員，学校では教師がその役を担う例が多く見られる。対話型美術鑑賞では，あくまでもファシリテーターは対話を促進する役割であり，鑑賞者が鑑賞の中心である。このように鑑賞者が主体となって対話型美術鑑賞を進めるにあたって，その進行例をもとにして，ファシリテーターに求められる役割や資質について考えてみよう。

2. 子どもの対話型美術鑑賞の進行例（全体で約 20 分）

	対話型美術鑑賞の流れ，発話例	ファシリテーターの役割，留意点
作品を見る	鑑賞者が作品をよく見ることから始める。ファシリテーターの初めの発言例「はじめにじっくりと作品を見てください。近くで見たい人は近づいても構いませんよ」。	はじめに鑑賞者が作品をじっくりと見ることを促す。鑑賞の最初に２分から３分くらい自由に絵を見る時間を設けてもよいだろう。鑑賞者が緊張して発言が出ない場合は，鑑賞者同士で話をしながら絵を見るように促すと緊張が和む。
見つけたこと	作品を見て作品の中から「見つけたこと」から対話をスタートするとよいだろう。 ファシリテーターの発言例「この作品には，何が描かれていますか？」「絵の中に見つけたものがあったら教えてください」「この絵の中では何が起きているのでしょう？」。	ファシリテーターは，作品の中からならばどんな小さな「見つけたこと」でも発言しやすい雰囲気をつくることが大事である。 鑑賞者からどのような発言がされるか事前に予測しておこう。 ファシリテーターは，鑑賞者の発言を繰り返したり，わかりやすい言葉で言い換えるなどをして，常に参加者全員が会話を理解しているか配慮しよう。 鑑賞者の発言に対し，ファシリテーターは，聞き手となり，作品の中から見つけたことに関して肯定的に受け止める包容力が必要である。
感じたこと，考えたこと	「見つけたこと」の発言で導きだされた内容を深めるようにファシリテーターは対話をつないでいく。 「見つけたことについて，もう少し詳しく教えて」「どうして，そう思ったの？」といった鑑賞者が「見つけたこと」をもとに対話を発展させよう。発言を深めるために「○○ってさっき，話をした△△と同じかな？」といった，他の意見との共通点や違いに注目し，他者の意見との関わりを考えるようにする。	ファシリテーターの質問は，常に目の前にある作品から発言できるようにし，鑑賞者同士が対話を進め，より作品への関心が深まるようにする。 発言の理由を聞き，鑑賞者の間での理解のズレがないようにする。その際，言葉が十分ではなかったり，不明瞭な場合は他の鑑賞者に補足してもらうなどをして一緒に対話をつくっていく。 みんなと異なった意見も放っておかず，その意見の根拠を発表してもらい，同じ作品でも多様な意見があることを伝えよう。 出てきた意見に「意味」や「価値」をつけていき，作品を鑑賞して得られた考えをまとめていく。
鑑賞のまとめ	ファシリテーターは「これまでみんなで話し合いながら，作品を見てきました。話を通して，この作品の魅力は○○な所で，作者がこの作品で伝えたかったことをみつけることができました」といった対話の中から見いだした意味付けや価値付けできた内容をまとめよう。また，学校の授業などで行う場合は，次の授業につなげるようなまとめをしていこう。	ファシリテーターは，あらかじめ作品に関する美術史的，技法的知識を備えておく必要があるが，対話の始めからそれらの知識を鑑賞者に伝える必要はない。対話が進む中で，鑑賞者からその作品の由来や背景などを確認したい欲求が出た時に，ファシリテーターは作品に関する知識を伝えると，鑑賞者たちは自分たちの対話から生まれた作品に対する疑問や考えが確認でき，より作品への親しみや理解が深まるだろう。

3. ファシリテーターに必要とされる資質・能力

対話型美術鑑賞を充実したものとするためには，ファシリテーターに以下のような資質・能力が求められる。

① 共感しながら聞く（包容力をもつ）。
② 出てきた意見に「意味」や「価値」を付けていく。
③ みんなと違う意見を放っておかない（個の意見を大事にする）。
④ わかりにくい発言には，言い換えたり，他の鑑賞者に言い足してもらってわかりやすくする。
⑤ 鑑賞者の意見に素直に反応する。
⑥ どんな意見が出そうか，あらかじめ予想しておく。

このようにファシリテーターは，あくまでの鑑賞者の鑑賞を深めるために対話を促進する役割を担っており，ファシリテーターと鑑賞者の対話から鑑賞者同士の対話が活性化することを目標とし，最終的にはファシリテーターがいなくても鑑賞者同士の対話によって鑑賞が深まるようになることを目指したい。

4. 対話型美術鑑賞を通して育つ力

対話型美術鑑賞を通して，子どもたちに以下のような力が育つと考えられる。

① 自分の目でよく見て，感受性豊かに物事を感じ取るようになる。
② 主体的に美術鑑賞を行う自信をもち，自分らしい鑑賞方法を身に付ける。
③ 自分で見て，感じて，考えたことを，ボキャブラリー豊かに表現するようになる。
④ 他者の発言を聞き，自分が見て考えたこととの違いに気付き，多様な意見や視点を受け入れるようになる（作品のイメージをより広げ，分析できるようになる）。
⑤ 他者と自己の見方の違いを知ることによって，自分独自の見方や考え方を知ることができる（自分の価値観に気付く）。

このように対話型美術鑑賞とは，複数の鑑賞者が集まって主体的に鑑賞することによって，ひとりで作品を見た時には味わえない作品の感じ方や考え方，味わい方に気付くことができる活動といえる。これらの活動は，子どもたちの観察力，思考力，表現力を育み，自分が表現したいイメージを膨らませて絵を描くなどの表現活動を活性化することへとつながるであろう。また，対話型美術鑑賞活動を通して他者の世界観にふれることで他者への包容力を育むことにもつながる。このように子どもが美術にふれる活動は，作品への理解を深めるだけでなく多様な美術の世界への興味を深め，生涯を通して美術に親しみ，美術文化を支える市民となることも期待されている。

図　美術館での対話型美術鑑賞の様子

（勅使河原君江）

模写から創造へ

1. 鑑賞活動の方法

図画工作科・美術科では，これまで表現活動が中心であったが，近年は美術文化の理解や感性の育成を目的として，鑑賞活動も重視されている。特徴的な鑑賞方法として，対話型鑑賞法がある。作品の印象，描かれているもの，作者の意図や心情などについて，対話をしながら見方や感じ方を深めていく鑑賞の方法である。なぜ・どうしてという理由を述べ合うことが，対話型鑑賞法のポイントになる。また，いくつかの作品の比較を通して共通点や相違点を指摘する比較鑑賞法，カードなどを使うゲームによって作品に親しむアート・ゲームも取り入れられている。このように様々な鑑賞法が見られるが，ここでは，改めて模写による鑑賞について示す。作品を見たとしても，漠然と見ているときが多いが，作品を描きうつす活動では，モチーフ・構図・色彩・タッチなどの色や形について学ぶ機会になる。「まねる」は「まなぶ」の語源であるように，模写や引用をすることによって作品について学び，自己の表現に生かしていくようになればよい。したがって，教材によって，模写自体を中心にする場合と，模写をもとにした創造的内容に重点をおく場合とがある。

2. モナ・リザの模写から

モナ・リザは，レオナルド・ダ・ヴィンチ（1452-1519）の代表作品で，小学生でも馴染みがある。モナ・リザを模写・引用した作品の展覧会も開催されている。また，ブレント・ウイルソンをはじめアメリカのDBAE（学問に基づく美術教育）の実践の中でも，モナ・リザの模写が見受けられる。そこで，モナ・リザから，顔・服装・動作・手に持っているもの・背景などを変化させることによって，自分なりの表現を創作する。

図１　髪・持ち物などを変える

図２　猫をイメージする

3. モネ，ゴッホの模写から

図画工作科・美術科の授業で彩色するときに，色々な色彩で表現する，自分らしい塗り方を工夫する，という助言が行われている。色彩やタッチを工夫することは，今日では当然に感じられるかもしれないが，美術の歴史では，大きな発見であった。光を意識した色彩を使うことは，クロード・モネ（1940-1926）などの印象派によって試みられ，明るい色彩でタッチを意図的に残すことも，モネや後期印象派のフィンセント・ファン・ゴッホ（1853-1890）に見られる特徴である。モネやゴッホの作品の模写によって，多様な色彩表現やタッチの表し方を体験的に理解するようにしたい。

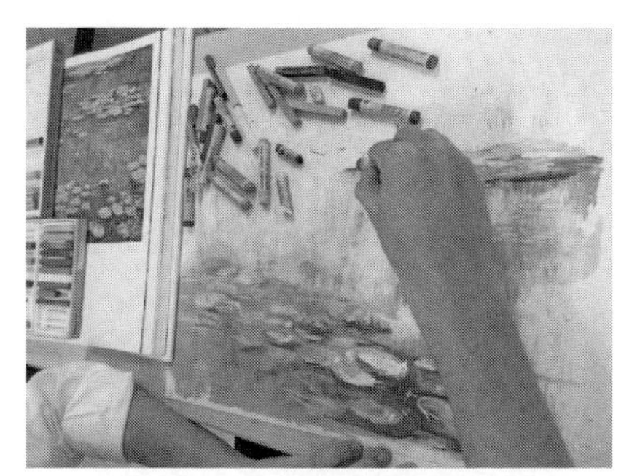
図３　モネの模写を試みる

図４　模写を通してモネのタッチや色彩を学ぶ

図５　模写を通してゴッホのタッチや色彩を学ぶ

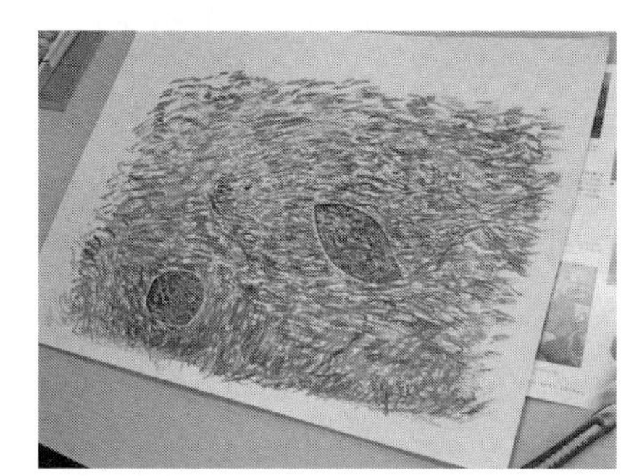
図６　ゴッホのタッチや色彩をもとにして描く

4. ピカソの追体験

ピカソの作品は，ゴッホと並んで図画工作科・美術科の教科書で掲載されてきた。けれども，子どもたちがピカソの作品のよさを理解しているとはいえない。写実的な絵を上手であるとし，でたらめ・難解な作品をピカソみたいという。ピカソの模写などを通してピカソの作品理解を試みる。例えば，ピカソ自身も多くのスケッチから試行錯誤しながら大作のゲルニカを描いたので，ゲルニカからの引用や構成を通して，ピカソの工夫を追体験したい。ゲルニカはグレー調の作品であるが，あえてクレヨンや色画用紙を使用する。
（長良若葉）

図７　ピカソの模写を試みる

図８　ゲルニカをもとにして

3-46 鑑賞の方法の多様性

1. 動作や表情を演じることによる鑑賞

現代美術家の森村泰昌（1951～）は，化粧や扮装によって有名な美術作品の中に出てくる人物やものに変身して，その写真をコンピュータで合成することによって表現している。有名な美術作品の人物やものになりきる，絵の中に入り込むということは，ひとつの鑑賞の方法を示唆している。衣装・動作・表情などをまねることで，作品を眺めているときとは異なることに気付くはずである。森村は，からだで作品を知っていくという。

人物や生きものがモチーフになっている美術作品は多い。独特の動作や表情をしているもの，人物が組合わさっているものもある。子どもたちがからだを動かして，それぞれの作品の動作・表情・人物などを演じることで，作品の特徴や工夫を感じ取る。見て演じることによって，動作や表情に感情が込められている，普段できない誇張された動作や表情になっている，人物間で言葉が交わされているようだ，といったことを発見することだろう。アート・ゲームとして，作品の動作や表情に似せて，どの作品かをあてる方法もある。

2. 手で触れることによる鑑賞

作品に手で触れることは破損や劣化の原因になるので触れてはいけない，というのは正しいマナーである。ただし，美術には多様な表現方法があり，触れることによって実感を得るときが多い。彫刻や工芸の立体作品では，大きさ・量感・動勢（動きの感じ）・材質感が工夫されている。立体感や素材感は，手で触れてふくらみや触感を確かめることで，理解できる。そのため，触れることができる立体作品を展示している美術館がある。

彫刻に関する授業では，土・木・石などの材料にはたらきかけて表現する。顔を粘土で表現しているときに，ほほやひたいに触れてふくらみや感触を確かめ，手のひらや指に力を入れて粘土の肉付けをする。木や石の立体作品でも，彫る・削る・磨くといった行為をしながら，手で触れて量感やデコボコ・ツルツルといった材質感を追究している。木彫作品を抱えて重さや大きさを知る，内側の木をくりぬいた部分に手を入れる，木の香りを楽しむと行った体験は，通常では行われていない。けれども，手で触れるなど五感を通した鑑賞活動を取り入れることで，材料や制作過程を理解することができる。

図１　作品中の動作や表情を演じる

図２　手で触れてガラス作品の透明感を知る

3. 五感による原体験・鑑賞活動を取り戻す

人々は，子どもの頃に屋外で遊ぶことによって，自然の様子を知ったり，安らぎを感じたりした。木や石のゴツゴツ・ツルツルとした手触り，土のドロドロ・ネチネチとした感触は，自然の中で遊ぶことを通して学んだ。現代では，室内でテレビ視聴やゲームをする時間が長くなり，五感を通した体験が乏しくなっている。広義の鑑賞活動において，土・石・木・葉・実をはじめとした自然素材に触れて，手やからだ全体を動かしながら実体験をすることが必要である。実体験の乏しさという点では，大人も同様である。テレビ映像，コンピュータ，印刷物などのバーチャルな視覚情報が過剰になり，本物に触れることがなくなっている。造形活動では，材料を見つける，材料の特徴をもとにしてつくる，つくり方を工夫することが大切であり，その原点に立ち戻ることが求められてる。手やからだを動かし，五感を通して鑑賞することが，ものづくりや人間形成の基礎なのである。例えば，デザイン教育の源流というべきバウハウスにおいても，造形の基礎として五感によるテクスチュア・素材感の学習が重視されていた。

4. 使うことによる鑑賞活動

工芸作品は，本来使う目的や用途に応じてつくる。そのため，陶器や木工の作品を見るだけでは，作品のよさや工夫は十分に伝わらない。土・木・竹・紙・金属といった材料に触れてはたらきかける，作品を手にとって実際に使うといった経験から，工芸作品としてのよさが確かめられ，新たなアイデアが浮かぶ。そのため，湯飲みや皿を制作した後に，実際に食事やお茶の時間に使用する，自作の鉢や花びんに植物や花を生けて使う，部屋に手づくりのあかりや飾りを取り付けて鑑賞する，という機会が必要であろう。木のおもちゃの工夫や魅力も，使うことでわかる。子どもが手でふれるので，自然の木の優しさやぬくもりが伝わるようにしている。また，おもちゃには，動く，回る，転がる，組み合わさる，音がするといった仕掛けや仕組みになっているので，手に取って実際に動かして遊ぶことが求められる。動かして遊ぶ中で，その作品に込められた制作者の創意工夫を体験的に理解できるわけである。もちろん，使用するとメンテナンスが必要になってくるが，子どもたちが遊ぶ様子を見たり補修する過程で，制作者も改めて学ぶことがあるという。(長良若葉)

図３　触れて彫刻作品の質感や量感を理解する

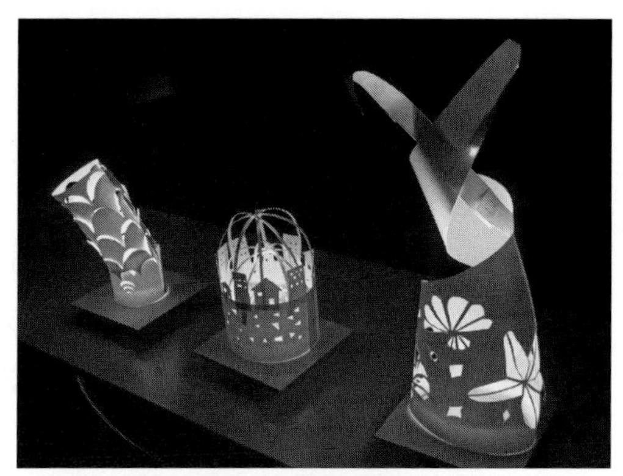

図４　あかりの作品を照明に使う

3-47 鑑賞教材としてアート・カードを使った活動

1. アート・カードとは

アート・カードとは，美術作品の画像を複数枚シリーズ化してまとめたものをいう。例えば一人の作家の作品を集めたり，同じ作風の作品をシリーズ化して販売している例がある。学校などで教材として使用する場合は，使用する子どものニーズに合わせて作品の絵葉書などを集め，オリジナルのアート・カードセットをつくることもできるだろう。このように学校などでの美術鑑賞や作品制作の補助教材として，目的に応じて複数枚のアート・カードを用意しておくと様々な美術・造形活動に活用できる。

2. アート・カードを活用した美術・造形活動例

(1) 活動名：アート・カードをからだでまねっこ

アート・カードの中から一枚の作品を選び，その作品に描かれている形をからだで表現する活動である。

図１ 複数枚のアート・カードセット

作品中に人物や生き物が描かれている場合は，そこに描かれている人物や生き物の気持ちを考えながら，ポーズをまねするとよい。抽象的な作品の場合でも，教師は絵の中に描かれている形を示して「ここに描かれている形はどんな感じがするかな？ 丸い形かな？ 尖った形かな？」と形から様々なイメージを子どもたちが想起できるように声がけをして，からだでその形のイメージを表してみるように促してもよいだろう。この活動の発展として，ジェスチャーゲームのように，グループに分かれて，アート・カードをからだで表し，互いにクイズ形式で当て合うというゲームを楽しむこともできる。

(2) 活動名：絵にセリフをつけちゃおう！

選んだアート・カードの画面に漫画のような吹き出しをつける活動である。

選んだアート・カードを見て，画面に漫画の吹き出しのようなセリフや擬音を想像して書き込んでみよう。作品中に人物が描かれている場合は，その人物がどんなセリフを発していそうかグループで話し合いながら発想を膨らませてもよい。抽象的な作品でも，絵を見ながら描かれている形を何かの形に見立てたり，絵の中の世界から聞こえてきそうな音（擬音）を考えてもよいだろう。その際に想像できる音は「シュー」「カチンカチン」「ふわーっ」「シーン」といった絵の中の世界から音がイメージできるように，教師は「この絵の中に入ったら，どんな音が聞こえそうかな？」といった子どもたちが擬音を見つけられるように言葉をかけるとイメージが膨らむ。

(3) 活動名：アート・カードクイズ大会をやってみよう

複数枚のアート・カードを用意し，クイズを出す係の子どもたちがアート・カードの中の一枚の絵を正解に選び，その絵に関するヒントをいくつか考えておく。クイズ大会でそ

図２　アート・カードの例：「神戸港」
川端謹次，1977.
出典：川端謹次『川端謹次画集』便利堂, 1988, p.16.

れらのヒントを発表し，みんなに答えてもらう活動である。

アート・カードを使ったクイズ大会を楽しむポイントは，クイズのヒントが簡単すぎても難しすぎても面白くない。事前に，ヒントを出題するグループで絵について十分に話し合い，選んだ絵から感じたことや考えたことをキーワードにしてヒントを考えるようにするとよいだろう。例えば，図２のような港が描かれた風景画のアート・カードを答えに選んだ場合，「港に船が描かれています」というヒントにしてしまうとすぐに答えがわかってしまい，面白くない。絵をよく見ないと気付かないようなところをヒントにするとよい。例えば絵の中央に遠く描かれている数人の人の姿から「遠くから話し声が聞こえてきそうです」や「遠くから風が吹いて来る感じがします」といった聞こえない音・匂い・風に関することをヒントにするとクイズを解く人も答えを探して，じっくりと絵を見てくれるだろう。このように，作品を見てすぐにわかる点をヒントにするのではなく，絵を見て感じたり，考えたこと，絵から感じた音や匂い，気温，風や描かれている人物の気持ちなどをヒントに選ぶと，解答する人は，答えがわかりそうでわからなくて，絵をより見て考えるクイズとなる。このような活動を通して，クイズの答えを導き出そうと無意識に子どもたちは，アート・カードを見比べたり，細部までよく見て，答を探そうとする。この活動は，楽しみながら作品をじっくりとよく見る美術鑑賞体験となるだろう。

3. アート・カードを使用する美術鑑賞活動のよさ

学校の校外授業などで美術館を訪れ，作品鑑賞し実物の作品と触れ合って感じるその迫力や美術館の静かな雰囲気を体感できる機会は，子どもたちにとってかけがえのない体験となる。しかし，学校の近郊に美術館がない場合や，授業や学内行事との調整が難しくて美術館を訪れることができない学校も数多く見られる。しかし，学内でアート・カードを使用した美術鑑賞を行うことで，子どもたちは美術作品を身近に感じ，前記したアート・カードを使用した活動は，どれも短い時間で，特別な道具も使わずに教室で行えるゲーム的要素を含んだ活動だが，これらの活動を通して，子どもたちは美術館に所蔵されている美術作品を身近に感じる第一歩となるだろう。また，アート・カードを使用した活動を行う際には，学校がある地域の美術館に所蔵されている作品や地域に関連のある作品をアート・カードに選ぶとよい。子どもたちはアート・ゲームを楽しんだ後にいつの日か，家族や友だちと一緒に自分たちが暮らす地域にある美術館を訪れた時に子どもの頃にアート・カードを使って美術鑑賞した作品と再会し，様々な鑑賞体験を思い出すとともにより作品を身近に感じ,感動も深まる。このように,子どもたちの地域の作品を使ったアート・カードを利用した美術鑑賞体験を通して，自分たちが育つ地域の美術文化に親しみ，より地域への愛着と誇りもつことだろう。（勅使河原君江）

3-48 アート・ゲーム

1. 鑑賞教材としてのアート・ゲーム

描いたりつくったりする表現活動に比べて，鑑賞活動の授業実践の蓄積は少ない。そのため，鑑賞の教材や方法がよくわからない，教師による知識伝達になってしまいやすい，といった声がある。子どもたちが興味をもちながら美術作品を見ることができる教材や方法としてアート・ゲームがある。アート・ゲームは，アメリカの美術館教育において考案され，現在では，言語活動を伴う鑑賞の教材として，日本の学校の授業でも普及している。アート・ゲームでは，子どもたちがゲームを通して作品に親しみ，作品について語り合う。美術館の絵葉書のようなカードを使ってトランプやカルタに似たゲームをする，絵のつながりや構図に着目して作品のジグソーパズルを組み合わせるといった具合である。従来の鑑賞指導では，教師による作品解説が多くなりがちであったが，アート・ゲームによって，楽しみながら作品を見ることができる。友だちとゲームをしているうちに作品の比較・分析・解釈が行われ，作品についての対話も進展する。子どもの感受性や知的好奇心は鋭敏で，大人が気付かないようなことを見つけ，難解な作品にも柔軟に対応することが多い。視覚情報から記述・分析・解釈・判断・発表などができるようになり，多様な学力につながる。

2. カードゲームの方法

1グループ6名程で，各グループ50～100点程の作品カードを準備する。広いテーブル，または，カーペットのような所で，カードを広げやすいスペースで行う。

(1) おすすめの一品，美術館づくりのシュミレーション ゲーム

数多くの作品カードの中から，おすすめの，好きな，気になる作品を手にとって，同じグループの友だちに作品の説明や選択した理由を交替で話す。作品を見てモチーフ，主題，構図，色彩，描き方などについて分析・解釈し，友だちに伝わるように発表することで，鑑賞力や批評力が育まれる。

当初は好き，不思議，きれいといった簡単な言葉を述べるときが多いが，友だちに説明することによって，どこが・どうして好きか，不思議と思った理由といったことが明確になってくる。自己紹介のかたちでする場合，美術館のスタッフになったつもりでどの作品を購入したらよいのかを協議する設定で行う場合などがある。

(2) 似たもの見つけ，仲間探し，七並べ

カードの中から2枚の似た作品を探し，グループの友だちに2つの作品に共通する内容を説明する。トランプの神経衰弱のように，2枚の作品の共通点についての説明にグループの友だち同士が納得すれば，その2枚のカードを手元に得ることができる。一般的には全てのカードを表向きにして行うが，裏返して偶然に選んだ2枚の作品の共通点を見つける方法もある。共通点といっても，ジャンル・モチーフ・主題・色彩・構図・材料・作品傾向・筆使いなど，様々な観点がある。見てすぐに気付く共通点があれば，説明によっ

て気付く内容とがある。

似たもの見つけ，仲間探しと同様に，作品の共通する内容を探し，トランプの七並べに似たゲームをする。最初に随意に4枚のカードを並べ，いずれかの作品と共通点のあるカードを選んで，共通点の説明ができたらカードを横に置くことができる。

(3)　カルタ，スリーヒント・ゲーム

カルタのように作品の特徴を示す読み札をつくり，その内容にあてはまる作品を取り合う。また，作品カードを見て即興的に3つのヒント・作品の特徴を出して，どの作品かをあてるのをスリーヒント・ゲームと名付けている。ヒントが3つになると，ほとんど作品が特定できる。作品の特徴を言葉にしていく過程でモチーフ，色彩，といった観点で，作品を共通理解していく。言葉を聞いて瞬時にカードを見つけ合う緊張感や楽しさがある。カードを選ぶスピードだけでなく，間をおいて作品を見る機会をもつとよい。

(4)　作品探し，作品あてゲーム

カードや実際の作品を見て，その作品の特徴や表現の内容を順に説明する。もう一方で作品を見てない人が説明をもとにして描いてみる。最後に，説明をもとにして描いた作品と実際の作品とを照らし合わせる。言葉によるヒントから，どの作品かをあてるようにしてもよい。また，複数の作品を比較しながら作品を探すゲームとして「どっちがどっち」がある。マネとモネ，北斎と広重など共通点が多い作品図版を一緒にしておいて，作風や作品の特徴からいずれの作家の作品かをあてるゲームである。一人の作家の複数の作品を制作年代順に並べてみるクイズ形式のゲームも想定される。

(5)　伝言ゲーム

グループの最初の人は作品カードを見てそのスケッチをする。次の人からは限られた時間内に前の人のスケッチをもとにして，リレー式に作品の略図を描いて伝えていく。瞬時に作品の特徴を理解すること，それを的確に描いて次の人に伝える活動になる。

(6)　紙芝居，お話づくり

作品カードの中から3枚程を選び，そのカードを使った紙芝居や物語をつくって発表し合う。慣れるにしたがってカードの枚数を増やしたり，ストーリーに工夫を加える。学年や言語活動の経験によって，話の長さや内容を調整する。複数の作品カードの内容からストーリーを創作し，友だちにもわかりやすく伝えるうちに，読解力・文章力・発表力が培われる。(長良若葉)

図1　アート・カードでカルタ遊びをする

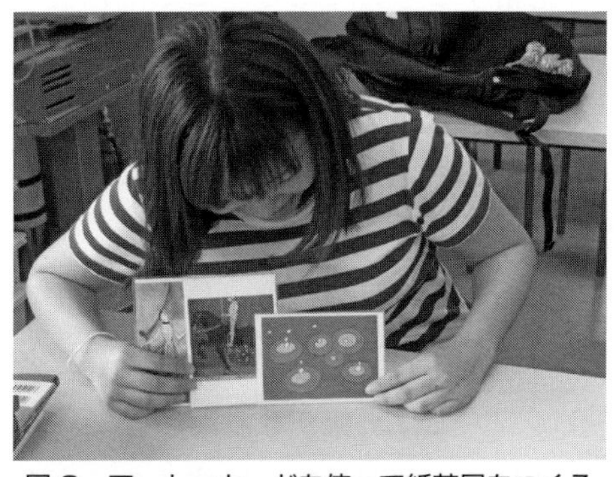

図2　アート・カードを使って紙芝居をつくる

3-49 美術館の活用

1. 現代の美術館

美術館を含む博物館は，1951（昭和 26）年の博物館法制定によって公共的価値をもつようになった。それまでは数も少なく「存在すること」自体に意味があり，市民の日常利用は不可能に近かった。1960 年代の設立ブームにより館数が増えると，レジャーや学習など利用目的が多様化し市民に身近なものとなった。一方で，美術館が社会に果たすべき役割や存在意義が大きく変化し，館相互の競合や多様化も進んだ。1980 年代になると，美術館のもつ対社会的な意味が問われるようになり，市民に対し美術館がどのようなメッセージを提起できるのか，活動内容の質が重要視されるようになった。1996（平成 8）年の中央教育審議会答申において，「家庭や地域社会での教育の充実を図るとともに，社会の幅広い教育機能を活性化していくことは，喫緊の課題」と示されると，美術館にも，学校や市民に向けて創作活動や鑑賞体験ができる機会やそのための情報を積極的に提供していくことが求められるようになった。

世田谷美術館は，開館〔1986（昭和 61）年〕から教育普及活動に力を入れ先進的な取り組みを行ってきた草分け的な存在であり，現在でも作家のアトリエを訪問する「美術遠足」などユニークな活動を展開している。宇都宮美術館は，幼児から大学生まで年間 50 ～ 70 団体が美術館を訪問するなど，地域の芸術文化活動の拠点として教育普及活動にも力を入れている。また，茨城県天心記念五浦美術館は，掛け軸や巻物のレプリカ，日本画制作過程の実物と資料ビデオ・鑑賞解説をセットにした「日本画トランク」を作成し，学校や市民団体に貸し出しを行うなど，館外にも広がる日本画鑑賞の具体的な提案を行っている。それぞれの美術館の個性（使命，立地，コレクションなど）を踏まえた取り組みが展開されている。

2. 美術館を活用した鑑賞授業の試み

学校での美術館活用について，大きく三つの型に分けてみていく。まず一つめに，学校側で美術館教育の視点を取り入れたものがある。美術館の提供するワークシートやガイドブック，アート・カードを使用したり，ワークショップ手法に倣って授業を行い，学校の中で完結するものである。ここでは美術館の作品（図録など）や鑑賞ツール（ガイドブック，カードなど）を使用するが，美術館と直接的に関わることがなく積極的な活用とまでは言い難い。しかし，学校の地理的な問題を気にせず，子どもの興味・関心，総合学習のテーマや学校行事に合わせて作家・作品を選択できたり，適切な時期を選んで授業に取り入れたりすることができる。

二つめは，校外学習の一環として美術館を訪問し，ワークショップやギャラリートークなど，美術館の「提供する」活動に参加するものである。専門家の力を借りることで学校や教師個人では実施が難しい授業を子どもたちに経験させることができる。一方，美術館の設立目的や学芸員の意図するものと学校側の目的が合致しない場合には，学校生活や子どもの興味・関心から離れた内容となることもある。そうならないためには，内容を美術館へ一任せず事前の打ち合わせを十分に行う必要がある。また，子どもの移動の手段や時間が実施の際に大きな問題となるが，多くの館で実施されている美術館（学芸員）が学校に出向いて行う出前授業を利用するのも有効である。

三つめは，学校（教員）と美術館（学芸員）がプロジェクトを組み，企画段階から連携を行うものである。前述の2つと比べ手間や時間がかかるが，互いの専門性を生かしたプログラムの作成が可能となり，より一体的な鑑賞教育が期待できる。教職員の人事交流や「地域連携教員」制度[1]にみるように，これからは，学校と地域社会をつなぐコーディネーターを担う教員の存在と，学校と美術館とのコラボレーションによる教育活動は一層重要視されることとなるだろう。

3. 地域との協働が目指される美術館

新しい時代の教育や地域を背負う人材育成の実現に向け，「地域の人的・物的資源の活用」，「放課後や土曜日等を活用した社会教育との連携」，「学校教育を学校内に閉じず社会と共有・連携しながら実現させること」が示され[2]，美術館と他機関との連携は一層期待される。その際に重要なことは，各機関が互いを表層的に「活用」するのではなく，互いの個性を尊重しつつも積極的に深く関わる互恵的な協力関係，いわば「協働」の関係を築くことであり，そこから新たな価値を生み出すことである。その試みとして，都市部の大規模美術館と地方の小規模美術館の二つの例を紹介する。

とびらプロジェクト[3]：東京都美術館と東京藝術大学との連携による，美術館を拠点としたコミュニティ形成事業。公募によるアート・コミュニケーターを軸にアートと人，人と人との関り合いを形成する公共の学びの場の活用を提案している。日本の美術文化を代表する機関による大規模な取り組みは，これからの美術館，さらには美術教育のあり方を方向付けるものとして注目される。

ヨリ・ミチ図工室[4]：上越教育大学，新潟県立近代美術館，小林古径記念美術館，近隣小学校が協力し，平日の放課後に子どもたちが美術館鑑賞や素材体験，造形活動などを行う場。地方では機会の少ない子どものための文化事業や美術館の教育普及活動の一部を担う試みである。全体運営，内容提案，子どもの付添いなど，活動の中心を教師志望の学生が担い，美術館は学芸員の派遣や資料の貸出，学校は場所の提供と下校時の連絡などを行う。実践を通して地域の課題と向き合い，実情にも配慮しながら継続可能な連携のあり方を模索している。（五十嵐史帆）

図1　ヨリ・ミチ図工室

注・引用文献

1）栃木県内全ての公立小・中・高・特別支援学校に校内分掌として教員1名を設置する制度（平成26年度より設置開始）他，岡山，群馬，和歌山，仙台等の自治体が設置。廣瀬隆人「地域の協力を得て行う教育活動の具体策」初等教育資料 2015.

2）中央教育審議会初等中等教育分科会教育課程部会教育課程企画特別部会「中央教育審議会初等中等教育分科会教育課程部会教育課程企画特別部会における論点整理」2015.

3）http://tobira-project.info/tobilab/

4）上越教育大学大学院五十嵐研究室「ヨリ・ミチ図工室 2017 ～子どもたち・大学・美術館による活動記録」2017.

4章 図画工作科の理念と基礎

4-1 チゼックとリード

1. 創造主義美術教育の父としてのフランツ・チゼック

図1　フランツ・チゼック[1)]

フランツ・チゼックは，子どもたちの創造性を育むことを美術教育の目的とする「創造主義美術教育の父」「子どもの美術の発見者」と称される。画家を志したチゼックは，1885年にウィーン美術アカデミーに入学し，1894年まで在学している。当時のウィーンは，アーツ・アンド・クラフツ運動に影響を受けた芸術家たちによる芸術の近代化運動が高まりをみせていた。チゼックも野心に燃えた若き芸術家の一人として，オットー・ワーグナー，ヨゼフ・オルブリッヒ，ヨゼフ・ホフマン，カール・モーゼル，グスタフ・クリムトといった，1897年にウィーン分離派を結成することになる建築家，デザイナー，画家たちと交流していた。

美術学校時代に，チゼックは子どもの美術と出会った。当時のチゼックの下宿先には多くの子どもがいた。チゼックは彼らが自由に部屋に入ることを許し，画材を提供し，絵を描かせた。そこで彼らが描く絵に関心をもつようになる。また，街路の板塀に子どもたちがチョークで描いた落書きを見て，学校の外で描かれる子どもの落書きが類似性をもつことを発見する。チゼックは子どもたちが内面的イメージを象徴的に描いており，その絵は子どもだけが生み出せる特別な芸術作品であると考えた。

2. チゼックの美術教育とその影響

1897年にレアルシューレ（実科学校）の助手となったチゼックは，同時に，私設の児童美術教室の開設許可を得て，児童美術の研究に着手する。この教室は，ハンブルグ美術教育連盟の会長ゴッツェの後押しもあり，1903年にはウィーン美術工芸学校で開催されるようになり，以降1938年まで続けられた。6歳から14歳までの子どもを対象としたこの教室では，写生や模写は行われず，子どもたちは，チョークや絵の具など様々な材料や技法を用いて，木工作や切り紙，リノリウム版画などの多様な表現活動に取り組んだ。

チゼックの理論と方法は，世界各地で開催された児童画展覧会を通して，世界中に伝播（でんぱ）していく。1936年にはウィルヘルム・ヴィオラによって彼の実践や思想が『*Child Art*』（邦題『チィゼックの美術教育』）としてまとめられる。

3. ハーバート・リードと『芸術による教育』

チゼックは，1953年に訳出されたある本によって紹介されたことで，当時の日本の美術教育者たちの知るところとなる。その本とは，ハーバート・リードによる『*Education through Art*』（邦題『芸術による教育』）である。

図2　ハーバート・リード[2)]

詩人，評論家として知られるリードは，1940年から1942年にかけて本書を執筆し，1943年に刊行している。第二次世界大戦の最中に執筆された本書は，芸術により個人の感覚を教育する必要性を説く。生来人間がもつ感覚の強度を保ち，その感覚を環境と協調させ，その中で感情と思考を表現する方法を学ぶことで，個人と社会の有機的な調和が達成されるとしている。同様の主張はリードの『*Education for Peace*』（邦題『平和のための教育』）にもみることができる。1954年には，リードの働きかけもあり，国際的な美術教育学会としてInSEA（International Society for Education through Art）が設立された。

4. 表現のタイプ

本書において，リードは，プラトン（B.C.427-B.C.947）に始まり，チゼックやヴィクター・ローウェンフェルドなどの当時の美術教育者までをつなぐ西洋美術教育の展開と理論を，哲学，美学，教育学，美術史などとともに，最新の心理学の知見を駆使し，論じている。それが典型的に現れるのが，ユング心理学を援用し，子どもの絵画表現を（当時の）現代美術に対応させようとする類型化の方法である。リードによると子どもの絵画表現は次のように類型化される。

① 思考型＝写実主義，自然主義，印象主義―自然という外界を模倣する。

② 感情型＝超現実主義，未来派―非物質的（精神的）価値へと向かう，外界へ反発する。

③ 感覚型＝表現主義，フォーヴィスム―芸術家の個人的な感覚を表現する。

④ 直感型＝構成主義，キュビスム，機能主義―固有の（抽象的な）形と性質に関心をもつ。

さらにこの4つの類型は，関心が自己の内側に向く内向（主観）的と外側に向く外向（客観）的のそれぞれ，計8つに分類される。このように表現の類型を整理することは，子どもの気質を見定め，それにふさわしい支援をするためとされる。

5. 近代美術と教育の交点としての創造主義美術教育

チゼックの子どもの美術への注目は，当時の芸術運動との関わりから現れている。そして，その美術教育実践は，因襲的な教育の改良運動となっている。近代的な美術教育の萌芽は，当時最新の美術と教育の交点に立ち現れた。リードの「芸術を通しての教育」は，単なる芸術教育の改良論ではなく，「芸術を教育の基礎とする」ことを主張するものであり，美術や芸術がもつ力によって，既存の教育全体のあり方そのものを改良しようとするダイナミズムをもつ。それは戦争という悲劇を人類がいかに克服するかというリードの切実な問いの中で紡（つむ）がれている。彼らの実践や議論から導かれる創造主義的美術教育は，近代的芸術が成立しようとする同時代の現象として，新たな芸術観や，それが人間に与える影響への理解を教育の改良に結び付け，人類と社会の改良を達成しようとしたものであったといえる。（大島賢一）

引用文献
1）ヴィルヘルム・ヴィオラ，久保貞次郎他訳『チゼックの美術教育』黎明書房，1991，口絵.
2）Goodway D. Ed., *Hervert Read Reassessed*, Liverpool University Press, 1998, 口絵部分.

4-2 ローウェンフェルド

1. ヴィクター・ローウェンフェルド

図　ヴィクター・ローウェンフェルド[1]

ヴィクター・ローウェンフェルドは，1903年にオーストリアのリンツに生まれる。1921年にウィーン美術工芸学校に入学し，そこではフランツ・チゼックにも学ぶ。1925年にはウィーン美術アカデミーに，1926年にはウィーン大学に入学し，芸術や心理学，教育について学んでいる。1926年から1938年にかけて，盲学校に勤務し，そこで視覚障がいをもった子どもたちと彫塑などの造形活動を行う。ここでの成果は『*Genesis of Sculpturing*』（1932年），『*Sculptures by the Blind*』（1934年），『*The Nature of Creative Activity*』（1938年）の三冊の本にまとめられている。『創造活動の本質』は『児童美術と創造性』の邦題（美術出版社，1960年）で訳出されている。

1938年にナチスの迫害を逃れ，イギリスを経由してアメリカに亡命する。ビクトル・ダミコ（1904-1987）との出会いを契機に，コロンビア大学で講義を行う。その後，ハンプトン・インスティテュートの美術学部の立ち上げに関わり，1946年には，ペンシルバニア州立大学に招かれ，そこで多くの美術教育研究者を輩出している。また，アメリカの美術教育の学会でも中心的な役割を果たす。

2.『美術による人間形成』

ローウェンフェルドが1947年に著した『*Creative and Mental Growth*』はアメリカにおいて最も影響力をもった美術教育の教科書とされる。アメリカのみならず，世界中で翻訳紹介され，日本でも1963年にその第3版が『美術による人間形成』の邦題で訳出されている。

ローウェンフェルドは本書で，子どもの発達についての研究知見を基に，各発達段階の造形表現の特性を示した。その上で，それぞれの発達段階に応じた課題や，教師の支援のあり方を具体的に示している。

3. 描画の発達段階

ローウェンフェルドが本書で示す発達段階は，次のようになる。

2～ 4歳：自己表現の始まり：Scribbling Stage（なぐり描きの段階）　未分化な段階，制御された段階，名付けの段階

4～ 7歳：最初の再現の試み：Pre-schematic stage（様式化前の段階）

7～ 9歳：形態概念の獲得：Schematic Stage（様式化の段階）

9～11歳：写実的に描こうとする段階：Gang Age（ギャング・エイジ）

11～13歳：擬似自然主義的な段階：Stage of Reasoning（推理の段階）

14歳～　：決定の時期，青年期の危機，青年期の芸術

ローウェンフェルドは，描画の発達段階をシェマ（= schema）の獲得によって説明しようとする。シェマとは,「外界について認知する際の概念枠組み」のことである。ローウェンフェルドの描画発達理論は発達心理学者のジャン・ピアジェ（1896-1980）によって示された認知発達理論を，その前提としている。ピアジェの発達理論では，このシェマを獲得することによって人間の認知的能力が質的に発達することが説明される。

ローウェンフェルドの描画発達の理論では，絵を描くということのシェマが獲得されることによって，その描画が質的に変化していくことが説明される。いわゆる概念的・知的なリアリスムの描写から，写実的なリアリスムへの移行についても，そのようなシェマの獲得によって説明が可能である。つまり，絵とはどのようなものであるかという認知の枠組みが，発達のそれぞれの段階において質的に異なるとするのである。

4. 視覚型と触覚型

ローウェンフェルドは推理の段階を経て青年期に差し掛かった14歳ごろに青年期の危機と決定の時期が訪れるとしている。ここでいう「危機（= crisis)」とは，ある発達段階から次の段階への大きな困難のことである。心身の発達に伴い，より社会化されていくこの段階では，子どもたちはより一層正確な再現的表現を行おうとする。ローウェンフェルドは，この段階において，子どもたちの表現の傾向は，視覚型と触覚型，あるいはその混合型という3つのタイプのいずれかに区別されるとしている。視覚型の人間は,視覚によって外界を感知し，表現を行うのに対して，触覚型の人間は，触覚による知覚によって外界を感知し，表現をなそうとする。視覚型，すなわち視覚的経験に基づいて空間を把握するタイプの描画には，地平線の表現や遠近が現れ，作者は傍観者の位置をとる。一方，触覚型，すなわち非視覚的なタイプの場合は，自身のからだを通してその空間を把握し，自らが画面に入り込んだような表現を行うとされている。ローウェンフェルドによると約半数は視覚型，4分の1程度が触覚型，4分の1程度が混合型に分類されるという。

ローウェンフェルドによる触覚型の表現類型への注目は，ウィーン時代の盲学校での経験が深く関わっている。

5. ローウェンフェルドの遺したもの

ローウェンフェルドは，自身の美術教育理論を，チゼックのものと異なり，子どもによる美術表現をその目的とするものではなく，美術を通して，子どもたちの精神的な発達に寄与しようとするものであるとしている。

今日では，当時の心理学的知見を下敷きにしてまとめられたローウェンフェルドの発達についての知見や，視覚型，触覚型，混合型の分類については疑問が挟まれる余地がある。しかしながら，美術と認知発達を結びつけ，各発達のステージに即した表現の傾向を整理し，それぞれに対する具体的な支援の方法を提示しようとするローウェンフェルドの試みが，現代の美術教育学の基礎を形成していることは間違いない。（大島賢一）

引用文献

1） Corwin S. ed., *Exploring the Legenol: Guideposts to he future*, National Art Education Association, 2001, p.67.

アメリカの美術教育

1. DBAE －子ども主体の創造主義から教科内容の体系化への転換－

日本は文化・政治経済・科学技術などあらゆる分野において，欧米をモデルとして発展してきた。特に戦後の教育や芸術へのアメリカの影響は，多大である。アメリカの美術教育では，1980 年代以降に DBAE（Discipline-Based Art Education：学問に基づく美術教育）の動向が顕著になってきた。ここでいう学問とは美術のことであり，美術制作・美術批評・美術史・美学の 4 つの領域を設けて，教科内容としての美術を体系的に教える方向性が示された。

冷戦時代の 1957（昭和 32）年に，ソビエト連邦が人工衛星スプートニック 1 号の打ち上げに成功した。アメリカは，科学技術などで世界一を自負していたが，宇宙競争でソ連に先を越されたことは，大きな衝撃であり，人工衛星の名称からスプートニック・ショックと呼ばれた。それまでのアメリカの教育は，ジョン・デューイ（1859-1952）の経験主義に影響を受けてきたが，これを機にジェローム・ブルーナー（1915-2016）の理論をもとにして，教育内容を体系的に教える教育の現代化に向かうことになった。教育の現代化や 1970 年代の「基礎に戻れ」の動向では，理科や数学などの自然科学系の教科が対象になっており，相対的に芸術科目は大変な時期であった。

美術教育では，1960 年にペンシルバニア州立大学の教授であったヴィクター・ローウェンフェルドによって“*Creative and Mental Growth*”（邦訳『美術による人間形成』，黎明書房）が出版された。ローウェンフェルドは，子ども独自の造形表現があることを発達段階論を通して示した。そして，子どもの個性的な表現を大切にすべきであることを，視覚型と触覚型（非視覚型）を位置付けることによって明かにした。ローウェンフェルドは，ジークムント・フロイト（1856-1939）やカール・ユング（1875-1961）などの深層心理学の影響を受けており，抑圧された感情を昇華させることを意図した。大人による干渉を避け，子どもの創造性を引き出すことを考えた。

一方，教科内容を系統的に教えようとする現代化の流れを受けて，美術教育でも美術を体系的に教えようとするカリキュラム開発が行われた。ハーハード大学のプロジェクト・ゼロやエリオット・アイスナーによるケッタリング・プロジェクトなどがあり，1980 年代にはゲディー財団の支援を受け，本格的な教育普及活動が行われた。アイスナーやグリアは，DBAE の理論的な中心となって活躍した。したがって，1960 年代以降は，ローウェンフェルドの子ども主体の創造主義の美術教育から，アイスナーらによって，美術の知的理解を目指し，美術を体系的に教える教科中心の美術教育への転換がなされていった。

2. DBAE の実践と課題

美術を体系的に教える DBAE の動向の中で,「ディスカバー・アート」や「アート・イン・アクション」などの教科書が編集された。日本の図画工作科の教科書では，子どもの作品や造形活動の様子が示されており，子ども主体の教育観が反映されている。一方 DBAE

の考え方による教科書では，低学年からゴッホやピカソをはじめとした美術家の作品や技法が取り上げられるとともに，テクスチュアをはじめとした造形性について，レッスン方式の段階的・系統的な学習が取り入れられている。

筆者は2000年頃にフロリダ州にあるDBAEの実践校をいくつか視察する機会あった。小学校からアート専科の教師がいて，作家・作品・造形技法などについて丁寧に学習していることがわかった。一方，導入や説明の時間が長く，教師の説明を子どもが聞いている場面が多かった。知識や技法を伝達する傾向があり，子どもの思いや発想を生かそうとする日本の図画工作科の授業とは，対照的な印象であった。したがって，教えるべき内容は明確になってはいるが，教師による知識伝達型で子どもの興味や創意工夫への配慮が十分ではない，という見方がアメリカでも存在していた。アメリカの中・高等学校の教科書も，美術史の専門書のような構成になっているが，内容が難しすぎる，知識理解に重点が置かれ普段の表現活動の授業には向いていない，という現地の現場教師による意見が聞かれた。意見であった。また，アメリカの研究者に日本の図画工作科の教科書を示し，新しい教育観や「造形遊び」について説明したところ，以前のローウェンフェルドの創造主義の考え方と重なるという指摘を受けた。

3. 近年の状況から

DBAEにも寄与した美術教育者として，ブレント・ウイルソンがいる。ウイルソンは，世界各地の子どもの絵の収集と分析を通して，現代の子どもの絵には，マンガやアニメーションなどの視覚映像文化の影響がみられることを示した。そして，視覚情報を積極的に提供することによって，子どもたちの造形的な表現力も高まるという前提で，模写や引用をもとにした描画指導を試みている。

ハワード・ガードナーやアーサー・エフランドは，多面的知能という言葉を用いて，認知心理学との関連から，造形教育の有効性を示している。学習内容を図や絵として知ると，理解が深まり忘却することも少ないとされる。また抽象的な記号である文字や数字を，映像イメージと結び付けて理解したり，思考ができるようになるとし，脳の働きとの関連から美術教育の役割を示した。また，カードナーは，ポートフォリオ評価についても論究している。もともとポートフォリオは，アイデアスケッチなど制作過程を整理・保存する目的をもっている。これまでの評価はテストにみられるように結果を数量化することで行われていた。それに対して，一人一人の学習過程における取り組みを読み取り，支援や評価を行う考え方がポートフォリオ評価に反映されている。多様な学習状況を理解しようとする評価の方法は日本にも紹介され，総合的な学習の評価にも取り入れられた。

1980年代以降，日本で「造形遊び」にみられる子ども主体の教育が行われている時期に，アメリカでは学問としての美術を教えようとするDBAEの教科主義の教育が行われていた。現在の日本は，PISAの結果による学力低下論を経て，思考力・判断力・表現力といった広義の学力を身に付けようとしている。今後日本の美術教育において，鑑賞による美術文化の理解，言語活動を取り入れた協働的学習を進めるにあたって，美術の体系的な学習や美術批評を取り入れたDBAEの取り組みを考察すべきである。（長良若葉）

バウハウス

1. バウハウスの誕生

バウハウスは1919年，ドイツの文化都市ワイマールに設立された造形学校である。初代校長は近代建築の巨匠ヴァルター・グロピウス（1883-1969）で，手仕事と機械生産の融合を目指したドイツ工作連盟の精神を受け継ぎ，絵画，彫刻，工芸といった諸芸術を集結して建築のもとに統合することを目指した。グロピウスに続き，ハンネス・マイヤー（1889-1954），ミース・ファン・デル・ローエ（1886-1969）と校長が代わるが，この間にワイマールから工業都市デッサウ，そしてベルリンへ移転した。ナチスの政権獲得による政情不安に伴い1933年には解散に追い込まれたが，14年間という短い期間に革新的なデザイン教育を実践し，20世紀の新たなデザインの基礎となった。

2. バウハウスの教育と予備課程

バウハウスでは，造形の理論を教授する形態親方と工房での実制作を指導する工房親方という2種類の親方（マイスター）が指導者となり，理論と実践の両面から造形教育が行われた。形態親方としてオスカー・シュレンマー，ヨハネス・イッテン，パウル・クレー，ヴァシリー・カンディンスキー，ラスロ・モホイ＝ナジら，表現主義や構成主義の芸術家たちが招かれた。「芸術と技術の統合」を目指し，陶器，印刷，造本，織物，彫塑，ガラス画，壁画，家具，金属，舞台などの工房教育を経て，最終的には建築への集約が目指された。とりわけ注目されるのは，これら専門的な工房の造形活動に入る前に設定された予備課程（基礎教育）のカリキュラムである。材料の特質を徹底的に分析し，基礎的な技能を身に付け，潜在能力を引き出し，既成概念を打破することを目的とした。

3. イッテン，モホイ＝ナジ，アルバースの教育

イッテンの提言により，バウハウスには半年間の予備課程が設置された。アカデミックな古典美術ではなく，学生の想像力と才能を解放すること，学生の得意分野を引き出すこと，材料・質感・形態・色彩・リズムなどに関する造形原理を学ぶこと，の3つを重視し，分野を横断するような諸芸術の土台を築くことを目指した。他方で，授業時に独自の呼吸

図1　ヴァルター・グロピウスが設計したデッサウのバウハウス校舎

図2　建築を最終目標とした教育課程

法や体操を取り込むなど，あくまで個人の精神や感性の解放を優先したため，「芸術と技術の統合」を目指したグロピウスとの対立が深まり，イッテンはバウハウスを去った。

イッテンに代わって着任したモホイ＝ナジの活動はグロピウスの造形思想に一致し，バウハウスにおける構成主義的な教育方針に大きく貢献した。当初から金属工房を担当し，様々な素材を結合するなどして動く金属彫刻を制作，兼務した予備課程では構成，運動，均衡，空間から学生の造形感覚を養う教育に専念した。また，活版印刷機を用いたタイポグラフィを行う先進的な実験も試みている。現代の印刷造形は機械に順応し，明瞭，簡潔，精密さが求められ，伝達内容を受け取る読者に把握しやすいものであるべきとするなど，機能主義的なデザイン教育を実践した。

ベルリンやミュンヘンの美術学校を経てバウハウスで学んだヨゼフ・アルバースはガラス画工房の教師に就任し，予備課程も担当した。主に材料と技術を中心とした工作教育を重視し，専門的な工房活動の準備として，木，金属，ガラス，石，織物，絵の具を含む材料の基本特性と構成原理の指導に専念，様々な素材の結合方法を教えた。また，できるだけ少ない道具で材料の無駄を省くなど制作方法の効率化によって造形能力を引き出すことを目標に掲げるなど，デザインにおける経済性を重視した。紙を中心につくり上げた基礎教育のシステムはその成果であり，今日のデザイン教育にも引き継がれている。

4. 日本への影響

1932年，東京銀座に建築工芸研究所（後の「新建築工芸学院」）が設立され，バウハウスの影響を受け，新しい建築・工芸・デザイン教育が実践された。創立者の川喜田煉七郎（1902-1975）は，デザイン諸分野の訓練を総合的に「構成教育」とし，バウハウスに留学した建築家水谷武彦や山脇巌・道子夫妻らを講師として招き，素材や技法にとらわれない横断的な基礎教育に取り組む。視覚，触覚，聴覚など人間の感覚を軸とした造形体験を尊重し，伝統的な図画・手工教育の改革を試みた。武井勝雄（1898-1979）とともに著した『構成教育大系』（1934年）で，川喜田は構成教育を「我々の日常の生活の極くありふれた，極く卑近な事を充分とり出して見て，それを新しい目で見なおして，それを鑑賞したり，作ったりする上のコツを掴みとるところの教育」[1)] とし，単化，明暗，コンポジション，レイアウト，色彩，材料，機能などの学習題材を示し，小学校における構成教育の実践例を多数収録している。（山本政幸）

引用文献
1）川喜田煉七郎・武井勝雄『構成教育大系』学校美術協会出版部，1934，p.1.

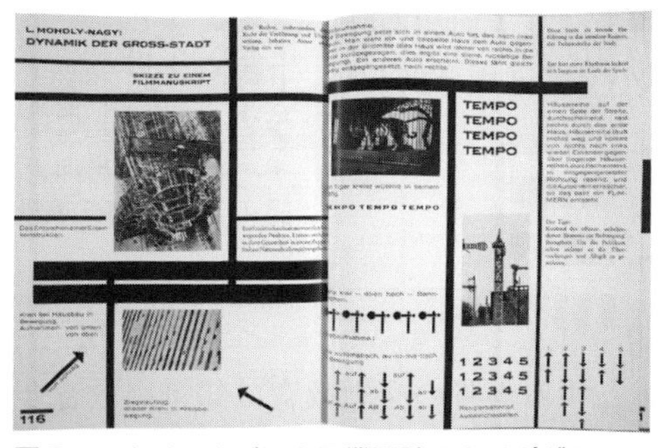

図３　モホイ＝ナジによる機関誌のタイポグラフィ

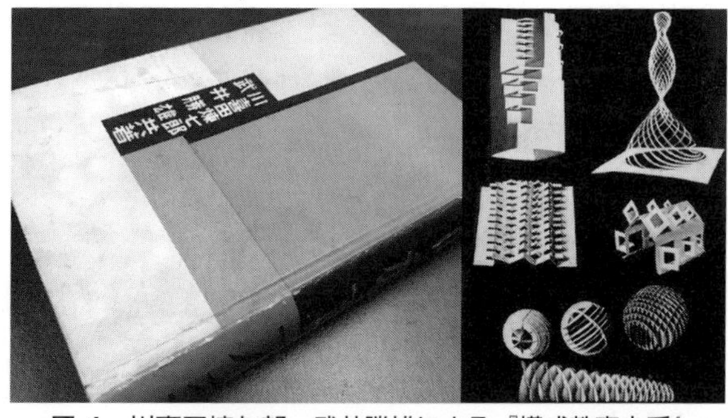

図４　川喜田煉七郎・武井勝雄による『構成教育大系』

4-5 明治時代の美術教育

1. 学制頒布と図画教育

近代化，当時の日本にとってはすなわち西洋化の過程において，西洋的な描画技能は，産業や技術を下支えする実利的なものとして重要視された。幕末には蕃書調所（のち開成所に改称）に画学局が置かれ，川上寛（冬崖）（1827-1881）らによって西洋画の研究が行われた。そこに関わった人々が，明治初期の図画教育の中心を担った。

1872（明治5）年8月に頒布された学制の上等小学の学科の中に「幾何学罫画大意」（すぐ「幾何学大意・罫画大意」に改められる）がある。また，「其他ノ刑情ニ因テハ学科ヲ拡張スル為ニ」加えてもよい科目として「画学」（すぐ「図画」に改められる）がある。同年9月に公布された小学教則で「罫画大意」はさらに「罫画」に改められる。1881（明治14）年の小学校教則綱領によって「罫画」は「図画」と改められ，3・3・2年制の初等・中等・高等の3科に区分された尋常小学校の中等・高等科に設置された。これらの学科はいわゆる「図画教育」を行うものであり，日本の普通教育の始まりの時点で，すでにそのような科目が設置されていたことが確認できる。ただし，明治初期に行われた「図画教育」は，今日の図画工作や美術科とはその目的や方法において全く異なるものであった。小学教則によると「罫画」の教授内容は，点，線，正形の書き方の練習に始まり，最終的には地図を描かせるということになっている。

2. 臨画教育

明治初期の図画教育は，主に臨画という方法によって行われた。臨画とは，手本を模写する訓練である。1872（明治5）年の小学教則には，その説明として「習字ノ法ノ如シ」という記述がある。習字で手本を真似て字形を獲得するように，線や形の取り方，陰影の付け方を学んでいく。手本に即して正確に描くことが求められるのであり，個性や創造性を発揮する余地はない。臨画が行われるためには，その手本画集となる教科書の発行が重要である。小学教則の罫画の項目には『南校板罫画本』『西画指南』の記載が見られる。『西画指南』は，川上寛によって1871（明治4）年に発行されたもので，イギリスのボルンによって著された『*The Illustrated Drawing Book*』の抄訳となっている。その後発行される当時の図画教科書は，いずれも海外の教科書から図案などを引用したものであった[1)]。1878（明治11）年に発行された『小学普通画学本』の頃から，図についても新たに描き直されるようになり，日本的な題材が現れ始める。

図1　西画指南の表紙

3. 鉛筆画と毛筆画

洋紙や鉛筆を画材として用い，西洋的な絵を手本とする当時の図画教育は鉛筆画教育と称された。

1880年代に，アーネスト・フェノロサ（1853-1908）と岡倉覚三（天心）（1863-1913）によって日本美術復興の運動が興る。1884年，文部省は図画教育のあり方を調査するため「図画教育調査会」を設置した。この調査会で，岡倉によって提議された，普通教育に毛筆画すなわち日本画を加えることの可否が討議された。岡倉らの主張は，普通教育から幾何学的画法に代表される西洋的な画法を排除し，社会の趣味の向上や，工芸の基礎としてより適当な美術画法を導入すること，そして美術画法には筆を用いるべしというものである。筆は線の表現や墨の美しさにおいて，鉛筆やクレヨンなどに優るとしている。1887（明治20）年に岡倉を初代校長として東京美術学校が創立される。当初，日本美術保護を目的としたこの学校には西洋画科は設置されず，日本画・木彫・彫金の3科が設置された。その卒業生が師範学校や中学校の教師となっていくことで，毛筆画教育は全国に広まっていった。

普通教育において毛筆画教育が求められた背景には，欧化主義への反発や国粋主義の勃興による，西洋画派と日本画派の対立構造の影響がある一方で，高価な洋紙や鉛筆を用いることが庶民には難しいという，現実的な問題があったことが指摘されている[2)]。

毛筆画による図画教育も，臨画の方法を取った。日本画家，川端玉章編画の『帝国毛筆新画帖』など，多数の毛筆用の臨画教科書が発行された。

4. 教育的図画と新定画帖

1900年頃には，明治初年から進められてきた近代化もひと段落し，学校教育制度を含む社会の諸制度の再整備が行われ始める。1902（明治35）年に文部省に「普通教育ニ於ケル図画取調委員会」が設置される。この会は専門美術教育とは異なる「教育的図画」の方針を打ち立てようとした点で画期的だった。1904（明治37）年に発表された報告書では，図画教育を普通教育に加える理由として，実用上の理由の他に，心身の働きを結合し，想像力や発想力，美観を養うといった，精神上の理由をあげている。また，手工との連携や，随意画，記臆画及び書取画，写生及び看取画，幾何図，考案画など臨画以外の描画活動と，さらには美術作品の閲覧，講話といった鑑賞教育の導入を提案している。

1910（明治43）年には，正木直彦，上原六三郎，小山正太郎，白浜徴，阿部七五三吉によって『新定画帖』が編纂（へんさん）される。この図画教科書は「教育的図画」を体現する画期的なものであった。鉛筆画用，毛筆画用と別々に編纂されていた教科書が統合され，様々な描画活動が教材として提案されている。

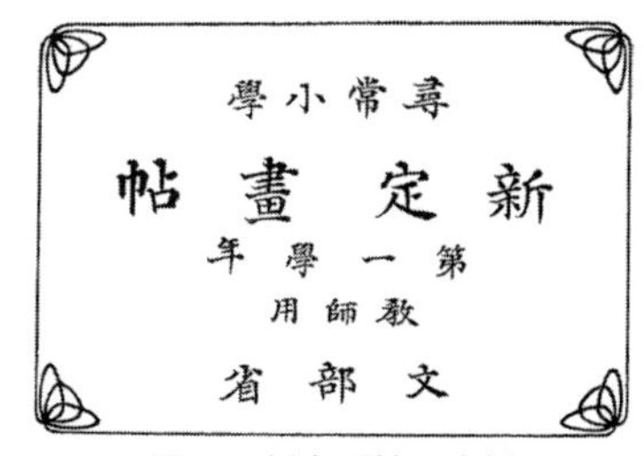

図2　新定画帖の表紙

またそれらの題材は，子どもの関心と意欲を前提とした心理的配列によっている。教師用書に示された題材の要旨が，「練習をなす」こととされており，図画それ自体を目的としようとしない点が教育的図画の性質をよく表す。（大島賢一）

引用文献
1）金子一夫『近代日本美術教育の研究 明治時代』中央公論美術出版，1992，pp.153-259.
2）中村隆文『「視線」から見た日本近代 明治期図画教育史研究』京都大学学術出版会，2000，pp.23-68.

4-6 大正時代の美術教育

1. 大正新教育

1910 年代，いわゆる大正デモクラシーの中で，明治期からの天皇を中心とした国体を確立するための臣民教育を徹底しようとする国家主義的な学校教育に対抗し，それを超克しようとする教育思想や運動が現れる。それらは一般に「大正新教育」あるいは「大正自由教育」と呼ばれる。西欧において発生した新しい教育思想が輸入紹介され，人道主義的，児童中心主義的，自由主義的な教育実践が展開された。それまでの画一主義的で注入主義（教師が知識を一方的に教え込む教育法）の教育とは異なり，子どもの個性や自発性を尊重した教育の方法が模索された。

同時期に広まっていった，ロマン主義的，近代的な芸術思想も，教育に影響を与えた。例えば長野県では，武者小路実篤らによって創刊された文芸・芸術雑誌『白樺』に影響を受け，理想主義，人道主義，芸術主義に開眼した若手教師たち，いわゆる「白樺教師」たちが大正新教育の一翼を担っていた。また，芸術家たち自身も，より直接的に，社会や教育に関わる活動に取り組んだ。例えば，1918（大正 7）年に鈴木三重吉によって創刊された児童雑誌『赤い鳥』には，多くの文学者や音楽家が賛同し，近代的な童話や童謡を生み出している。そうした中で，美術教育の領域においても，近代日本の美術教育のエポックとなる運動が展開されている。山本鼎（かなえ）によって主導された「自由画教育運動」である。

2. 山本鼎と自由画教育運動

版画家，洋画家として知られる山本鼎は，児童自由画教育運動の他に，農民美術の運動も主導し，芸術による社会改良に具体的かつ積極的に取り組んだ。1906（明治 39）年に東京美術学校西洋画科を卒業した山本は，1912（明治 45）年から 1916（大正 5）年にかけて欧州留学をする。その帰途，旅費をつくるためにロシアに 5 か月間滞在し，そこで農民美術と児童画の展覧会に出会ったことが，帰国後の山本の活動につながる。帰国した山本は父が医院を開業するために移り住んだ長野県上田の地で，金井正や山越脩蔵といった地元の青年の協力を得，農民美術運動と自由画教育運動を起こす。

山本による自由画は，それまでの図画教育で広く用いられていた臨画教育を否定し，子どもたちに自由に絵を描かせるものである。山本は，臨画教育を「干からびたお手本」の模写によって子どもたちの創造的種子を押しつぶしてしまう「不自由画」だとし，唯一のお手本として「自然」を与え，それ以外の手本によらず「自由」に描かせるものを「自由画」とした。山本は，物体を正確に写すことや，必要に応じて物の形が描けることを目指すのではなく，美的感銘，創造的能力を開発涵養することこそが美術教育の要点であり，自由画による指導こそが，専門的な描画技能の養成に向かうような「美術家教育」ではなく，「創造的情熱ある」人間をつくり出す「真の美術教育」であるとしている。

図　自由画教育の表紙
出典：山本鼎『自由画教育』アルス，1921.

1918（大正7）年に上田の神川小学校で行われた山本鼎の講演「児童の絵画教育に就て」を契機に，翌年，同小学校で初めての自由画による児童画展覧会が開催された。1919（大正8）年には，「日本児童自由画協会」（翌年，日本自由教育協会に改称）が組織され，東京や大阪など日本各地で児童画展覧会を開催し，講演活動を行うとともに，『赤い鳥』などの児童雑誌で自由画を募集，掲載する。1921（大正11）年には『芸術自由教育』という雑誌を発行するに至る。本誌は，美術教育だけではなく，当時の芸術教育運動を結集した内容となっていたが，資金繰りや編集委員間に問題を抱え，10号で廃刊となる。以降山本は自由画教育運動の一線から退いていく。しかし，それまでの臨画教育とは全く異なるコンセプトからなる図画教育方法を芸術家自身が唱えたことで，山本の自由画教育運動は様々な影響を残し，刺激を受けた教師たちが自由画的な教育実践を行った記録が残っている。

3. 創作手工

手工教育の分野においても，大正期には「創作手工」の動きがある。

手工科は，1886（明治19）年の小学校令において高等小学校に加設科目として設置され，1926（大正15）年の小学校令改正でようやく高等小学校で必修とされる。図画教育よりも実業に結び付けられやすかった手工は，その教育的な意図や方法について誤解も多く，教育現場での理解や普及が十分ではなかった。もっとも1886（明治19）年の時点で，師範学校では必修科目とされ，東京高等師範学校では，上原六四郎，岡山秀吉，阿部七五三吉らによって，海外での手工教育実践に学び，それを参考としながら，実際の製造とは乖離（かいり）し，勤労精神や美観を涵養（かんよう）することを目的とする，一般教育の意義を主張する手工教育の理論と方法が形成されていく。

1923（大正12）年に，東京美術学校師範科出身の小学校教員，石野隆を発起人として，「創作手工協会」が結成される。この協会は，芸術教育としての手工教育を広めるものであった。こうした動きの背景には，山本鼎による自由画教育運動の影響が色濃い。山本鼎は，創作手工協会の顧問となっている。同協会員の横田仁郎は，勤務先の万年小学校で，「自由彫塑」の実践を行った。これは，いわゆる粘土細工で子どもが自由に造形をするというものであり，彫刻家の藤井浩祐が指導に加わっていた。

4. 大正時代の美術教育

大正期は，様々な教育思想，芸術思想が輸入紹介され，日本各地で多様な実践が花開いた時期であった。大正自由教育運動の舞台となった各県師範学校の附属学校や，成城小学校，自由学園，子どもの村小学校などの先駆的な私立学校では，様々な美術教育実践が取り組まれた。しかし一方で，自由画教育運動や創作手工は，阿部七五三吉ら，東京高等師範学校の美術教育者たちによって批判され，教育論争へと展開していく。その争点は，教育的図画が，自らを一定程度芸術と引き離して，教育的な目的の上に成立しようとするものであるのに対して，自由画教育運動や創造手工の運動が，近代芸術的な視座から，今一度教育を芸術の側に引き寄せ，芸術をすることを通して子どもたちを育てるというものとしようとした点にあるとみることができる。（大島賢一）

4-7 学習指導要領の変遷 1

1. 戦時（太平洋戦争）中の教育

1941（昭和 16）年に国民学校令が制定され，尋常小学校が国民学校初等科，高等小学校が同高等科となった。教科は国民科，理数科，体練科，芸能科，実業科（高等科）に再編され，これまで存在した図画科と手工科がそれぞれ芸能科図画と芸能科工作に改称された。使用される教科書も改訂され，初等科 1，2 年生用として『エノホン』，初等科 3 ～ 6 年生用として『初等科図画』，高等科 1，2 年生用として『高等科図画』（ただし 2 年生用は未発行）が随時発行された。一方工作では，『初等科工作』（初等科 3 ～ 6 年生用），『高等科工作』（高等科 1 ～ 2 年生用，ただし 2 年生用は未発行）が発行された。これをみてもわかるように，『エノホン』は，初等科 1，2 年生用として図画と工作の両方で使用するものであった。国民学校での教育は「皇国民の錬成」という最高目標のもと，軍国主義的な内容が濃いものであった。教科書においても，軍艦や要塞を題材に選択するなど当時の社会的な風潮に影響を受けたものであった。

2. 昭和 22 年版

1945（昭和 20）年に太平洋戦争が終結し日本は連合国の占領下におかれた。このような状況の中で 1947（昭和 22）年，連合国軍総司令部に設置された民間情報教育局（CIE）の指導の下，米国のコース・オブ・スタディーを参考に最初の「学習指導要領　図画工作編（試案）」が示された。「試案」とあるように，当時は教師の「研究の手引き」として作成され法的拘束力はなかった。従来の芸能科図画と芸能科工作は図画工作科へ統合され小学校の教科名として今日まで続いている。なお，このときは，小学校から中学校まで（1 年～ 9 年）1 冊合本で発行されている。

冒頭の「はじめのことば」に図画工作科の存在意義について大局的に述べられている。例えば「一　発表力の養成」の中で「人類が文化を建設し進展させて行くためには，他人の発表する思想や感情を，正しく受けとる力と，創意工夫の力とを備え，また，自分の持っている思想や感情を，正確に発表する力を備えていることが必要である」と記している。第一章の「教科の目標」では，「一　自然や人工物を観察しての表現」「二　日常で用いるものの製作」「三　鑑賞などの能力」が箇条書きで具体的にあげられている。この中には「豊かな美的情操」も示されており，今日まで続く源流とみることができよう。第二章「図画工作の学習と児童・生徒の発達」では就学前から九年生までの発達について述べられている。他にも，指導法，考査などが具体的に示されている。

3. 昭和 33 年版

学習指導要領は 1951（昭和 26）年に一度改訂されているが，これは昭和 22 年版の流れを踏襲するものであった。しかし，1958（昭和 33）年に学校教育法施行規則が一部改正され，同年改訂された学習指導要領は，「試案」から「告示」となり，法的拘束力をもつ国家基準となった。このことにより，各学校が教育課程を編成するにあたって守らなければならない基準としての性格をもつものとなる。この改訂は「道徳教育の徹底」「基礎学力の充実」「科学技術の向上」などが基本方針であった。記述内容は要点のみとなり，教科などの具体的な解説は，別に発行される「指導書」に移ることになった。

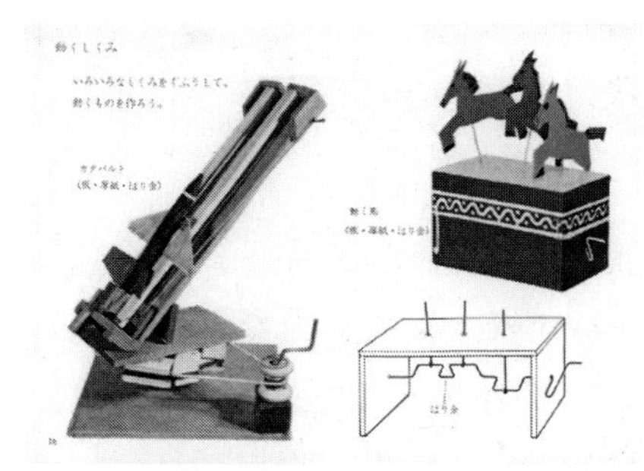

図　図画工作の教科書（1961年）
出典：岡田清一他『図画工作6年』大日本図書，1961，p.18.

この改訂では小・中学校の教育課程が「各教科」「道徳」「特別活動」「学校行事等」の四領域であると明確に規定された。また，中学校では「美術科」となり，生産的技術に関する内容は新設された「技術科」に移行することになった。

図画工作科の教科目標は① 情緒の安定，② 創造的表現を伸ばす，③ 美的情操を養う，④ 技術の尊重，実践的態度を養う，⑤ 生活に生かす態度を養うといった項目があげられている。ここでも3つ目に，美的情操について述べられている。

教科の内容は従前と比較して，絵，版画，粘土（彫塑），模様をつくる（デザインをする），いろいろなものをつくる，鑑賞などに整理され，デザインが内容として新たに位置付けられた。

4. 昭和43年版

焦土と化した敗戦から復興を目指してきた日本は1960年代から70年代にかけて高度経済成長を成し遂げた。また，世界的には米ソの宇宙開発競争などの影響もあり科学技術の向上が謳（うた）われた。このような社会情勢の中で，日本の教育においても科学技術の一層の振興が求められ，昭和43年版では系統学習を発展させ，目標と内容で小，中，高等学校の一貫性が図られるものとなった。その一方で，教育の「自由化」「人間化」「社会化」を唱えるアメリカの影響もあり，教育課程の弾力化と多様化も打ち出されている。そして，人間としての調和や発達を踏まえて小・中学校の教育課程が「各教科」「道徳」「特別活動」の3領域に編成されることとなった。また，各教科の時間数が最低時数から標準時数に変更された。

小学校図画工作科の目標は「造形活動を通して，美的情操を養うとともに，創造的表現の能力をのばし，技術を尊重し，造形能力を生活に生かす態度を育てる」としてさらに「1 色や形の構成を考えて表現し鑑賞することにより，造形的な美の感覚の発達を図る。2 絵であらわす，彫塑であらわす，デザインをする，工作をする，鑑賞することにより，造形的に見る力や構想する力をのばす。3 造形活動に必要な初歩的な技法を理解させるとともに，造形的に表規する技能を育てる」と具体的に示された。内容は，絵画，彫塑，デザイン，工作，鑑賞の5領域に再編成された。また，各学年の内容に示す各領域の授業時数の配当の割合が示され，おおむねA（絵画）及びB（彫塑）40%，C（デザイン）15%，D（工作）40%，E（鑑賞）5%とされ，鑑賞の指導は，第4学年までは，主として他の各領域の表現活動に付帯して行うことなどが示された。（小池研二）

4-8 学習指導要領の変遷 2

1. 昭和 52 年版

不登校，校内暴力などが社会問題化する中，1976（昭和 51）年，教育課程審議会は，① 人間性豊かな児童生徒の育成，② 学校生活におけるゆとりと充実，③ 基礎的・基本的な内容の重視，個性に対応した教育を目指した答申を出した。これを受けて昭和 52 年版学習指導要領では，「授業時数の 1 割削減」「学校の創意工夫を生かした『ゆとりの時間（学校裁量時間）』の設置」「中学校での選択教科の拡大」などが行われた。

図画工作科では，教科の目標を「表現及び鑑賞の活動を通して，造形的な創造活動の基礎を培うとともに，表現の喜びを味わわせ，豊かな情操を養う」の 1 文で示されるようになった。また，各学年の目標は表現に関するものが 2 項目，鑑賞に関するものが 1 項目で示されている。例えば第 1 学年では「(1) 初歩的な造形活動の楽しさを味わわせるとともに，感じたことや考えたことを絵や立体で表す喜びを味わわせる。(2) 使うものをつくる喜びとそれを使う楽しさを味わわせる。(3) かいたりつくったりしたものを見ることに関心をもたせる」となっている。

内容の構成は，これまで 5 領域だったものが表現と鑑賞に整理統合された。また，低学年に初めて「造形的な遊び」（現在の「造形遊び」）が登場した。「造形的な遊び」の具体的な内容は，例えば第 1 学年では，「ア 土，砂などの材料に親しみ，全身的な造形活動をすること。イ 自然物や人工の材料の色や形に関心をもち，それからつくりたいものを思い付いたり，それを身体につけて楽しんだりするなどの造形的な遊びをすること。ウ 自然物や人工の材料を並べる，積む，版にして写すなどの造形的な遊びをすること」である。

図　造形遊びの授業について学習指導要領を基に考察する

2. 平成元年版

1987（昭和 62）年に教育課程審議会は，「国民として必要とされる基礎的・基本的な内容を重視し，個性を生かす教育の充実を図ること」などの教育課程改善のねらいを示した。平成元年版ではこれを受けて「社会の変化に自ら対応できる心豊かな人間の育成」が示された。また，小学校及び中学校での授業時数が弾力的に運用されることになり，小学校低学年で社会科と理科を廃止し「生活科」が新設された。

図画工作科では教科の目標が「表現及び鑑賞の活動を通して，造形的な創造活動の基礎的な能力を育てるとともに表現の喜びを味わわせ，豊かな情操を養う」とされ，大きな変更は行われなかった。学年の目標が，弾力的な指導と子どもの発達特性が考慮され，2 学年ごとにまとめられることとなった。例えば，第 3 学年及び第 4 学年では，「(1) 材料から豊かな発想をしそれを生かす体験を深め，材料に対する感覚などを高めるとともに，見方や表し方に関心をもって工夫して表し，進んで造形活動ができるようにする。(2) 生活を楽しくするものなどを用途や美しさ，つくり方などを考えてつくり，それを使う楽しさを味わい，デザインの能力や創造的な工作の能力を伸ばす。(3) 友人の作品や身近な造形品のよさや美しさなどに関心をもって見ることができるようにする」とされ，表現に関するものが2項目，鑑賞に関するものが1項目で，構造的には従前との変化はない。

内容面では，工作的な活動が重視され，授業時数が各学年の2分の1を下らないことが示された。前回の改訂で低学年に初めて示された「造形的な遊び」が中学年にまで拡張された。鑑賞の充実が図られ，第4学年で「親しみのある美術作品」，第5学年で「我が国の親しみのある美術作品」，第6学年で「我が国及び諸外国の親しみのある美術作品」が示された。さらに，「第5学年及び第6学年においては，指導の効果を高めるため必要がある場合には，鑑賞の指導を独立して行うようにすること」として，独立した鑑賞が示されることとなった。なお配当時間数は小中高学年とも70時間（第1学年は68時間）は変化なく，時間数の削減は行われていない。

3. 平成10年版及び以降

1980年代後半から労働時間の短縮などが話題になり，1992（平成4）年に第2土曜日が休業日となり，以後段階的に拡張され2002（平成14）年に「学校完全週5日制」がスタートした。このような中で，1996（平成8）年中央教育審議会は「ゆとり」と「生きる力」を示した答申を出した。そして，1998（平成10）年の教育課程審議会答申の中で，① 豊かな人間性や社会性，国際社会に生きる日本人としての自覚を育成，② 自ら学び自ら考える力を育成，③ ゆとりある教育活動，基礎基本の確実な定着，④ 各学校が創意工夫を生かし，特色ある教育，特色ある学校づくりを進めることが示された。これを受けて改訂された平成10年版学習指導要領は，① 教育内容の厳選，② 各学校段階ごとの役割の徹底，③ 授業時数の大幅な削減，④ 各学校による教育課程の自主編成，⑤「総合的な学習の時間」の創設，⑥ 学習時間の弾力化，⑦ 選択教科制の充実が示された。

図画工作科の目標は「表現及び鑑賞の活動を通して，つくりだす喜びを味わうようにするとともに造形的な創造活動の基礎的な能力を育て，豊かな情操を養う」と1文で示された。各学年の目標は① 関心や意欲，態度に関する目標，② 表現の内容に関する目標，③ 鑑賞の内容に関する目標に整理された。

内容については，学年の目標に続き，内容も弾力的な指導が行えるように2学年まとめて示されるようになった。内容の精選が行われ，絵や立体に表すこととつくりたいものをつくることが関連付けられ一体的に扱えるようになった。「造形遊び」は高学年まで拡張され，全学年で行えるようになった。また，独立した鑑賞も全学年で指導できるようになり，地域の美術館などと連携することも示された。なお，配当時間の削減が行われ，中学年60（週1.7）時間，高学年50（週1.4）時間となり，週2時間を確保することができなくなった。

その後，2006（平成18）年の教育基本法の改正を受け，2008（平成20）年に改訂が行われ，〔共通事項〕の新設，教科目標に「感性」を加えたこと，言語活動の充実などが示された。

（小池研二）

4-9 学力論をめぐって

1. 学力の定義

2007（平成19）年6月に学校教育法が改正され，第30条第2項に「生涯にわたり学習する基盤が培われるよう，基礎的な知識及び技能を習得させるとともに，これらを活用して課題を解決するために必要な思考力，判断力，表現力その他の能力をはぐくみ，主体的に学習に取り組む態度を養うことに，特に意を用いなければならない」と示された。これにより「学力」は“法的根拠”を伴い，これらは“学力の3要素”と呼ばれることとなった。

それらを背景として平成29年告示学習指導要領では，「資質・能力の三つの柱」（表1）を示し，各教科の目標もその柱を基に整理された。

表1　資質・能力の３つの柱

①　生きて働く「知識・技能」の習得
②　思考力・判断力・表現力等
③　学びに向かう力・人間性等

図画工作科・美術科の目標，育成を目指す3つ資質・能力は，本教科で育むべき学力なのである。

2. 自己の発見と個性の自覚

図画工作科・美術科の表現や鑑賞の学習では，一人一人の子どものよさや可能性の発揮に向けて「形や色，材料，テクスチャー，光，色価」などの造形要素の具体操作をしたり，それらが具体操作されたものからよさや可能性を感じ取ったりすることが活動の中心となる。

「表現」は，「自分自身を発見し，人間の他を発見し，そして人間の世界を発見し，その意味を自覚する」[1]ことだといわれる。好きな絵の具を溶いて，その色を含ませた筆を真っ白な紙におく。それはかけがえのない表現行為の始まりであり，〈わたし〉の表現を見つけていくのである。しかし，それだけでは〈わたし〉だけの個性の発見はできない。

本教科には，イメージや思いの実現に向けた造形行為の中で，〈わたし〉の造形的な見方や感じ方・考え方を働かせ，あるいは新たに獲得すると同時に，他者との違いを発見して〈わたし〉だけの個性を見つけていくプロセスがある。まさに，「学びがいのある世界を求めて少しずつ経験の世界を広げていく自分探しの旅」[2]であるといえる。

図画工作科・美術科での“学び”は一人一人の子どもに委ねられるものである。すなわち本教科で獲得したり発揮したりする「学力」は同一の題材に取り組んでいたとしても，子ども一人一人によって個別となることを理解しておきたい。

3.「思考力・判断力・表現力等」と図画工作科・美術科の言語活動

様々な学力調査結果に共通する日本の子どもの「学力」の課題は，知識や技能の習得ではなく，「それらを使って考える力や，考えたことを表現する力が十分ではない」といわれる。その課題の解決に向けて，これまで「思考力」と切り離されていた「表現力」の位置付けが見直され，「考えたことを言語などで表す力」の育成が求められるようになった。

そういった状況の中で，平成20年版学習指導要領に「言語環境の整備と言語活動の充実」

が登場する。特に例示された言語活動は表2に示したとおりである。

表2　例示された言語活動

①　体験から感じ取ったことを表現する。
②　事実を正確に理解し伝達する。
③　概念・法則・意図などを解釈し，説明したり活用したりする。
④　情報を分析・評価し，論述する。
⑤　課題について，構想を立て実践し，評価・改善する。
⑥　互いの考えを伝え合い，自らの考えや集団の考えを発展させる。

出典：文部科学省「言語活動の充実に関する指導事例集−思考力，判断力，表現力の育成に向けて（小学校版）」2010，p5.

図画工作科・美術科では，造形的な見方・感じ方・考え方を働かせて，発想や構想の場面でアイデアスケッチをしたり，考えを言葉で整理したりする，あるいは鑑賞の場面で自分の価値意識などをもって作品を批評し合うことなどがそれに当たる。子どもたちは，題材に出会った時から，造形的なよさや可能性の発揮に向けてそれぞれの問題の解決に向けて活動を重ねていく。それは材料の特質に合った用具の活用法かもしれないし，主題を効果的に表すための表現方法かもしれない。いずれの場合も思考を巡らすには「言語」の橋渡しが必要である。年間指導計画に位置付けられたそれぞれの題材の目標や育みたい資質・能力に応じて，適宜相応しい言語活動を設定したいものである。

また，言語活動だけでなく，図画工作科・美術科の教科独自の言葉を教師が率先して発することを意識したい。特に，〔共通事項〕の内容が反映されるような視点で子どもに尋ねたりする対話を大切にしていくことで，子どもの「造形行為」と「図工ことば・美術ことば」が結び付いていくのである。そうして，新たな言葉や知識の実感が伴うようにしながら資質・能力の更なる伸長を期待したいものである。

4. 図画工作科・美術科における「主体的・対話的で深い学び」の実現に向けて

アクティブ・ラーニングとは，教師主導の学習内容伝達型の学習ではなく，学習の主体者である子どもの能動的な学習活動への参加を取り入れた学習方法全般を指す。問題解決的学習や体験学習，調査学習なども含まれるが，授業形態としてはグループワーク，ディスカッション（図1）やディベートなどが取り入れられることも多い。しかし，その“授業の型“が一人歩きをする危険性もある。平成29年告示学習指導要領において「主体的・対話的で深い学び」がキーワードとして示されるようになった。

図　表現のアイデアについての交流場面

先述の山本正男の言葉を借りれば，図画工作科・美術科の学習は，子どもが学びの主体者として学習の対象に働きかけることで，自己内対話が立ち上がる。そして，他者との対話的な関わりを通して個性を認識しながら，人間の世界を発見し，その意味を自覚することになる。それは，「主体的・対話的で深い学び」あるいは「自分探しの旅」そのものである。

そういった“学び”の実現が，子どもたちのよさや可能性の発揮を支えるとともに，図画工作・美術を学ぶ“喜び”を実感させてくれるはずである。（花輪大輔）

引用文献
1）山本正男『美術教育学への道』玉川大学出版部，1981，p.34.
2）佐伯 胖『「学ぶ」ということの意味』岩波書店，1995，p.48.

4-10 現代の図画工作科・美術科教育

1. 子ども主体の教育観へ

子どもは，自分の思いを広げて描いたりつくったりすることが好きである。幼い子どもの描画や砂遊びの様子を見ていると，時間を忘れてのびのびと造形活動に取り組んでいる。ところが，子どもたちの個性あふれた表現は，大人によって無意識のうちに制約されてきた。昭和の高度経済成長が続き，児童画のコンクールが盛んであったころ，入選しやすい絵の傾向に子どもたちの絵の傾向に近づけたり，過剰な技術指導が行われた。子どもたちがもっている個性的な表現が隠れてしまい，モチーフ，構図，色彩，筆づかいなどが似ている作品が続出する結果になった。当時のいくつかの調査によって，学年が進むにつれて絵を描くことに苦手意識をもつ子どもが増加していることがわかった。このような指導過剰，表現の画一化，苦手意識をもつ子どもの増加といった状況に対して，ありのままの子どもの姿を認めていこうとしたのが材料や場所の特徴に基づく造形活動，いわゆる「造形遊び」である。「楽しい図工」ということがキャッチフレーズになり，子ども自身が材料や表現方法を選んだり，手やからだ全体を動かしてダイナミックな造形活動を展開することを意図した。1977（昭和 52）年に図画工作科の低学年に「造形的な遊び」が取り入れられ，小学校学習指導要領の改訂のたびに，中学年，そして高学年にもその内容が拡大された。総合的な学習にも見られる子ども主体の教育観の中で，図画工作科の柱として「造形遊び」が位置付けられ，その趣旨は，現在にも反映されている。

2. 教育現場における法則化的な指導やセット教材の浸透

一方，中学校では，従来からある絵画・彫刻・デザイン・工芸に関する内容をわかりやすく教えていこうとする教科中心の教育観が存在しており，小学校と中学校との間に，教育観や教育内容の相違があるという指摘があった。また，一人一人の造形活動の過程を読み取り，個に応じた材料や表現方法を選択するためには，教材研究や教師の力量が求められ，教育現場が対応できないという状況が出てきた。子ども一人一人の思いを生かす理念があっても，どのように作品をつくるのかといった結果主義に陥る傾向があった。そのため，教育現場では，法則化的な指導やセット教材が浸透した。法則化的な指導では，指導の手順や方法が具体的になっている。セット教材も商品として材料が用意され，つくり方も示されているので，準備や教材研究の手間が省かれる。けれども，同じ材料や表現方法でつくれば，一人一人の創意工夫や個性は生かされず，画一化された作品になりやすい。材料・用具・場所・表現方法について，子どもが思いを広げ選択・決定していくことが学びであることからすると，教科のねらいからはずれてしまう状況になる。

3. 現代における教育内容の広がり—情報化と美術の多様化—

小学校図画工作科では，「造形遊び」が柱になっている。中学校美術科においても，映像メディア表現や現代美術など内容の広がりが見受けられる。美術には流行と普遍，現代と伝統とがある。また，従来までになかった個性的で新しい表現を追求する方向性を美術はもっており，脱領域・総合的な内容も対象になるはずである。小・中学生をはじめとした若者は，知的好奇心が旺盛で，映像メディアのような新しいものや，一見難解に思える抽象的な造形表現にも興味を示し，柔軟に対応する。コンピュータ・グラフィクスやアニメーションなどの映像メディアや同時代のアートは，子どもの興味・関心に基づいているし，社会の変化に対応した教育の方向にもなってくる。したがって，新たに教育内容として位置付けることは，必然的なことに見受けられるが，課題となるのはカリキュラムの上での調和や選択になる。図画工作科・美術科の授業時間数は限られている。新しい内容を取り入れると，従来まで扱ってきた内容から精選や取捨選択をすることになる。図画工作科・美術科において何をねらうのか，その上で教育内容としていかなる教育内容や教材を位置付けるべきかを検討すべきである。

4. 生涯の基礎学力に資する図画工作科・美術科

文部科学省やベネッセなどの教育に関する各調査によると，小学校における好きな教科として，図画工作科は，とても好きという回答が多く，毎回上位にあげられている。ところが，学んでいることが普段の生活や社会に出てから役立つか，という問いでは，図画工作科，美術科ともに望ましい結果を得られてこなかった。図画工作科では，絵を描くことやものをつくることが行われており，作品鑑賞も取り入れられている。従来は，義務教育である小・中学校の９年間を前提にして教育の内容や方法を考えてきた。一方，これからの生涯学習の時代では，学校教育を基盤にして生涯にわたって学習が継続・深化できるようにすることが求められている。描いたりつくったりすることが将来役立つか，という問いに対する肯定的な回答がそれほどでもないことには，二つの理由があるように考えられる。一つは，高校や大学などへの進学の試験において，美術系に進学する場合を除いて，受験科目ではないということである。もう一つは，画家・デザイナー・工芸家など，美術を職業とする人はわずかであるという現実である。

描いたりつくったりするときに培われる発想力や想像力は，図画工作や美術はもちろん，全ての学びの基礎になっていることは，あまり意識されていない。主に国語や算数で扱う文字や数字は記号である。それらの記号が具体的な光景やイラストのような視覚的な情報と結び付いて，思考が深まり記憶に残ることが，認知心理学においても確かめられている。視覚的な情報を活用することで脳の働きがよくなり，理解力があがる。視覚的な情報が大切であることは，「百聞は一見にしかず」という諺（ことわざ）にも示されている。

例えば，土や木を使った造形活動を見ていると，手先の器用さや発想力が日本の経済成長を支えてきたことに気付く。精密機械や自動車の部品づくりや組み立ては，手作業から始まっている。医師の手術や歯科医の歯の成形でも，機敏な手先の動きが必要である。日本には伝統的にものづくりの文化があり，手の器用さや新たな用具や製品を生み出す創意工夫が，日本の科学や産業においても基盤になってきた。図画工作や美術で培われた想像力や技能が，実は現代生活の色々な分野に生かされていることに気付き，学ぶ意欲を高めていきたい。（長良若葉）

参考資料

秋田喜代美他『授業の研究教師の学習　レッスンスタディへの誘い』明石書店，2008.
天野正輝編著『教育課程重要用語 300 の基礎知識』明治図書，1999.
飯森眞喜雄編集『芸術療法』日本評論社，2011.
石田壽男『クレヨン・クレパスの世界―技法と実践―』サクラクレパス出版部，1998.
磯部錦司編著『造形表現・図画工作』建帛社，2014.
板谷秀彰『映像撮影ワークショップ』玄光社，2014.
伊藤留美「アートセラピーと美術教育についての一考察」人間関係研究（13），2014，pp.139-152.
ヴィクター・ローウェンフェルド『美術による人間形成』黎明書房，1963.
ヴィレム・フルッサー『テクノコードの誕生』東京大学出版会，1997.
上野浩道『芸術教育運動の研究』風間書房，1981.
請川滋大，他編著『保育におけるドキュメンテーション』ななみ書房，2018.
大澤真幸『電子メディア論』新曜社，1995.
大坪圭輔『美術教育資料研究』武蔵野美術大学出版局，2014.
大橋 功，他『美術教育概論』日本文教出版，2009.
大橋 功監修『ゼロから学べる小学校図画工作授業づくり』明治図書，2016.
オマル・カラブレーゼ『芸術という言語』而立書房，2001.
大森与利子『「隙間」論』東洋館出版社，2000.
加藤 茂『造形の構造』晃洋書房，2006.
要 真理子・前田茂監訳『西洋児童美術教育の思想　ドローイングは豊かな感性と創造性を育むか？』東信堂，2017.
金子一夫『近代日本美術教育の研究　明治・大正時代』中央公論美術出版，1999.
金子一夫『美術科教育の方法論と歴史』中央公論美術出版，2003.
金子一夫『近代日本美術教育の研究　明治時代』中央公論美術出版，1992.
川内美彦『ユニバーサル・デザイン　バリアフリーへの問いかけ』学芸出版社，2001.
川野健治・円岡偉男・余語琢磨編『間主観性の人間科学』言叢社，1999.
川野 洋『芸術・記号・情報』勁草書房，1982.
クラウス・ヘルト『生き生きした現在』北斗出版，1997.
クラスバレー株式会社（EDIUSWORLD.COM 作成チーム）『映像制作ハンドブック』玄光社，2014.
黒岩亜純『大学生のための動画制作入門：言いたいことを映像で表現する技術』慶應義塾大学出版会，2017.
黒川利明「大学・大学院におけるデザイン思考（Design Thinking）教育」科学技術動向，2012 年 9・10 月号，2012，pp.10-23.
国立教育政策研究所『評価方法等の工夫改善のための参考資料』2011.
国立教育政策研究所　学習指導要領データベース http://www.nier.go.jp/guideline/
斎藤 清・中村 亨・宮脇 理・伊藤彌四夫編『小学校図画工作科教育法』1998，建帛社．
境 新一「アート・プロデュース論の枠組みとその展開―デザイン思考と戦略情報の抽出に関する考察―」成城・経済研究，211，2006，pp.39-71.
佐川美智子『版画　進化する技法と表現』文遊社，2007.
佐善 圭『造形のじかん』愛智出版，2013.
清水 博『場と共創』NTT 出版，2000.
清水靖子『クレパス画事典』サクラクレパス出版部，2005.
四宮 晟・島田良吉監修『学習指導案の書き方―指導案立案の基礎と方法―』新光閣書店，1983.
ジャン=リュック・ナンシー『無為の共同体』以文社，2001.
ジュリア・カセム，平井康之監修『「インクルーシブデザイン」という発想　排除しないプロセスのデザイン』フィルムアート社，2014.
ジョルジュ・アンリ・リュケ，須賀哲夫監訳『子どもの絵―児童画研究の源流』金子書房，1979.
杉山真魚「ウィリアム・モリスの書物論の構造　アーツ・アンド・クラフツ運動における生命論の一源流として」日本建築学会計画系論文集，79（699），2014，pp.1239-1247.
高木 修『経験のスナップショット』美術出版社，2011.
辻 泰秀「教員養成学部フレンドシップ事業の三事例（Ⅱ）―岐阜大学教育学部における実践事例―」日本美術教育研究紀要（34），2001，p.103.
辻 泰秀編著『造形教育の教材と授業づくり』日本文教出版，2012.
辻 泰秀編著『幼児造形の研究』萌文書林，2014.
辻 泰秀『よくわかるクレパス・クレヨン―造形・図工美術教育の方法―』サクラクレパス出版部，2015.
辻 泰秀編著『図画工作・基礎造形―美術教育の内容―』建帛社，2016.
辻 泰秀編著『図工・美術教育へのアプローチ　造形教育の手法　えがく・つくる・みる』萌文書林 2017

土井 進「信州大学学生による地域貢献活動とその評価―14年間にわたる『信大YOU遊世間』の事例研究―」地域ブランド研究3，2007，pp.109-129.
中野 光『学校改革の史的原像「大正自由教育」の系譜をたどって』黎明書房，2008.
中村隆文『「視線」から見た日本近代　明治期図画教育史研究』京都大学学術出版会，2000.
中村雄二郎『共通感覚論』岩波書店，1979.
中山万美子『もっと子どもたちと遊びたい！信大YOU遊の挑戦』信濃毎日新聞社，2015.
新田義弘・山口一郎・河本英夫 他『媒体性の現象学』青土社，2002.
根津三郎『クレヨン・クレパスの本　技法と実践』サクラクレパス出版部，1978.
ハーバード・リード『芸術による教育』フィルムアート社，2001.
パウロ・フレイレ『伝達か対話か』亜紀書房，1982.
橋本和幸『はじめての芸術療法』ムイスリ出版，2017.
橋本美保・田中智志編著『大正新教育の思想　生命の躍動』東信堂，2015.
林 進編『コミュニケーション論』有斐閣，1988.
林 曼麗『近代日本図画教育方法史研究「表現」の発見とその実践』東京大学出版会，1989.
ハワード・ガードナー『子どもの描画―なぐり描きから芸術まで―』誠信書房 1996.
東山 明・東山直美『子どもの絵―成長をみつめて―』保育社，1983，pp.104-105.
樋口一成「教員養成学部フレンドシップ事業の三事例（Ⅲ）―愛知教育大学美術教育講座の実践報告―」日本美術教育研究紀要（34），2001，pp.109-112.
フィルムアート社＋青山学院大学大学院社会情報学研究科ヒューマンイノベーションコース『これからのメディアをつくる編集デザイン』フィルムアート社，2014.
福田隆眞・福本謹一・茂木一司編著『美術教育の基礎知識』建帛社，2015.
マイケル・ポランニー『暗黙知の次元』ちくま学芸文庫，2003.
町田市立国際版画美術館『版画の技法と表現』1987.
松岡宏明『子供の世界　子供の造形』三元社，2017.
真鍋一男・宮脇 理監修『造形教育事典』建帛社，1991.
ミハイル・バフチン『バフチン話とカーニヴァル』講談社，1998.
宮脇 理編著『ベーシック造形技法』建帛社，2006.
森田恒之『絵画表現のしくみ』美術出版社，2000.
文部科学省『小学校学習指導要領』2017.
文部科学省『小学校学習指導要領解説』2018.
文部科学省『中学校学習指導要領』2017.
文部科学省『特別支援学校学習指導要領』2017.
文部科学省『特別支援学校学習指導要領解説』2017.
文部科学省「幼稚園，小学校，中学校，高等学校及び特別支援学校の学習指導要領等の改善及び必要な方策等について（答申）」2016.
山形 寛『日本美術教育史』黎明書房，1967.
山本 鼎著・小学生画『自由画教育』アルス，1921.
ローダ・ケロッグ『児童画の発達過程』黎明書房，1971.
ローダ・ケロッグ，深田尚彦訳『児童画の発達過程』黎明書房，1971.

Bourriaud N., *Esthétique relationnelle*, Les Presses du Reel, 1998.
Carol S. Dweck, Praise for Intelligence Can Undermine Children's Motivation and Performance, *Journal of Personality and Social Psychology*, 75(1), 1998.
Corwin S.K. Eds., *Exploring the Legends: Guideposts to the Future*, National Art Education Association, 2001.
Efland A.D., *History of Art Education Intellectual and Social Currents in Teaching the Visual Arts*, Teachers College Press, 1990.
Lowenfeld V., *Creative and Mental Growth*, The Macmillan Company, 1957 (3rd edition): 竹内 清・堀内 敏・武井勝雄訳『美術による人間形成』黎明書房，1963.
Macdonald M., *The History and Philosophy of Art Education*, University of London Press, 1970: 中山修一・織田芳人訳『美術教育の哲学と歴史』玉川大学出版部，1990.
Read H., *Education through Art*, Faber and Faber, 1956 (3rd edition); 宮脇 理・岩崎清・直江俊雄訳『芸術による教育』フィルムアート社，2001.
Read H., *Education for Peace*, Charles Scribner's Sons, 1949: 周郷 博訳『平和のための教育』岩波現代叢書，1952.
Tomlinson R.R., *Picture & Pattern-Making by Children*, The Studio Publications, 1950 (2nd edition).
Raunft R. Eds., *The Autobiographical Lectures of Some Prominent Art Educators*, National Art Education Association, 2001.
Viola W., *Child art*, University of London Press, 1944 (2nd edition); 久保貞次郎・深州尚彦訳『チィゼックの美術教育』黎明書房，1976.

資料　小学校学習指導要領（抄録）

平成 29（2017）年文部科学省告示

第７節　図画工作

第１　目　標

表現及び鑑賞の活動を通して，造形的な見方・考え方を働かせ，生活や社会の中の形や色などと豊かに関わる資質・能力を次のとおり育成することを目指す。

(1)　対象や事象を捉える造形的な視点について自分の感覚や行為を通して理解するとともに，材料や用具を使い，表し方などを工夫して，創造的につくったり表したりすることができるようにする。

(2)　造形的なよさや美しさ，表したいこと，表し方などについて考え，創造的に発想や構想をしたり，作品などに対する自分の見方や感じ方を深めたりすることができるようにする。

(3)　つくりだす喜びを味わうとともに，感性を育み，楽しく豊かな生活を創造しようとする態度を養い，豊かな情操を培う。

第２　各学年の目標及び内容

〔第１学年及び第２学年〕

１　目　標

(1)　対象や事象を捉える造形的な視点について自分の感覚や行為を通して気付くとともに，手や体全体の感覚などを働かせ材料や用具を使い，表し方などを工夫して，創造的につくったり表したりすることができるようにする。

(2)　造形的な面白さや楽しさ，表したいこと，表し方などについて考え，楽しく発想や構想をしたり，身の回りの作品などから自分の見方や感じ方を広げたりすることができるようにする。

(3)　楽しく表現したり鑑賞したりする活動に取り組み，つくりだす喜びを味わうとともに，形や色などに関わり楽しい生活を創造しようとする態度を養う。

２　内　容

A　表　現

(1)　表現の活動を通して，発想や構想に関する次の事項を身に付けることができるよう指導する。

ア　造形遊びをする活動を通して，身近な自然物や人工の材料の形や色などを基に造形的な活動を思い付くことや，感覚や気持ちを生かしながら，どのように活動するかについて考えること。

イ　絵や立体，工作に表す活動を通して，感じたこと，想像したことから，表したいことを見付けることや，好きな形や色を選んだり，いろいろな形や色を考えたりしながら，どのように表すかについて考えること。

(2)　表現の活動を通して，技能に関する次の事項を身に付けることができるよう指導する。

ア　造形遊びをする活動を通して，身近で扱いやすい材料や用具に十分に慣れるとともに，並べたり，つないだり，積んだりするなど手や体全体の感覚などを働かせ，活動を工夫してつくること。

イ　絵や立体，工作に表す活動を通して，身近で扱いやすい材料や用具に十分に慣れるとともに，手や体全体の感覚などを働かせ，表したいことを基に表し方を工夫して表すこと。

B　鑑　賞

(1)　鑑賞の活動を通して，次の事項を身に付けることができるよう指導する。

ア　身の回りの作品などを鑑賞する活動を通して，自分たちの作品や身近な材料などの造形的な面白さや楽しさ，表したいこと，表し方などについて，感じ取ったり考えたりし，自分の見方や感じ方を広げること。

〔共通事項〕

(1)　「A 表現」及び「B 鑑賞」の指導を通して，次の事項を身に付けることができるよう指導する。

ア　自分の感覚や行為を通して，形や色などに気付くこと。

イ　形や色などを基に，自分のイメージをもつこと。

〔第３学年及び第４学年〕

１　目　標

(1)　対象や事象を捉える造形的な視点について自分の感覚や行為を通して分かるとともに，手や体全体を十分に働かせ材料や用具を使い，表し方などを工夫して，創造的につくったり表したりすることができるようにする。

(2)　造形的なよさや面白さ，表したいこと，表し方などについて考え，豊かに発想や構想をしたり，身近にある作品などから自分の見方や感じ方を広げたりすることができるようにする。

(3)　進んで表現したり鑑賞したりする活動に取

り組み，つくりだす喜びを味わうとともに，形や色などに関わり楽しく豊かな生活を創造しようとする態度を養う。

2　内　容

A　表　現

(1)　表現の活動を通して，発想や構想に関する次の事項を身に付けることができるよう指導する。

ア　造形遊びをする活動を通して，身近な材料や場所などを基に造形的な活動を思い付くことや，新しい形や色などを思い付きながら，どのように活動するかについて考えること。

イ　絵や立体，工作に表す活動を通して，感じたこと，想像したこと，見たことから，表したいことを見付けることや，表したいことや用途などを考え，形や色，材料などを生かしながら，どのように表すかについて考えること。

(2)　表現の活動を通して，技能に関する次の事項を身に付けることができるよう指導する。

ア　造形遊びをする活動を通して，材料や用具を適切に扱うとともに，前学年までの材料や用具についての経験を生かし，組み合わせたり，切ってつないだり，形を変えたりするなどして，手や体全体を十分に働かせ，活動を工夫してつくること。

イ　絵や立体，工作に表す活動を通して，材料や用具を適切に扱うとともに，前学年までの材料や用具についての経験を生かし，手や体全体を十分に働かせ，表したいことに合わせて表し方を工夫して表すこと。

B　鑑　賞

(1)　鑑賞の活動を通して，次の事項を身に付けることができるよう指導する。

ア　身近にある作品などを鑑賞する活動を通して，自分たちの作品や身近な美術作品，製作の過程などの造形的なよさや面白さ，表したいこと，いろいろな表し方などについて，感じ取ったり考えたりし，自分の見方や感じ方を広げること。

〔共通事項〕

(1)　「A 表現」及び「B 鑑賞」の指導を通して，次の事項を身に付けることができるよう指導する。

ア　自分の感覚や行為を通して，形や色などの感じが分かること。

イ　形や色などの感じを基に，自分のイメージをもつこと。

〔第5学年及び第6学年〕

1　目　標

(1)　対象や事象を捉える造形的な視点について自分の感覚や行為を通して理解するとともに，材料や用具を活用し，表し方などを工夫して，創造的につくったり表したりすることができるようにする。

(2)　造形的なよさや美しさ，表したいこと，表し方などについて考え，創造的に発想や構想をしたり，親しみのある作品などから自分の見方や感じ方を深めたりすることができるようにする。

(3)　主体的に表現したり鑑賞したりする活動に取り組み，つくりだす喜びを味わうとともに，形や色などに関わり楽しく豊かな生活を創造しようとする態度を養う。

2　内　容

A　表　現

(1)　表現の活動を通して，発想や構想に関する次の事項を身に付けることができるよう指導する。

ア　造形遊びをする活動を通して，材料や場所，空間などの特徴を基に造形的な活動を思い付くことや，構成したり周囲の様子を考え合わせたりしながら，どのように活動するかについて考えること。

イ　絵や立体，工作に表す活動を通して，感じたこと，想像したこと，見たこと，伝え合いたいことから，表したいことを見付けることや，形や色，材料の特徴，構成の美しさなどの感じ，用途などを考えながら，どのように主題を表すかについて考えること。

(2)　表現の活動を通して，技能に関する次の事項を身に付けることができるよう指導する。

ア　造形遊びをする活動を通して，活動に応じて材料や用具を活用するとともに，前学年までの材料や用具についての経験や技能を総合的に生かしたり，方法などを組み合わせたりするなどして，活動を工夫してつくること。

イ　絵や立体，工作に表す活動を通して，表現方法に応じて材料や用具を活用するとともに，前学年までの材料や用具などについての経験や技能を総合的に生かしたり，表現に適した方法などを組み合わせたりするなどして，表したいことに合わせて表し方を工夫して表すこと。

B　鑑　賞

(1)　鑑賞の活動を通して，次の事項を身に付けることができるよう指導する。

ア　親しみのある作品などを鑑賞する活動を通して，自分たちの作品，我が国や諸外国の親しみのある美術作品，生活の中の造形などの造形的なよさや美しさ，表現の意図や特徴，表し方の変化などについて，感じ取ったり考えたりし，自分の見方や感じ方を深めること。

〔共通事項〕

(1) 「A 表現」及び「B 鑑賞」の指導を通して，次の事項を身に付けることができるよう指導する。

ア 自分の感覚や行為を通して，形や色などの造形的な特徴を理解すること。

イ 形や色などの造形的な特徴を基に，自分のイメージをもつこと。

第 3 指導計画の作成と内容の取扱い

1 指導計画の作成に当たっては，次の事項に配慮するものとする。

(1) 題材など内容や時間のまとまりを見通して，その中で育む資質・能力の育成に向けて，児童の主体的・対話的で深い学びの実現を図るようにすること。その際，造形的な見方・考え方を働かせ，表現及び鑑賞に関する資質・能力を相互に関連させた学習の充実を図ること。

(2) 第 2 の各学年の内容の「A 表現」及び「B 鑑賞」の指導については相互の関連を図るようにすること。ただし，「B 鑑賞」の指導については，指導の効果を高めるため必要がある場合には，児童や学校の実態に応じて，独立して行うようにすること。

(3) 第 2 の各学年の内容の〔共通事項〕は，表現及び鑑賞の学習において共通に必要となる資質・能力であり，「A 表現」及び「B 鑑賞」の指導と併せて，十分な指導が行われるよう工夫すること。

(4) 第 2 の各学年の内容の「A 表現」については，造形遊びをする活動では，(1)のア及び(2)のアを，絵や立体，工作に表す活動では，(1)のイ及び(2)のイを関連付けて指導すること。その際，(1)のイ及び(2)のイの指導に配当する授業時数については，工作に表すことの内容に配当する授業時数が，絵や立体に表すことの内容に配当する授業時数とおよそ等しくなるように計画すること。

(5) 第 2 の各学年の内容の「A 表現」の指導については，適宜共同してつくりだす活動を取り上げるようにすること。

(6) 第 2 の各学年の内容の「B 鑑賞」においては，自分たちの作品や美術作品などの特質を踏まえて指導すること。

(7) 低学年においては，第 1 章総則の第 2 の 4 の(1)を踏まえ，他教科等との関連を積極的に図り，指導の効果を高めるようにするとともに，幼稚園教育要領等に示す幼児期の終わりまでに育ってほしい姿との関連を考慮すること。特に，小学校入学当初においては，生活科を中心とした合科的・関連的な指導や，弾力的な時間割の設定を行うなどの工夫をすること。

(8) 障害のある児童などについては，学習活動を行う場合に生じる困難さに応じた指導内容や指導方法の工夫を計画的，組織的に行うこと。

(9) 第 1 章総則の第 1 の 2 の(2)に示す道徳教育の目標に基づき，道徳科などとの関連を考慮しながら，第 3 章特別の教科道徳の第 2 に示す内容について，図画工作科の特質に応じて適切な指導をすること。

2 第 2 の内容の取扱いについては，次の事項に配慮するものとする。

(1) 児童が個性を生かして活動することができるようにするため，学習活動や表現方法などに幅をもたせるようにすること。

(2) 各学年の「A 表現」及び「B 鑑賞」の指導を通して，児童が〔共通事項〕のアとイとの関わりに気付くようにすること。

(3) 〔共通事項〕のアの指導に当たっては，次の事項に配慮し，必要に応じて，その後の学年で繰り返し取り上げること。

ア 第 1 学年及び第 2 学年においては，いろいろな形や色，触った感じなどを捉えること。

イ 第 3 学年及び第 4 学年においては，形の感じ，色の感じ，それらの組合せによる感じ，色の明るさなどを捉えること。

ウ 第 5 学年及び第 6 学年においては，動き，奥行き，バランス，色の鮮やかさなどを捉えること。

(4) 各学年の「A 表現」の指導に当たっては，活動の全過程を通して児童が実現したい思いを大切にしながら活動できるようにし，自分のよさや可能性を見いだし，楽しく豊かな生活を創造しようとする態度を養うようにすること。

(5) 各活動において，互いのよさや個性などを認め尊重し合うようにすること。

(6) 材料や用具については，次のとおり取り扱うこととし，必要に応じて，当該学年より前の学年において初歩的な形で取り上げたり，その後の学年で繰り返し取り上げたりすること。

ア 第 1 学年及び第 2 学年においては，土，粘土，木，紙，クレヨン，パス，はさみ，のり，簡単な小刀類など身近で扱いやすいものを用いること。

イ 第 3 学年及び第 4 学年においては，木切れ，板材，釘（くぎ），水彩絵の具，小刀，使いやすいのこぎり，金づちなどを用いること。

ウ 第 5 学年及び第 6 学年においては，針金，糸のこぎりなどを用いること。

(7) 各学年の「A 表現」の(1)のイ及び(2)のイについては，児童や学校の実態に応じて，児童が工夫して楽しめる程度の版に表す経験や焼成する経験ができるようにすること。

(8)　各学年の「B 鑑賞」の指導に当たっては，児童や学校の実態に応じて，地域の美術館などを利用したり，連携を図ったりすること。

(9)　各学年の「A 表現」及び「B 鑑賞」の指導に当たっては，思考力，判断力，表現力等を育成する観点から，〔共通事項〕に示す事項を視点として，感じたことや思ったこと，考えたことなどを，話したり聞いたり話し合ったりする，言葉で整理するなどの言語活動を充実すること。

(10)　コンピュータ，カメラなどの情報機器を利用することについては，表現や鑑賞の活動で使う用具の一つとして扱うとともに，必要性を十分に検討して利用すること。

(11)　創造することの価値に気付き，自分たちの作品や美術作品などに表れている創造性を大切にする態度を養うようにすること。また，こうした態度を養うことが，美術文化の継承，発展，創造を支えていることについて理解する素地となるよう配慮すること。

3　造形活動で使用する材料や用具，活動場所については，安全な扱い方について指導する，事前に点検するなどして，事故防止に留意するものとする。

4　校内の適切な場所に作品を展示するなどし，平素の学校生活においてそれを鑑賞できるよう配慮するものとする。また，学校や地域の実態に応じて，校外に児童の作品を展示する機会を設けるなどするものとする。

索 引

英字

あ行

か行

さ行

た行

な行

は行

ま行

や行・ら行

編 者

図画工作科・美術科教育法研究会

著者（五十音順）

著者		執筆分担
赤木恭子（あかぎきょうこ）	熊本大学大学院教育学研究科 准教授	1-9, 2-19, 3-29, 3-30
五十嵐史帆（いからししほ）	上越教育大学大学院学校教育研究科 准教授	3-32, 3-34, 3-35, 3-41, 3-49
池田吏志（いけださとし）	広島大学大学院教育学研究科 准教授	1-4, 2-9, 2-26, 2-28, 2-32
江村和彦（えむらかずひこ）	日本福祉大学子ども発達学部 准教授	1-3, 2-29, 3-12
大島賢一（おおしまけんいち）	信州大学学術研究院教育学系 助教	1-5, 4-1, 4-2, 4-5, 4-6
小池研二（こいけけんじ）	横浜国立大学教育学部 教授	2-7, 2-8, 2-27, 4-7, 4-8
佐善　圭（さぜんけい）	岡崎女子大学子ども教育学部 教授	1-8, 3-19, 3-21, 3-22, 3-36
武田信吾（たけだしんご）	鳥取大学地域学部 講師	1-2, 2-12, 2-22, 3-7
勅使河原君江（てしがわらきみえ）	神戸大学発達科学部 准教授	1-7, 3-42, 3-44, 3-47
長良若葉（ながらわかば）	㈱ライフネット アート・ケア・コーディネーター	1-1, 1-6, 2-13, 2-14, 2-18, 2-25, 3-11, 3-13, 3-17, 3-24, 3-37, 3-38, 3-39, 3-45, 3-46, 3-48, 4-3, 4-10
花輪大輔（はなわだいすけ）	北海道教育大学教育学部札幌校 准教授	2-16, 2-17, 2-20, 2-21, 3-40, 4-9
廣瀬敏史（ひろせとしふみ）	東海学院大学人間関係学部 准教授	3-10, 3-18, 3-20, 3-23, 3-26
福井一尊（ふくいかずたか）	島根県立大学人間文化学部 准教授	3-15, 3-16, 3-31, 3-33
藤原逸樹（ふじわらいつき）	安田女子大学教育学部 教授	2-6, 2-10, 2-11, 2-30, 3-1
水谷誠孝（みずたにのぶたか）	名古屋学芸大学ヒューマンケア学部 講師	3-5, 3-6, 3-8, 3-9, 3-14
村上尚徳（むらかみひさのり）	環太平洋大学次世代教育学部 教授	2-1, 2-2, 2-3, 2-4, 2-5, 2-23, 2-24, 2-31-2
山田唯仁（やまだゆいと）	各務原市立中央中学校 教諭	3-43
山田芳明（やまだよしあき）	鳴門教育大学大学院学校教育研究科 教授	2-15, 2-31-1, 3-2, 3-3, 3-4
山本政幸（やまもとまさゆき）	岐阜大学教育学部 准教授	3-25, 3-27, 3-28, 4-4

図画工作科・美術科教育法

2019年（平成31年）3月31日　初 版 発 行

編　者　図画工作科・美術科教育法研究会
発行者　筑 紫 和 男
発行所　株式会社 建帛社 KENPAKUSHA

〒112-0011 東京都文京区千石4丁目2番15号
TEL（03）3944－2611
FAX（03）3946－4377
https://www.kenpakusha.co.jp/

ISBN 978-4-7679-2115-0　C3037　　壮光舎印刷／常川製本